LOUIS XIV

DU MÊME AUTEUR

Chez le même éditeur :

Le Véritable d'Artagnan, 1981, 3e éd. 2002, couronné par l'Académie française.
Louis XIV, T. I : *L'Ordre et la gloire*, T. II : *La Grandeur et les épreuves*, 2001.

En collaboration :

Le Règne de Louis XIV (1661-1715), coll. « Les Dossiers Historia », 1998.
Versailles, le pouvoir de la pierre, présenté par Joël Cornette, 2006.

Chez d'autres éditeurs :

L'Homme au masque de fer, le plus mystérieux des prisonniers de l'Histoire, Perrin, 1970.
La Droite en France de 1789 à nos jours, PUF, 1973, coll. « Que sais-je ? », n° 1539, 5e éd., 1994.
La Vie quotidienne à la Bastille du Moyen Age à la Révolution, Hachette, 1975.
L'Affaire des poisons. Alchimistes et sorciers sous Louis XIV, Albin Michel, 1977.
Le Gaullisme, PUF, 1977, coll. « Que sais-je ? », n° 1708, 4e éd. 1994.
Les Socialismes utopiques, PUF, 1977.
La Démocratie giscardienne, PUF, 1981.
La Vie quotidienne des communautés utopistes au XIXe siècle, Hachette, 1982.
L'Extrême droite en France, PUF, 1983, coll. « Que sais-je ? », n° 2118, 3e éd. 1995.
Le Régent, Fayard, 1986, 3e éd. 1996.
Lauzun ou l'insolente séduction, Perrin, 1987, 2e éd. 1998.
Madame de Montespan, Fayard, 1988, 2e éd. 1998.
Louise de La Vallière, Perrin, 1990, 2e éd. 2002.
Louis XIV, préface de Pierre Goubert, 1995 ; coll. Tempus, 2002. Couronné par l'Académie des Sciences morales et politiques, prix Hugues-Capet 1995, grand prix de la biographie (Histoire) de l'Académie française 1996.
Fouquet, Perrin, 1998, coll. Tempus, 2005.
Le Masque de fer, entre Histoire et Légende, Perrin, 2003, coll. Tempus, 2004.
Louis XVI, Perrin, 2005. Prix Combourg, prix Charles Aubert de l'Académie des Sciences morales et politiques, prix du Nouveau Cercle de l'Union.
Versailles, la passion de Louis XIV, Timée-éditions et Château de Versailles, 2005.

En collaboration : *La Contre-Révolution. Origines, Histoire, Postérité* (sous la direction de Jean Tulard), Perrin, 1990 ; *Personnages et caractères XVe-XXe siècles* (sous la direction d'Emmanuel Le Roy Ladurie), PUF, 2004 ; *Napoléon et l'Europe* (coordonné par Thierry Lentz), Fayard, 2005, *Dictionnaire des ministres des Affaires étrangères* (sous la direction de Lucien Bély, Laurent Theis, Georges-Henri Soutou, Maurice Vaïssé), Fayard, 2005.

JEAN-CHRISTIAN PETITFILS

LOUIS XIV

La gloire et les épreuves

LE GRAND LIVRE DU MOIS

Éditions Tallandier 4, rue du Texel – 75014 Paris

SOMMAIRE

Chapitre VIII. Versailles et la cour (1678-1685)

Chapitre IX. Les divisions religieuses (1679-1685)

Chapitre X. Face à l'Europe (1679-1698)

Chapitre XI. L'absolutisme et sa contestation (1685-1700)

Chapitre XII. La succession d'Espagne (1700-1709)

Chapitre XIII. La marche vers la paix (1709-1714)

Chapitre XIV. Le coucher du soleil (1714-1715)

INTRODUCTION

Par la longueur de son règne – qui s'étend de 1643 à 1715 –, la fermeté de son caractère, son extraordinaire maîtrise de soi, sa farouche volonté d'imprimer sa marque dans la durée, par l'importance des mutations sociopolitiques que connaît la France à cette époque, le rayonnement exceptionnel des arts et des lettres qui lui est en partie imputable, Louis XIV occupe une place majeure dans l'Histoire. Pour autant, il est loin de faire l'unanimité dans la mémoire nationale. A l'immortel créateur de Versailles, au protecteur de Molière, de Racine, de Boileau, de Le Nôtre ou de Hardouin-Mansart, certains vouent une admiration sans borne ; d'autres, au contraire, haïssent l'orgueilleux pharaon paradant au milieu de ses favorites, sa mégalomanie solaire et le culte idolâtre qu'il se fait rendre, ses ambitions expansionnistes, son monstrueux attrait pour la guerre, son fanatisme religieux qui le pousse à pourchasser les protestants de son royaume... Il est aisé d'opposer à l'image d'Epinal du « roi de gloire » « l'envers du soleil » : vaine et, surtout, fausse querelle, dans la mesure où thuriféraires et détracteurs du « Grand Roi » se réfèrent tout uniment à un modèle conventionnel, largement mythique et stéréotypé (qui traîne, hélas, dans la plupart des manuels scolaires !), celui d'une société classique et majestueuse s'installant, après les turbulences baroques du premier XVIIe siècle, dans l'harmonie triomphante d'un ordre statique, dogmatique et discipliné. Au clair ordonnancement des jardins à la française répondrait le déploiement inexorable de ce qu'on a appelé, d'un grand mot vide et sonore, l'« absolutisme ».

La vérité est plus modeste. Les débuts du règne sont marqués par les désordres tragiques de la Fronde, la fermentation des esprits, l'agitation brouillonne des robins, la révolte des grands, nostalgiques de la féodalité, la misère des campagnes, les jacqueries. Le retour à l'ordre, la réduction du royaume à l'obéissance, la création de la monarchie administrative prennent infiniment plus de temps qu'on ne l'a dit. Dans une France mal unifiée, à la foisonnante diversité, bardée de privilèges, de franchises, de corps jaloux de leurs droits, de coutumes indéracinables, le pouvoir royal, représentant la force modernisatrice de l'Etat, doit lutter sans cesse pour faire prévaloir son point de vue. Ce combat collectif du monarque et de ses collaborateurs était loin d'être gagné d'avance.

Pour l'historiographie moderne, il s'agit donc de réévaluer le siècle et son roi, de comprendre les efforts accomplis, les résistances et les obstacles rencontrés, sans rien omettre bien sûr des erreurs tragiques ni des faux pas commis.

La seconde partie du règne de Louis XIV, qui commence avec le premier traité de Nimègue (1678), correspond mieux, au moins en apparence, à l'image que l'on se fait ordinairement de ce roi. Après avoir erré longtemps dans un joyeux désordre d'un château à l'autre, la Cour se fixe à Versailles ; la haute noblesse est enfin domestiquée, enfermée dans le contraignant rituel de l'étiquette ; ministres et intendants font prévaloir les volontés du monarque jusque dans les provinces les plus lointaines ; le nombre des « émotions » populaires diminue...

Cette réussite indiscutable ne saurait dissimuler les faiblesses d'une fragile grandeur, soumise à une multitude de défis. La construction de l'Etat moderne se fait par lentes étapes, avec parfois des reculs et des compromis, car le roi ne dispose pas de fonctionnaires au sens moderne du terme. A côté de quelques dizaines de milliers de titulaires d'offices, propriétaires de leur charge, Louis XIV n'aligne que quelques centaines de « commissaires », nommés et révoqués par lui. A défaut d'une bureaucratie royale efficace, il lui faut s'appuyer sur les clientèles particulières de ses ministres et jouer de leur rivalité. Ce n'est finalement qu'à la mort de Louvois, le tout-puissant ministre de la Guerre, en 1691, que le pouvoir royal se transforme durablement et que s'installent les prémices de la monarchie administrative.

Hélas, la France s'épuise dans d'interminables guerres, parfois déclarées par Louis XIV, et parfois par les autres souverains d'Europe, orgueilleux et jaloux de leur gloire tout comme lui. Les provinces disputées sont ravagées. Les malheurs de la guerre, la cruelle famine de 1693-1694 – largement méconnue, alors même qu'elle fait plus d'un million trois cent mille victimes parmi les vingt-deux millions d'habitants du royaume – attisent les mécontentements et la fermentation des esprits. A cela s'ajoute le départ de nombreux protestants, persécutés avant et après la révocation de l'édit de Nantes (1685). L'agitation janséniste, l'opposition aristocratique renaissent. En 1709, malgré la volonté de conciliation du vieux roi, ses propositions de paix et ses larges concessions, la coalition de ses ennemis affiche sa ferme volonté de dépecer la France. En 1711 et 1712, la mort frappe sa descendance : le Grand Dauphin son fils, le duc de Bourgogne son petit-fils, la duchesse de Bourgogne, épouse de ce dernier, et le tout jeune duc de Bretagne son arrière-petit-fils disparaissent brutalement. Louis accuse le coup, atteint dans sa chair, tiraillé par l'angoisse et la tristesse, miné au plus profond de ses certitudes, mais refuse de courber la tête, gardant d'une main ferme le gouvernail. L'incomparable grandeur de Louis XIV réside moins dans l'apothéose de la jeunesse ou dans l'éclatante maturité d'un homme au faîte de ses rêves et de ses ambitions que dans cette force de caractère face aux terrifiantes tempêtes et aux arrogants défis du destin.

Chapitre premier

L'ENFANT-ROI
1638-1648

UN DIMANCHE DE CÉLESTE ALLÉGRESSE

Ce samedi 4 septembre 1638, vers vingt-trois heures, à Saint-Germain-en-Laye, dans l'élégant Château-Neuf que Philibert Delorme et Jean-Baptiste Androuet Du Cerceau ont bâti au rebord d'une haute terrasse boisée qui descend en gradins vers la Seine, la reine Anne d'Autriche ressent les premières douleurs de l'enfantement. Après vingt-trois années de mariage avec Louis XIII, elle n'a pas encore d'enfant. Commence alors une nuit fébrile...

« C'est un garçon ! C'est un garçon ! »

Le roi, fatigué d'une chevauchée en forêt qui s'est achevée trois jours auparavant, paraît inquiet. A quatre heures du matin, l'évêque de Lisieux vient dire une messe dans les appartements royaux. Mgr Séguier, évêque de Meaux et premier aumônier du roi, exhorte et bénit la royale parturiente, tandis que Bouvard, premier médecin de Sa Majesté, et Honoré, chirurgien, guettent sur son visage le moindre signe de défaillance. L'attente se prolonge la majeure partie de la matinée. A onze heures, Louis, qui vient de se mettre à table, apprend la nouvelle par les cris de joie de Mme de Senecey, dame d'honneur de sa femme : « C'est un garçon ! C'est un garçon ! » C'est en effet un beau et robuste dauphin, blond et joufflu, que dame Péronne, la sage-femme, présente à Sa

Majesté. Lui, d'ordinaire si morose et perdu dans ses pensées, éclate d'un bonheur intense, s'agenouille et remercie Dieu. Gaston d'Orléans, frère du roi, que l'on appelle Monsieur, cache sa déconvenue sous un sourire crispé : cette naissance le fait rétrograder dans la liste des héritiers du trône ! Après avoir été ondoyé par Mgr Séguier, l'enfant vagissant est porté par sa nourrice, Mme de La Giraudière, jusqu'à son appartement, entièrement tendu de damas blanc.

Le royaume en fête

A bride abattue, les courriers partent pour Paris. Au pont de Neuilly, qui a été emporté par une crue de la Seine, ils font de grands signes avec leur chapeau à ceux qui attendent sur l'autre rive. C'est le geste convenu pour un garçon. Pour une fille, ils devaient croiser les bras...

On imagine avec peine l'intense allégresse qui saisit la capitale à l'annonce de cette nouvelle tant attendue. Dans l'air pur de ce beau dimanche d'été, les cloches des églises jettent leur carillon joyeux. La fête, populaire et exubérante, éclate : on danse dans les rues, on perce des barriques de vin, on allume des feux de joie, on multiplie les *Te Deum* d'action de grâces et les processions de reliques. La nouvelle gagne la province, soulevant une immense onde de joie dans tout le royaume. Apprenant la nouvelle à Saint-Quentin, le Premier ministre, le cardinal de Richelieu, se précipite sur son écritoire pour féliciter l'heureux père : « Je crois que Dieu vous l'ayant donné, Il l'a donné au monde pour de grandes choses. » Pour le moment, on admire la belle ardeur et la fureur de vivre de l'enfant ; il est vrai que, né avec deux dents de lait, il déchire si fort les mamelons de ses nourrices qu'il faut remplacer celles-ci à sept reprises en quelques mois ! L'ambassadeur de Suède feint de trouver cela inquiétant et, d'un ton amusé, conseille aux voisins européens de « se précautionner d'une rapacité si précoce »... Mais il ajoute : « Jamais aucun peuple, dans aucune occasion, ne témoigna une allégresse aussi vive. »

Les horoscopes du dauphin

Comme chaque naissance royale, celle de Louis XIV a donné lieu à de nombreux horoscopes et prédictions sur sa vie, son règne et son caractère. Parmi leurs auteurs, on peut citer le médecin Jean-Baptiste Morin, le juriste hollandais Hugo de Groot (Grotius), alors ambassadeur en France, et le dominicain calabrais Tommaso Campanella, à qui l'on doit également une utopie, *La Cité du Soleil* – préfiguration du modèle versaillais, a-t-on dit. Bien entendu, on y pare, à l'aide de savants calculs sur la position des astres, le futur règne de celui que l'on surnomme déjà Louis Dieudonné, des traits les plus prometteurs. C'est la loi du genre. L'horoscope de Morin prévoit sa mort à quatre-vingts ans et donne des précisions sur ses maladies et ses mariages : « Le roi aura mal à l'œil gauche, tellement qu'il verra moins bien de cet œil [...], à treize ans et dix mois, le roi sera malade à cause de catarrhe [...], son épouse sera par naissance égale au roi, étrangère et d'une contrée éloignée de son royaume [...], s'il vient à une seconde union, sa femme sera de la nature de Jupiter, et il pourra en espérer des fils... »

LOUIS ET ANNE

Le visage froid, long et osseux, la lèvre épaisse, Louis XIII est la mélancolie incarnée. Tout en lui dénote l'apathie, la tristesse chronique, fruit d'une névrose qui remonte à l'enfance. A-t-il vraiment surmonté l'assassinat de son père, Henri IV, et l'indifférence glaciale de sa mère, l'altière Marie de Médicis ? On peut en douter.

Piété, solitude et orgueil

Tout roi qu'il est, Louis bégaie, manque de confiance en lui. Il semble se fuir lui-même, ne trouvant de plaisir que dans l'errance, les longues chevauchées dans la campagne et les voyages aux armées. Les femmes le rebutent. Il n'entretient que deux chastes liaisons avec des demoiselles d'honneur de sa femme, Marie de Hautefort et Louise de La Fayette. Cette dernière se fera religieuse au couvent de la Visitation Sainte-Marie, rue Saint-Antoine. Manifestement, il leur préfère les amitiés masculines avec des compagnons de chasse ou de guerre : Luynes, Barradas, Saint-Simon, Cinq-Mars... Si ses tendances homosexuelles font peu de doute, c'est en même temps un être d'une piété scrupuleuse, profondément marqué par la morale chrétienne, et l'on peut penser qu'il s'est toujours gardé de passer à l'acte. L'homme est complexe. Si, dans la vie privée, il a les goûts simples d'un campagnard, il garde au fond une fierté insondable, mélange d'orgueil et de susceptibilité, ainsi qu'un sentiment particulièrement fort de la grandeur et de l'éminente dignité de ses fonctions. Roi de France, oint du Seigneur, il se sait d'une autre nature que le commun des mortels. Et de cela il s'efforce toujours de se montrer digne, ce qui ne lui est pas toujours facile, car il a ses colères, ses rancunes et ses mesquineries.

Piété, gaieté et coquetterie

Voici son épouse, Anne d'Autriche, fille du roi d'Espagne Philippe III ; elle est fière et orgueilleuse, elle aussi, comme tous les Habsbourg, mais très différente de son mari. Pleine de vie, coquette et gourmande, elle aime le luxe, les beaux linges, les vêtements élégants et les appartements raffinés. Au physique ascétique de son royal époux elle oppose des traits un peu lourds, qui iront en s'empâtant. Elle est belle pourtant, avec sa peau d'albâtre exquise, ses yeux verts, sa lèvre sensuelle et ses longs cheveux châtain clair. Comme son mari, elle est d'une grande piété, assortie d'une sensibilité ostentatoire tout espagnole : elle assiste à de nombreuses messes et prières, les visites d'innombrables sanctuaires et les aumônes absorbent l'essentiel de son temps...

Un ménage mal assorti

Unis en octobre 1615, Louis et Anne sont contraints par l'autoritaire Marie de Médicis – pressée de rendre cette union indissoluble – de consommer leur mariage le soir même de leurs noces : ils n'ont que quatorze ans ! C'est un traumatisme qui les éloigne l'un de l'autre. Pendant vingt-deux ans on soupçonne Anne d'être stérile. En fait, elle est victime d'au moins deux fausses couches. Cette incapacité à donner un héritier à la Couronne est vécue par Louis XIII comme un drame personnel, comme une malédiction divine. Leur mésentente s'accroît encore en raison de la politique impétueuse du cardinal de Richelieu, qui s'oppose à la maison d'Autriche et gouverne le pays d'une main de fer. Il acquiert sur le roi une influence prépondérante et s'immisce dans ses affaires les plus personnelles, y compris sa vie privée de couple qui, il est vrai, devient au plus haut point une affaire publique. L'amourette d'Anne la coquette avec le galant ambassadeur de Charles Ier d'Angleterre, le duc de Buckingham, aux cheveux roux et à la belle et fine moustache, est bien innocente. Mais elle avive la jalousie ombrageuse de son mari, qui prend sa femme en horreur et se met à la persécuter. Humiliée, la pauvre délaissée commet erreur sur erreur.

Menacée de répudiation

Anne se laisse alors entraîner par son mauvais ange, la duchesse de Chevreuse. Après l'entrée en guerre de la France contre l'Espagne et l'empereur en 1635, on lui reproche d'entretenir une correspondance secrète avec son frère, Philippe IV, qui a succédé à son père Philippe III. Ce n'est point faux. Chiffrées et écrites à l'encre sympathique par son fidèle serviteur La Porte, ses lettres partent du Val-de-Grâce pour Madrid. Heureusement, Anne ne connaît aucun secret militaire ! Le cardinal intervient : il fait embastiller La Porte et fouiller l'appartement de la reine par le chancelier Séguier. Elle est sur le point d'être répudiée et enfermée. Pour éviter ce désastre, elle signe des aveux écrits, par lesquels elle regrette ses mensonges et ses dissimulations. Le roi, radouci, lui pardonne, ajoutant au bas de cette singulière confession qu'il accepte d'oublier le passé et de vivre « comme un bon roi et bon mari doit faire avec sa femme ». Etranges rapports...

Madame de Chevreuse, éternelle conspiratrice (1600-1679)

Marie Aimée de Rohan-Montbazon se marie en 1617 avec le connétable de Luynes. Surintendante de la maison de la reine, elle épouse en secondes noces Claude de Lorraine, duc de Chevreuse. C'est une séductrice, dont on ne compte pas les amants, et surtout une femme remuante, sans scrupules, dévorée par le goût des intrigues, qu'elle multiplie et complique à plaisir. Elle exerce une influence néfaste sur la reine, agissant moins par ambition ou idéal politique que par fantaisie et goût de la chimère. Elle n'hésite pas à user de ses charmes pour réussir ses desseins échevelés. « La France, dira Mazarin, n'a été calme que quand elle n'était pas là. » Après la Fronde, elle contribue à l'arrestation de Fouquet et marie son petit-fils à la fille de Colbert. Ce « diable », comme l'appelait Louis XIII, meurt dans l'ancien prieuré bénédictin désaffecté où elle s'est retirée.

L'ENFANT DE LA NÉCESSITÉ

La crise du ménage est d'une portée incalculable. Si les époux ne parviennent à donner un enfant au pays, la couronne passera au frère du roi, Gaston d'Orléans, prince veule et faible, soumis aux grands, qui n'a eu de cesse jusque-là de conspirer contre l'œuvre de redressement de Richelieu. Louis XIII étant de tempérament valétudinaire, son accession au trône peut arriver vite. Dans ce cas, la France s'inclinera devant l'aigle à deux têtes hispano-impérial et abandonnera son indépendance et son rang.

Gaston d'Orléans
(1608-1660)

Gaston Jean-Baptiste, duc d'Anjou puis d'Orléans (1608-1660), est le frère cadet de Louis XIII. De son premier mariage avec Marie de Montpensier, il a eu une fille, Anne Marie-Louise d'Orléans, dite la Grande Mademoiselle. De ses secondes noces avec Marguerite de Lorraine, naissent trois filles : Marguerite Louise, mariée au grand-duc de Toscane, Elisabeth, unie au duc de Guise, et Françoise Madeleine, qui épouse le duc Charles Emmanuel II de Savoie. Cultivé, généreux, grand mécène et collectionneur avisé, il est le tenant d'une monarchie traditionnelle et tempérée, protectrice des parlements. Ennemi du cardinal de Richelieu et influencé par son entourage, il participe à toutes les conspirations contre l'homme rouge, sans pourtant ressentir de passion pour la politique : l'affaire Chalais (1626), la « grande cabale » avec Montmorency, les complots du comte de Soissons et du jeune marquis de Cinq-Mars... Les changements d'opinion de cet éternel hésitant seront de grande conséquence pendant la Fronde, contribuant à entretenir le désordre de l'Etat.

Une « très heureuse nouvelle »

Le cardinal, jusque-là hostile à Anne d'Autriche, a hautement conscience de l'enjeu. Aussi pousse-t-il le roi dans ses bras. Lorsque Louis se rend au couvent de la Visitation, rue Saint-Antoine, pour y confier ses peines et ses soucis à la jeune Mlle de La Fayette, son amante platonique devenue religieuse, celle-ci lui tient le même discours : afin d'assurer la succession, il lui faut avoir un enfant de la reine ! Les âmes pieuses et les fidèles de Richelieu se mobilisent pour faire triompher ce dessein. Anne est loin d'y être hostile : elle a compris que le meilleur moyen d'affermir sa situation est encore la maternité. A cet effet, elle ne néglige aucun pèlerinage, aucune source ou fontaine miraculeuse, multiplie les dévotions envers les saints et saintes réputés pour les grâces qu'ils obtiennent du ciel dans ces cas-là : sainte Anne, saint François, saint Léonard, saint Fiacre, saint Norbert... A la fin de janvier 1638, l'espérance d'une « très heureuse nouvelle » est connue de la Cour et officiellement confirmée peu après.

Le Roi-Soleil était-il un enfant de l'orage ?

L'anecdote du roi en route vers le château de Saint-Maur, au soir du 5 décembre 1637, surpris par l'orage au couvent de la Visitation, poussé par sœur Angélique – Mlle de La Fayette – à se réfugier au Louvre chez la reine, où se trouve le seul lit du palais, tandis que toutes les religieuses se mettent en prière, a longtemps fait figure de vérité historique. C'est en fait une légende forgée au XVIIIe siècle, la date ne coïncidant pas avec celle de la conception de l'enfant, qui se situerait entre le 23 et le 30 novembre. Ce qui est certain, en revanche, c'est que Louis XIV ne fut pas le fils de Richelieu – une absurdité ! – ni celui du cardinal Mazarin, absent de France, ni d'un imaginaire amant d'Anne d'Autriche.

L'extrême piété de celle-ci permet d'écarter ces fantaisies. On imagine mal du reste comment, après l'affaire du Val-de-Grâce, surveillée jour et nuit par des espions, elle aurait pu entretenir une liaison clandestine. Prendre des risques n'était guère dans son tempérament lymphatique. Ajoutons enfin, pour mettre un terme à une autre légende tenace, que la reine, accouchant en public, ne mit pas au monde des jumeaux...

Dans l'attente prophétique

La grossesse royale se déroule dans une atmosphère de piété ardente, à la Cour comme dans tout le royaume. Les relations du roi et de la reine retrouvent un cours harmonieux. La naissance d'un dauphin a été prophétisée par plusieurs mystiques qui avaient déjà reçu des grâces du ciel : la révérende mère Jeanne de Matel, fondatrice de la maison du Verbe incarné, le frère Fiacre de Sainte-Marguerite, un augustin déchaussé, la sœur Marguerite du Saint-Sacrement, une carmélite de Beaune. Dans toute la France, on récite de nombreuses prières pour l'heureuse délivrance de la reine. L'opinion publique reçoit les échos de cet enthousiasme par la voix du *Mercure françois* : « La France conçoit une espérance certaine du plus insigne bonheur qui lui soit arrivé sous ce règne auguste et plein de merveilles, savoir la naissance d'un dauphin que Dieu réserve à cette année... » (15 mars 1638).

Le vœu de Louis XIII

Le 15 août 1638, le roi consacre solennellement sa personne, son Etat et ses sujets à la Vierge et la prend comme protectrice spéciale du royaume : « Dieu qui élève les rois au trône de leur grandeur, non content de nous avoir donné l'esprit qu'il départ à tous les princes de la terre pour la conduite de leurs peuples, a voulu prendre un soin si spécial, et de notre personne, et de notre Etat, que nous ne pouvons considérer le bonheur du cours de notre règne sans y voir autant d'effets merveilleux de sa bonté que d'accidents qui nous pouvaient perdre [...]. Tant de grâces si évidentes font que, pour n'en différer pas la reconnaissance, sans attendre la paix qui nous viendra sans doute de la même main dont nous les avons reçues [...], nous avons cru être obligés [...] nous consacrer à la grandeur de Dieu par son Fils rabaissé jusqu'à nous, et à ce Fils par sa Mère élevée jusqu'à lui ; en la protection de laquelle nous mettons particulièrement notre personne, notre Etat, notre couronne et tous nos sujets pour obtenir par ce moyen celle de la sainte Trinité, par son intercession, et de toute la Cour céleste par son autorité et exemple... » Tel est le vœu que prononce Louis XIII, en 1638, en remerciement du rétablissement miraculeux de la situation militaire. Les contemporains font la relation entre cet acte solennel de dévotion et l'annonce de la grossesse de la reine.

La Contre-Réforme en France

L'attente prophétique d'un futur dauphin se déroule dans une atmosphère prégnante de renouveau religieux, issu du concile de Trente (1545-1563) et de la Contre-Réforme catholique. C'est une lame de fond spirituelle, à la fois théologique, catéchétique, sacerdotale, missionnaire, pastorale et ecclésiale, qui saisit l'ensemble de la chrétienté occidentale. En France, au début du XVIIe siècle, le cardinal de Bérulle et la toute nouvelle congrégation de l'Oratoire, la spiritualité de François de Sales et de Jeanne de Chantal et l'évangélisation des pauvres par saint Vincent de Paul sont autant de manifestations d'un profond désir de réformer la pratique catholique face au protestantisme...

La fin d'un père redoutable

Après la naissance du dauphin, la situation d'Anne s'améliore. Elle est confortée par la venue, au mois de septembre 1640, d'un second fils, Philippe, d'abord duc d'Anjou puis d'Orléans. Mais elle n'en reste pas moins sous haute surveillance du roi, toujours méfiant, et du cardinal. Mme de Lansac, gouvernante des enfants de France, chargée de l'éducation du dauphin, leur sert d'espionne. L'enfant grandit dans la peur de son père, dont la maladive morosité l'effarouche. « Je suis très mal satisfait de mon fils, écrit Louis XIII à Richelieu. Dès qu'il me voit, il crie comme s'il voyait le diable et crie toujours à maman. Il faut lui faire passer ces méchantes humeurs et l'ôter de la reine le plus tôt qu'on pourra. » A ce père implacable, qui le juge en censeur et ne joue jamais avec lui, Louis est obligé de demander pardon à genoux.

De grands changements s'annoncent dans le royaume. Le 4 décembre 1642, Richelieu meurt à cinquante-sept ans. Le 20 avril 1643, Louis XIII, épuisé par la tuberculose et une maladie intestinale, sentant venir la fin, organise sa succession. Se méfiant toujours de sa femme, à qui la régence revient de droit, il cherche à la priver de la réalité du pouvoir. Il confie les fonctions de lieutenant général du royaume à Monsieur et institue un conseil souverain de régence, inamovible, dans lequel figurent, outre la reine et Monsieur, le cardinal Mazarin, le prince de Condé, le chancelier Séguier, ainsi que deux créatures de Richelieu, Claude Bouthillier et son fils Chavigny. Le Parlement enregistre cette déclaration le lendemain.

Le baptême du dauphin

Ce même jour, le dauphin est baptisé. Sa marraine est la princesse de Condé et son parrain, le cardinal Mazarin. Faut-il croire au dialogue entre Louis XIII et son fils de quatre ans et demi : « Comment vous appelez-vous à présent ? – Louis XIV, mon papa. – Pas encore, mon fils, pas encore ! Mais ce sera peut-être bientôt, si c'est la volonté de Dieu. » ? La mort, en tout cas, ne tarde pas à venir. Terrassé par des vomissements et des coliques terribles, Louis XIII expire le 14 mai. A quarante et un ans, il a déjà l'aspect d'un vieillard fatigué et décharné...

LES DOUCEURS DE LA RÉGENCE

Voilà donc Louis devenu roi. Poussée par l'instinct maternel, Anne d'Autriche – qui a longtemps soupiré après sa terre natale et participé aux intrigues contre son pays d'adoption –, cette faible femme inexpérimentée se métamorphose. Saisie par le sens de l'Etat, elle montre sa volonté farouche de défendre les droits de son fils.

Le choix qui surprend

Le 18 mai, le Parlement anéantit la déclaration du défunt roi et restitue à la mère triomphante « l'administration libre, absolue et entière des affaires du royaume ». Le petit roi, vêtu de violet, préside ce lit de justice inaugural, bredouillant l'unique phrase qu'on lui a apprise : « Messieurs, je vous suis venu voir pour vous témoigner mes affections ; M. le chancelier vous dira le reste. » C'est son premier acte politique ! Reste à choisir le nom du principal ministre. Anne stupéfie son entourage en désignant le cardinal Mazarin, créature de celui qui a été son pire ennemi, Richelieu, mais dont elle comprend maintenant le sens de l'action.

Anne d'Autriche et Jules Mazarin ! Que n'a-t-on dit et écrit sur ce couple singulier qui gouverne la France pendant la minorité de l'enfant-roi avec un sens de l'Etat, de la patrie que pourraient lui envier bien des princes du sang ! Qu'ils soient très fortement attirés l'un vers l'autre, qu'ils s'aiment tendrement ne laisse aucun doute. Leur correspondance, emplie de signes cabalistiques, est brûlante. Une certitude pourtant : ils ne furent jamais unis par un mariage secret. Mazarin, choisi pour être parrain de Louis XIV, ne pouvait, au regard de l'Eglise, épouser – même secrètement – la mère de celui-ci. Du reste, à la fin de sa vie, il envisageait de recevoir la prêtrise pour postuler à la tiare, ce qu'un mariage antérieur aurait évidemment interdit. Furent-ils amants ? Les historiens en débattent, mais c'est peu vraisemblable. La reine, d'une profonde piété, n'aurait pu vivre quotidiennement ni communier chaque dimanche dans un état de péché mortel. Chez elle, l'orgueil de la naissance était plus fort encore que l'amour.

Lit de justice

Séance solennelle au cours de laquelle le roi, accompagné de son chancelier, des princes du sang et des pairs ecclésiastiques et laïcs, vient réaffirmer à ses conseillers du Parlement sa pleine et entière puissance législative comme aux temps lointains de la *Curia regis*. Il lui est ainsi possible de faire enregistrer d'autorité les édits et déclarations, malgré l'opposition de la majorité des magistrats. Du dais qui surplombe le trône royal tombe un drap semé de lys d'or ; il s'agit d'un ciel de lit, qui donne son nom au « lit de justice ».

Giulio, le séducteur

Italien, originaire des Abruzzes, Giulio Mazarini – francisé en Jules Mazarin – naît en 1602. Fils de l'intendant du connétable de Naples, il fait de solides études chez les jésuites, part se perfectionner en Espagne et revient en Italie. Il obtient le bonnet de docteur en droit et se voit confier la charge de capitaine dans l'armée pontificale. Cependant, la diplomatie l'attire. Le pape Urbain VIII l'encourage dans cette voie, où il fait vite merveille. Grâce à la virtuosité de ses talents de négociateur, il maintient la paix entre la France et l'Espagne. En octobre 1630, les armées des deux pays sont prêtes à s'affronter devant la place de Casal, dans le Montferrat italien. Au moment de l'attaque, il surgit au galop au milieu des lances et des cuirasses en agitant une écharpe blanche et criant : « *Alto ! Alto ! Pace ! Pace !* » Il réussit à imposer une trêve, consolidée par la paix de Cherasco, en 1631. Ce brillant succès lui vaut de gravir rapidement les échelons de la diplomatie vaticane : le voici vice-légat du pape en Avignon puis, à partir de 1634, nonce à Paris. Bien qu'il ne soit pas prêtre, il porte l'habit ecclésiastique et se fait appeler *monsignore.*

L'ascension de Mazarin

Richelieu, qui apprécie ses dons, l'attache à son service, lui obtient des lettres de naturalité et la barrette de cardinal. Mazarin a alors quarante ans : pour cet homme séduisant à qui tout réussit, c'est le bel âge ! Il porte une élégante moustache, a des yeux rêveurs et des cheveux châtains, un visage fin, délicat, plein de douceur. La calotte de prince de l'Eglise masque une calvitie naissante. On murmure qu'il ressemble au duc de Buckingham, et ce trait a peut-être joué dans le choix de la reine. Un fait est certain : Mazarin a eu l'habileté d'entretenir l'amitié de la reine tout en faisant partie de l'équipe politique du grand cardinal. En outre, il présente l'avantage d'être un homme seul, sans fortune, à qui ni le Parlement, ni Monsieur, ni le prince de Condé n'ont fait jurer fidélité. Anne d'Autriche pense qu'il sera sa créature.

Les Condés

A l'origine de cette famille princière se trouve Louis Ier de Bourbon, prince de Condé, comte de Soissons, oncle paternel d'Henri IV. Sous Louis XIII, son petit-fils, Henri II, prince de Condé (1588-1646), premier pair et grand-maître de France, duc de Châteauroux, d'Albret, de Bellegarde, gouverneur de Guyenne, de Nancy et de Lorraine, est chef de famille. Il épouse en 1609 Charlotte de Montmorency, dernière passion amoureuse d'Henri IV, qui lui donne trois enfants : Anne Geneviève de Bourbon-Condé (1619-1679) qui épouse en 1642 Henri II d'Orléans, duc de Longueville ; Louis II de Bourbon, duc d'Enghien, puis prince de Condé, dit le Grand Condé (1621-1686) ; et Armand, prince de Conti (1629-1666).

« La reine est si bonne »

La régence commence sous les meilleurs auspices. Elle s'ouvre sur l'éclatante victoire de Rocroi, que remporte le 19 mai le jeune duc d'Enghien, fils du prince de Condé, sur la redoutable infanterie espagnole de don Francisco de Mello. Les Français alignent 16 000 fantassins, 12 canons et 8 000 cavaliers, et les Espagnols, 9 000 cavaliers, 18 000 mille hommes de pied, dont les fameux *tiercios* (arquebusiers, piquiers...), et 18 canons. Les troupes françaises perdent 2 000 hommes, mais les Espagnols, eux, comptent 8 000 morts et 7 000 blessés et prisonniers. Coiffé d'un chapeau à plumes blanches, Enghien s'y conduit en héros et y acquiert sa réputation de brillant général. La prise de Thionville, durant l'été, écarte le risque d'invasion du territoire. A l'intérieur, la disparition de l'homme rouge apporte une certaine douceur de vivre que l'on n'a pas connue depuis longtemps. Les grands du royaume respirent, les exilés reviennent – Mme de Chevreuse, par exemple – avec leurs aigreurs, leur appétit d'intrigues et leur désir féroce de rattraper le temps perdu. « La reine est si bonne » : à eux seuls, ces quatre petits mots, selon le cardinal de Retz, résument la situation.

La cabale des Importants

Pour l'aristocratie de cour, orgueilleuse, violente, brouillonne, querelleuse et nourrie de rêveries féodales, pour les proscrits qui n'ont rien appris ni oublié, le temps paraît venu de relever la tête et de mettre un terme à cette monarchie absolutiste, mue par une dangereuse ardeur centralisatrice. Par dérision, on appelle ces gens les Importants. Leur chef de file est un matamore blondin, brave et dénué de cervelle, François de Vendôme, duc de Beaufort, petit-fils d'Henri IV et de Gabrielle d'Estrées. Les Luynes, les Rohan et les Guises le soutiennent, avec, au premier rang d'entre eux, l'ancienne amie de la reine, la duchesse de Chevreuse. Animés d'une haine frénétique envers Mazarin, ils projettent de l'assassiner, pensant que, une fois celui-ci éliminé, la régente indolente deviendra un instrument docile entre leurs mains et que le royaume leur appartiendra sans réserve.

La répression du complot

La réplique ne se fait pas attendre, implacable, foudroyante. Qui redoute l'Eminence ? L'homme semble tellement affable et onctueux, si bienveillant même pour ses ennemis. Son cocasse accent italien, dont on se gausse dans les salons, donne à son portrait une touche si comique. Le *signore* Mazarini, doux félin à la moustache fine et à l'échine souple, montre pourtant qu'il a aussi des griffes : Beaufort, surnommé « le roi des Halles » en raison de sa popularité, est arrêté et enfermé au donjon de Vincennes. Mme de Chevreuse est à nouveau exilée, de même que le marquis de Châteauneuf, son amant, l'ancien garde des Sceaux qu'elle cherchait à imposer au gouvernement à la place de Mazarin. Pour bien marquer qu'une ère nouvelle s'ouvre, la Cour abandonne le Louvre et s'installe au Palais-Cardinal, rebaptisé Palais-Royal.

« L'INSTITUTION DU PRINCE »

La reine et le cardinal peuvent enfin se consacrer à l'éducation de l'enfant-roi, vers qui se portent tous les espoirs du pays. Dans l'ancienne monarchie, ce que l'on appelle l'institution du prince fait l'objet d'une attention toute particulière et donne lieu à de nombreux traités et mémoires.

Les éducateurs du roi

En mai 1644, Hardouin de Beaumont de Péréfixe, l'ancien camérier de Richelieu et futur archevêque de Paris, est nommé précepteur du roi, charge qu'il partage à partir de 1652 avec l'académicien La Mothe Le Vayer. Louis XIV reçoit en outre un gouverneur, le marquis de Villeroy, et deux sous-gouverneurs, Du Mont et La Bourlie. Ces charges sont en fait pour l'essentiel honorifiques. C'est à Mazarin qu'incombe le soin de superviser l'éducation des enfants royaux, avec le titre de « surintendant au gouvernement et à la conduite de la personne du roi et de celle de M. le duc d'Anjou ».

Avec l'abbé de Péréfixe Louis apprend le latin – assez pour être capable, à treize ans, de traduire quelques chapitres des *Commentaires* de César –, la morale et l'histoire. Il prend goût à cette dernière matière en lisant les chapitres de l'*Histoire de Henri le Grand,* rédigés au fur et à mesure par le précepteur. Quand Louis XIV était tout enfant déjà, La Porte, son valet de chambre, lui lisait le soir, avant son sommeil, quelques passages de l'*Histoire de la France* de Mézeray. Une armée d'autres éducateurs s'occupe aussi de lui : un lecteur de la Chambre, des professeurs de mathématiques, d'écriture – ou « écrivain » –, d'italien, de dessin, de guitare, de luth...

« Un rural forcené »

Contrairement à ce que prétend Saint-Simon dans ses *Mémoires,* Louis XIV ne reçoit nullement une éducation négligée. En revanche, il se montre un élève peu studieux, préférant aux études la danse, les exercices de plein air ou les promenades. A treize ans, on le remarque comme premier danseur dans le *Ballet de Cassandre.* Il excelle en équitation, que lui enseigne un maître italien, Arnolfini, gentilhomme de Lucques, et aime jouer à la paume dans les jardins du Palais-Royal. Très jeune, il s'initie à la chasse, le sport préféré des Bourbons, et fait ses premières armes avec une petite arquebuse que lui a confectionnée son père et qui lui permet de tirer les moineaux. Sitôt qu'il sait monter à cheval, il prend part à de nombreuses battues dans les bois encore très giboyeux de Boulogne et de Vincennes. Comme l'a dit Jean de La Varende, Louis XIV sera toujours un « rural forcené ».

Le futur « roi de guerre »

Un maître particulier lui enseigne l'exercice des armes : tirer au mousquet et présenter la pique ; un autre lui apprend le maniement de l'épée, courte ou longue. Mazarin, son parrain, lui fait construire pour ses neuf ans un fort en réduction dans le jardin du Palais-Royal, dans lequel il peut à loisir s'amuser avec les enfants de son âge et s'initier à l'art difficile de disposer les camps. La guerre est un élément essentiel de son éducation. Un monarque ne doit pas seulement faire la preuve de sa sagesse en rendant la justice à son peuple ou administrer avec clairvoyance les affaires de l'Etat ; il doit aussi être un « roi de guerre », selon l'expression de l'historien Joël Cornette. Cette fonction est même l'un des attributs les plus importants de la souveraineté.

Le bilan de l'institution du prince

Que retenir de ces années d'enfance ? Louis est un enfant facile, aimable, poli, goûtant la plaisanterie, mais aussi sérieux et grave. Très vite, il prend conscience d'incarner l'autorité. De son père, très tôt disparu, il garde peu de souvenirs, sinon celui d'un être lointain, dominé par l'un de ses sujets, ce qu'il réprouve vivement. Au cours de sa vie il y fera rarement allusion. Sa mère, au contraire, le marque fortement de son empreinte, aussi bien dans le domaine moral que politique. Elle lui inculque de solides qualités, le respect de la parole donnée, l'horreur du blasphème et du péché en général, mais laisse se développer, sans les réprimer, l'amour-propre, le goût de la domination, l'orgueil monarchique. Grave et sérieux, on l'a dit, il est aussi un garçon secret et timide, souffrant des moqueries de ses compagnons de jeu – Tréville, Lesdiguières, les fils de Loménie de Brienne, du duc de Coislin, des marquis de Mortemart et de La Châtre –, qui rient de sa gaucherie, de ses airs alanguis et de sa lenteur d'esprit. Il en conçoit ce que l'on appellerait aujourd'hui un « complexe d'infériorité », qui est sans doute l'un des ressorts de sa personnalité.

Chapitre II

L'HYDRE DES FRONDES
1648-1653

LE POUVOIR ET LA SOCIÉTÉ D'ORDRES

A l'avènement de Louis XIV, le royaume de France est le pays le plus peuplé d'Europe – près de 21 millions d'habitants dans les frontières actuelles – et le plus riche par sa diversité géographique et climatique et la solidité de sa paysannerie – plus de 80 % de la population. Que l'appareil fiscal, malgré ses imperfections criantes, tire des provinces plus de mille tonnes d'argent fin par an, prouve la solidité de son assise financière. Pourtant, le pays est loin d'être unifié.

Le royaume de la diversité

La langue française – parlée essentiellement par la noblesse et la bourgeoisie – reste minoritaire, largement distancée dans les campagnes par les dialectes et les patois. Le même droit ne s'applique pas partout. Au nord, domine le droit coutumier – avec de grandes différences entre la coutume de Paris et celle de Normandie ou de Bretagne ; au sud, le droit écrit, d'origine romaine. Sur le plan administratif, il faut distinguer les pays d'états, où les représentants des trois ordres votent le montant de leur impôt direct, des pays d'élections, dans lesquels celui-ci est déterminé par l'administration royale. Il n'y a pas moins de six régimes de gabelle – le célèbre et fort impopulaire impôt sur le sel – suivant les régions. Quant aux frontières, elles sont mal définies, grevées d'enclaves, peu sûres, perméables aux invasions venues de l'est ou du sud. La France, qui représente environ 470 000 kilomètres carrés, n'englobe ni l'Artois, ni la Flandre maritime, ni l'Alsace, ni la Lorraine – à l'exception des Trois-Evêchés, Metz, Toul et Verdun –, ni la Franche-Comté, ni la Savoie, ni le comté de Nice, ni le Roussillon...

Une société d'ordres

La société d'Ancien Régime repose sur une organisation lignagère et clanique : l'individu s'insère dans différents corps, au premier rang desquels figure sa famille, au sens large, presque romain du terme, cette *gens,* grande fratrie des temps anciens qui s'étend aux neveux et cousins les plus éloignés. Il s'insère aussi dans un certain nombre de communautés hiérarchisées – corporations et métiers, confréries laïques, communautés religieuses, chapitres, universités et académies, provinces, pays, villes et communautés d'habitants... S'il ne fait pas partie d'un ordre particulier, du moins est-il intégré dans l'un des trois grands ordres qui structurent la société – clergé, noblesse ou tiers état – avec un « rang », un « degré ».

Prédominance de la noblesse

La France, dans la première moitié du XVIIe siècle, est encore très largement dominée par la strate supérieure de la noblesse : celle des ducs et pairs, héritiers des feudataires d'autrefois, possesseurs de richesses immenses, cumulant fiefs, dignités et charges. Très souvent, les grands exercent les fonctions de gouverneurs de provinces dans lesquelles ils représentent le roi. De fait, leur autorité personnelle est considérable dans ces « fiefs » qui, parfois, se transmettent de génération en génération. A l'origine, strictement militaires, leurs pouvoirs se sont étendus à de nombreux domaines, en dépit des efforts de Richelieu pour les réduire. Ainsi, en 1643, le gouvernement de Normandie « appartient » à Henri II d'Orléans, duc de Longueville, la Bourgogne au prince Henri II de Condé, l'Ile-de-

France à Hercule de Rohan, duc de Montbazon, et le Dauphiné à François de Créqui, duc de Lesdiguières... Dans leur zone d'influence, ils exercent un rayonnement considérable, qui se mesure à l'importance de leur maison, leur parentèle, leur entourage, leur clientèle, leur domesticité, etc.

Réseaux de clientèle

Les seigneurs les moins fortunés se mettent au service de la noblesse titrée – barons, comtes, marquis... – qui à son tour fait allégeance aux grands. Par ces liens d'amitié, de fidélité, de clientèle, on se « donne » à quelqu'un, on devient sa « créature ». Dérivé de la féodalité, il s'agit d'un contrat tacite d'homme à homme dans lequel s'équilibrent les droits et les devoirs. En échange de la protection et des bienfaits d'un « patron », le « client » lui doit loyauté et fidélité.

Ne disposant pas d'un nombre suffisant de fonctionnaires royaux pour jeter sur le pays un maillage serré, le pouvoir doit s'appuyer sur le crédit personnel des grands. Il leur a confié des postes de gouverneurs et des commandements militaires, et leur a permis de distribuer places, honneurs ou pensions. Apparaît alors clairement le risque que se développe une nouvelle féodalité, dans laquelle la fidélité du client envers son patron éclipserait celle légitimement due au roi.

Les compagnies d'officiers

C'est la raison pour laquelle les rois de France, désireux de poursuivre l'unification politique et administrative du pays, ont cherché, dès le XVIe siècle, à accroître le nombre de fonctionnaires royaux, qu'on appelle les « officiers ». Ainsi, peu à peu émerge une noblesse de robe, dévouée au pouvoir royal, face à la noblesse d'épée, cette noblesse « immémoriale », orgueilleuse et souvent indocile à l'égard de la monarchie. Aux XVIe et XVIIe siècles, le monde des offices explose : de 4 000 titulaires en 1515, ils deviennent 46 000 en 1665, dont 9 000 magistrats et 5 000 officiers de finance. L'Etat profite de cet engouement pour dédoubler, multiplier et vendre les charges, afin d'accroître les rentrées fiscales. Par ce système, certaines familles connaissent, en quelques générations, une ascension sociale fulgurante, qui déplaît fortement à la petite aristocratie dépossédée de l'administration locale. L'exemple le plus frappant de cette réussite est le chancelier Pierre Séguier. Mais, à son tour, le système des offices échappe peu à peu au contrôle de l'Etat, en particulier à partir de la « paulette » (1604), ce fameux « droit annuel » qui facilite la transmission héréditaire des charges. Avides de privilèges et d'honneurs, les officiers tendent alors à se structurer en castes indociles à l'égard du pouvoir et à s'agréger à la noblesse d'épée.

Pierre Séguier
(1588-1672)

Son premier ancêtre connu, Blaise Séguier, marchand épicier, est mort en 1510. Comme toutes ces familles de la riche bourgeoisie, les Séguier aspirent à la noblesse et achètent des fiefs et des offices de finance et de justice. Le petit-fils de Blaise, Pierre, possède déjà des seigneuries et fait l'acquisition en 1555 d'une charge de président à mortier. Il s'enrichit par des missions que lui confie le roi et des prêts à intérêt qu'il consent à la noblesse désargentée. Son fils Jean est lieutenant civil à Paris, et son petit-fils Pierre, le futur chancelier, épouse Madeleine Fabri, fille d'un trésorier de l'extraordinaire des guerres (caisse servant au financement de la guerre), qui lui apporte 90 000 livres de dot. Conseiller au Parlement, Pierre devient maître des requêtes. En 1624, nommé conseiller d'Etat, il reçoit par héritage une charge de président au Parlement. Garde des Sceaux en 1633, il est chancelier en 1635, accédant au sommet de la hiérarchie judiciaire. Il poursuit l'édification de sa fortune et devient baron de Saint-Brisson, comte de Gien, puis baron de Saint-Liébault. En 1650, avec le titre de duc de Villemor, il accède à la très haute noblesse. Sa fortune est évaluée à près de trois millions de livres. L'une de ses filles épouse un neveu de Richelieu, l'autre, le duc de Verneuil, bâtard d'Henri IV.

L'absolutisme ministériel

L'évolution de la société lui échappant, le pouvoir royal est menacé par deux forces centrifuges, celle de l'épée et celle de la robe. Comment réagir ? Dans l'incapacité de forger de toutes pièces une infrastructure administrative composée de fonctionnaires probes et dévoués, il recourt au système des clientèles. Ainsi font Sully, Richelieu et Mazarin. Les deux cardinaux répartissent parmi leur famille, leurs amis et leurs protégés honneurs, charges, emplois et pensions. Ils forment un réseau de « créatures » dévouées, qui s'occupent de leurs affaires personnelles et de celles de l'Etat. Ils infiltrent l'élite régionale – états provinciaux, parlements, municipalités... – et l'armée, ôtant aux grands le monopole du patronage royal. Comment ceux-ci ne haïraient-ils pas le « ministériat » ? Ces réseaux offrent au souverain des chaînes de fidélités plus sûres. Mais les cardinaux-ministres écartent tous ceux qui ne leur sont pas soumis et essayent de tenir sous tutelle qui, le roi Louis XIII, qui, la régente Anne d'Autriche. Plutôt qu'un absolutisme monarchique, il s'agit d'un absolutisme ministériel.

La fortune des premiers ministres

Auréolés de la confiance royale, les premiers ministres s'enrichissent de manière colossale : Richelieu est à la tête de 22,4 millions de livres – Henri II de Condé, lui, n'en possède que 14 millions. Plus avide encore, Mazarin réalise la fortune la plus gigantesque de toute l'histoire de l'Ancien Régime : 35 à 38 millions d'actifs – peut-être davantage – pour 1,4 million de passifs, qu'il a accumulés au prix de friponneries en tout genre. Dépeçant l'Etat, il s'est fait munitionnaire, trafiquant d'armes, a grappillé sur la solde des troupes, détourné le produit du domaine royal, bref a attiré à lui toute la richesse du pays. A ce stade embryonnaire de la bureaucratie règne la confusion entre patrimoine privé et public, entre service du roi et profit individuel. Si les cardinaux-ministres sont de grands prédateurs et confisquent à leur profit la puissance souveraine de la monarchie, ils ont aussi soutenu l'Etat, mis leur intelligence et leur fortune à son service, usé de leurs richesses pour conforter le crédit public, payant parfois de leur poche des dépenses budgétaires. Ils ont contribué efficacement à l'effort constant de l'Etat royal pour renforcer son emprise sur la société, ce que l'on désignera, à partir de 1797, sous le terme ambigu d'« absolutisme ».

Pouvoir, puissance et richesse

Richelieu et Mazarin entreprennent l'édification d'une gigantesque fortune, accumulant les gouvernements, les offices, les seigneuries, les fiefs, les abbayes, les châteaux, les hôtels particuliers, les œuvres d'art, les bijoux... Le grand cardinal, né dans une famille assez modeste de l'aristocratie poitevine, profite de son ascension politique et de sa carrière pour hisser sa maison au niveau des plus hauts lignages du royaume et pour marier sa nièce, Claire Clémence de Maillé-Brézé, au duc d'Enghien, le futur Grand Condé, membre éminent de la famille royale, qui se voit dans l'impossibilité de refuser cette union en quelque sorte imposée.

La famille de Mazarin

Mazarin a nombre de neveux et nièces qui, grâce à lui, font de magnifiques mariages. Laure (1636-1657), fille de Lorenzo Mancini et de Girolama Mazarini, se marie avec le duc de Mercœur, fils de César de Vendôme, petit-fils d'Henri IV et de Gabrielle d'Estrées. Olympe (1638-1708) s'unit à Eugène Maurice de Savoie, prince de Carignan, comte de Soissons, et sera la mère du prince Eugène. Anne Marie Martinozzi (1637-1672), fille de Gironimo Martinozzi et de Margarita Mazarini, épouse le prince Armand de Conti, frère du Grand Condé. Une deuxième série de « mazarinettes », plus jeunes, font aussi d'étincelants mariages : Laure Martinozzi (1640-1687) avec le prince héritier de Modène, Alphonse d'Este, Marie Mancini (1639-1706), le premier amour de Louis XIV, avec le prince Onuphre Colonna, futur vice-roi de Naples et d'Aragon. La plus jolie, Hortense

Mancini (1646-1699), est courtisée par Charles II d'Angleterre, par Turenne, par Pierre de Bragance, futur roi de Portugal, et par le duc de Savoie. Mais Mazarin préfère pour elle une alliance dans le royaume. Elle épouse le marquis de La Porte de La Meilleraye, fils d'une nièce de Richelieu, Marie de Cossé, et du maréchal de La Meilleraye. Marianne Mancini (1649-1714) s'unit en 1662 à Maurice Godefroy de La Tour d'Auvergne, duc de Bouillon. Neveu de Mazarin, Philippe Julien Mancini (1641-1707) hérite du duché de Nevers et épouse Diane de Damas-Thianges.

LA FISCALITÉ ROYALE

L'entrée en guerre de la France contre l'Autriche en 1635 a joué un rôle de puissant accélérateur de la centralisation monarchique, particulièrement sur le plan financier. La ponction fiscale connaît alors une ampleur sans précédent. Le budget de l'Etat, qui dépasse rarement les 40 millions de livres entre 1620 et 1630, atteint 208 millions en 1635, année record. Sous le ministère de Mazarin, il s'élève encore de 120 à 140 millions.

Un système archaïque et complexe

Le système fiscal est complexe, improductif, injuste, hérissé d'exemptions et de privilèges. Ne disposant pas d'une banque d'Etat susceptible de lui faire des avances de trésorerie, la monarchie souffre d'un chronique embarras d'argent qui l'oblige à multiplier les expédients fâcheux. Le domaine royal n'apporte plus depuis longtemps des revenus en suffisance pour faire face aux dépenses ordinaires. Il faut donc lever des impôts, ce qui est très mal perçu par la population en dehors des temps de guerre. La taille, l'impôt direct le plus ancien, pèse principalement sur les ruraux, laboureurs, fermiers et petits propriétaires. Les nobles ne la paient pas, sauf dans les pays dits de « taille réelle », où elle est assise sur les terres qualifiées de roturières, que possèdent aussi bien l'aristocratie que la bourgeoisie. Le clergé en est exempté, mais verse au souverain un modeste « don gratuit », voté en assemblée générale tous les cinq ans. D'autres privilégiés y échappent, tels les membres des maisons royales, les magistrats, les habitants de grandes villes comme Paris, Lyon ou Bordeaux.

Traitants, partisans et prêteurs

L'administration fiscale est si déficiente qu'elle a dû renoncer à percevoir elle-même les impôts indirects : « aides » sur les boissons, « octrois » (taxes municipales) ou gabelle. Ceux-ci ont été affermés à des compagnies de traitants ou de partisans, qui signent avec le roi des contrats appelés traités ou partis.

Ces ressources permanentes étant insuffisantes, on a recours régulièrement aux « affaires extraordinaires » comme la vente d'offices et de parcelles du domaine royal, ou l'accroissement du prix des offices. Les traitants, qui s'occupent aussi de ces marchés, versent au roi une somme convenue et recouvrent eux-mêmes l'impôt ou le produit des biens vendus, tout en prélevant au passage de substantielles commissions. En 1645, devant la situation fiscale désastreuse, l'impôt direct – la taille – est aussi mis « en partis ».

Ces expédients ne permettent pourtant pas de boucler le budget, et l'Etat est contraint d'emprunter, à taux usuraire, aux traitants ainsi qu'à ses propres officiers comptables, receveurs ou trésoriers généraux. Conduisant à des confusions énormes, ces pratiques servent à l'enrichissement d'une caste de manieurs d'argent – associés, croupiers, sous-traitants, sous-fermiers – issus de la robe et parfois même de l'aristocratie. Derrière ces publicains et affairistes, incapables de mobiliser à eux seuls les millions de livres que réclament la guerre et la défaillance chronique de l'Etat, se dissimulent de puissants bailleurs de fonds : princes, ducs et pairs, membres de la haute noblesse et de l'Eglise. La monarchie, placée sous la dépendance tragique des manieurs d'argent et des grandes familles, a intérêt à éviter la coalition des oppositions qui représente pour elle un mortel danger, comme la Fronde va le montrer.

Les commissaires

Avec la guerre, le développement des intendants dans les vingt-deux généralités du royaume devient une nécessité pour le pouvoir central. Il s'agit de pallier les carences des officiers de l'administration fiscale, les retards et les multiples abus qui se commettent en province et paralysent l'action du roi. Choisis parmi les maîtres des requêtes ou les conseillers d'Etat, ces intendants sont de précieux auxiliaires. Ces inspecteurs réformateurs, investis par « commission » d'un pouvoir temporaire et limité, toujours révocables, forment une autre catégorie d'administrateurs, bien plus fiables que les officiers inamovibles et propriétaires de leur charge.

Intendants contre officiers

Sous le règne de Louis XIII débute la longue rivalité entre ces deux types d'agents royaux. Les pouvoirs des intendants s'étendent aux affaires de justice, police et finance, sans pour autant jouer le rôle de préfets de l'Ancien Régime. Ce sont encore de trop petits personnages pour entrer en concurrence avec les gouverneurs des provinces, chefs politiques et militaires, membres de la haute aristocratie. Leurs responsabilités s'accroissent pourtant à la fin du ministère de Richelieu et sous Mazarin, au détriment des officiers de finance et des juges ordinaires. Ils répartissent les tailles entre villes, bourgs et paroisses et contrôlent le recouvrement de l'impôt direct, aidés de brigades d'huissiers et de fusiliers.

Les émotions populaires

La violence fiscale heurte l'équilibre fragile des communautés locales qui se sentent vite menacées par le centralisme étatique. Porter atteinte aux immunités ou aux privilèges, tenus pour inviolables, est ressenti comme une agression intolérable. C'est ce qui explique la flambée des révoltes provinciales sous Louis XIII et sous la minorité de Louis XIV : croquants du Périgord, du Poitou ou de Guyenne (1636-1637), du Maine et d'Anjou (1639), Nu-pieds de Normandie (1639-1642)... Les récoltes médiocres du début de la régence soulèvent des régions entières, parfois pendant près de deux ans : Normandie, Anjou, Poitou, Guyenne, Languedoc, Rouergue, Provence, Dauphiné... Ces révoltes antifiscales, que l'on appelle des « émotions populaires », soudent contre l'impôt royal et un absolutisme envahissant les habitants d'une même aire géographique, confondant toutes les classes sociales : seigneurs, grands et petits, propriétaires terriens, marchands, paysans... Ces fièvres convulsives et insurrectionnelles, ces grandes secousses de l'âge baroque marquent en réalité les progrès de la formation de l'Etat.

LA FRONDE PARLEMENTAIRE

La guerre, dévoreuse d'argent, exige une plus grande solidarité entre les corps et les groupes sociaux. C'est précisément ce que va refuser la Fronde à partir de 1648. Contrairement aux séditions rurales, il s'agit là d'un mouvement urbain de nantis, de citoyens privilégiés.

Une réaction contre les innovations

Tout n'est pas que réaction égoïste chez ces gens. Il est vrai, par exemple, que Paris, exempté de la taille, comporte de très nombreux rentiers – près d'un quart des habitants – et que les rentes de l'Hôtel de Ville – émises pour le compte de l'Etat qui n'a pas assez de crédit pour les émettre lui-même – ne sont plus payées depuis trois ans en raison des troubles qui, régulièrement, agitent les provinces.

Mais la Fronde est avant tout un mouvement de résistance des corps d'officiers contre les « novelletés » instituées par la monarchie, comme les intendants, les traitants et partisans, contre la marche tâtonnante et empirique du pouvoir royal. C'est une tentative de résistance de l'aristocratie et des gens de robe contre la transformation en profondeur du royaume. La création, la vente et le dédoublement des charges pour des raisons fiscales amenuisent le patrimoine des titulaires d'offices, qui volontiers se plaignent des pressions qu'exerce sur eux le pouvoir et refusent par représailles de cautionner la poursuite de l'effort de guerre.

L'opposition parlementaire

La contestation part du parlement de Paris, qui depuis déjà longtemps n'a de cesse de grignoter de nouveaux pouvoirs et de s'imposer comme une sorte de sénat constitutionnel, gardien des lois. Les jeunes conseillers des enquêtes, pleins d'audace et chahuteurs, rêvent de réformer l'Etat et de transformer leur assemblée en *Parliament* anglais, représentant la nation. En 1641, Louis XIII a dû leur supprimer le droit de remontrance. A la mort de ce dernier, Anne d'Autriche, qui avait besoin d'eux pour casser le testament de son époux, le leur a rendu et les a flattés en leur accordant la noblesse au premier degré ; mais ils n'en étaient pas plus sages pour autant. Ces fiers juristes, connaissant la faiblesse structurelle des régences, veulent profiter de l'occasion pour revenir sur les mesures « extraordinaires » prises par la monarchie depuis l'entrée en guerre. Les jeunes « excités » des enquêtes ont trouvé leur maître en la personne d'un vieux conseiller, Pierre Broussel, qui se prend pour un sénateur romain, roide et incorruptible, et se déchaîne contre les traitants et autres « maltôtiers ». Les habitants de l'île de la Cité – dans laquelle se trouve l'ancien palais des rois devenu le siège du Parlement – le vénèrent comme un dieu. Né vers 1574, le « bonhomme Broussel » est conseiller à la grand-chambre du parlement de Paris depuis 1633. Il a acquis son immense popularité par l'attention qu'il porte à la misère du petit peuple, par sa probité, son désintéressement et la simplicité de ses mœurs. Après la Fronde, dans laquelle il joue un rôle important, il sera nommé prévôt des marchands en juillet 1652 et mourra deux ans plus tard.

Le parlement de Paris

C'est le plus puissant des dix parlements de France. Il sert de cour de justice en appel pour près du tiers du royaume. Composé de la grand-chambre, de cinq chambres des enquêtes, de deux des requêtes et des « gens du roi », autrement dit le parquet – le procureur général, les deux avocats généraux, les avocats du roi... –, il a pour prérogative l'enregistrement des actes royaux. Si les rois détiennent le pouvoir législatif en plénitude, ils sont également tenus de respecter les législations existantes et les lois fondamentales du royaume, permanentes et immuables. C'est d'ailleurs ce qui les empêche de devenir des autocrates ou des despotes. Une ordonnance – loi générale – ou un édit – loi particulière – doivent, afin de devenir exécutoires, être vérifiés par les magistrats du roi. Si le souverain refuse de prendre en compte leurs observations, les parlementaires disposent d'un droit de remontrance par lequel ils expriment leur désaccord. Le monarque peut écarter ces avis et mises en garde, à condition de tenir en son Parlement un lit de justice en compagnie de son chancelier, des princes, ducs, pairs et grands officiers de la Couronne.

Les premières réticences

Dès 1644, la tension monte : la politique de Mazarin, qui s'appuie sur le contrôleur général Particelli d'Emery, ancien traitant devenu intendant, poursuit celle de Richelieu. Il s'agit de faire participer à l'effort fiscal la bourgeoisie parisienne et les détenteurs d'offices. C'est en ce sens qu'est prise une série de taxes comme le toisé, les aisés ou le tarif, frappant le domaine royal ou les octrois. La résistance de ces messieurs en toques et mortiers est brisée par le roi siégeant en lit de justice le 7 septembre 1645, au lendemain de la victoire de Nördlingen, remportée par Condé et Turenne sur les impériaux du général Mercy et les fougueux escadrons de Jean de Weert. Le jeune roi, vêtu d'un costume martial, est venu en son Parlement pour y imposer un train d'« édits bursaux » (fiscaux).

L'arrêt d'union

La contestation ouverte débute en janvier 1648 par une manifestation contre un nouvel édit fiscal, à l'instigation des marchands des rues Saint-Denis et Saint-Martin. Alors qu'elle se rend à la messe à Notre-Dame, la reine est assaillie par deux cents femmes hurlantes. Dans la nuit, des mousquetades éclatent. La décision de Mazarin de vendre une douzaine de nouvelles charges de maître des requêtes exaspère les soixante titulaires, qui mobilisent le Parlement en leur faveur. Celui-ci refuse l'enregistrement de l'édit et de plusieurs autres. Le 15 janvier, le roi tient un lit de justice particulièrement houleux. Le 13 mai, le Parlement, le Grand Conseil, la Chambre des comptes et la Cour des aides rendent un « arrêt d'Union » et annoncent la création d'une assemblée de délégués chargée de réformer l'Etat. Elle prend le nom de la salle où elle siège : la Chambre Saint-Louis. La reine, qui voit dans cet acte insurrectionnel « une espèce de république dans la monarchie », convoque les magistrats à une séance solennelle au Palais-Royal en présence du jeune monarque ; en vain. L'opinion soutient les robins qui, début juillet, rédigent un vrai plan de monarchie limitée, niant la pleine souveraineté royale et instaurant un contre-pouvoir des juges. Il prévoit la suppression des intendants et autres commissaires, ainsi que des lettres de cachet, le droit, pour les parlements, de prendre des arrêts que le Conseil du roi ne pourrait casser, la diminution du montant de la taille, l'annulation des avances sur rentes ou sur gages des officiers... Trait singulier : ce pouvoir qui prétend fonder sa propre légitimité émane non pas, comme les états généraux, des différents corps de la nation, mais bien d'officiers royaux qui ne représentent qu'eux-mêmes et ne tiennent leur autorité que du roi dont ils sont les mandataires.

La journée des barricades

La Cour doit dans un premier temps, selon le cardinal de Retz, « céder au torrent » à cause de la guerre qui se poursuit aux frontières. Mais l'éclatante victoire de Lens remportée par le prince de Condé sur les Espagnols, le 21 août, pousse la régente et le cardinal à une énergique reprise en main. Le 26, à l'occasion du *Te Deum* chanté à Notre-Dame, ils font arrêter deux des meneurs du Parlement, le président Potier de Blancmesnil et le conseiller Broussel. Paris, enserré dans le corset de pierre de ses remparts, avec ses ruelles grouillantes, ses îlots d'immeubles fétides et surpeuplés, ses ponts surchargés de maisons, répond par l'insurrection et se réveille le lendemain hérissé de six cents barricades qui bloquent toute la capitale.

La Régente recule

Anne d'Autriche et son ministre, pressés de toutes parts, se voient obligés de relâcher les deux prisonniers. La sédition s'apaise, mais menace de reprendre à l'annonce de l'arrivée de 4 000 mercenaires allemands de l'armée de Condé. Les négociations doivent reprendre à Saint-Germain. Le 22 octobre, la régente accepte la mort dans l'âme de donner force de loi à une quinzaine d'articles de la Chambre Saint-Louis. La monarchie se trouve placée sous la tutelle de ses propres officiers. C'est le tribut qu'Anne d'Autriche accepte de payer à la sécurité extérieure. Deux jours plus tard, en effet, les traités de Westphalie rétablissent la paix entre la France et l'Empire. Mais le conflit avec l'Espagne se poursuivra pendant encore dix ans.

Sur le plan intérieur, ce n'est qu'une trêve avant un nouvel affrontement. Anne fourbit ses armes : elle s'assure de la loyauté du prince de Condé, maître de l'armée des Flandres, et de l'indécis et ondoyant duc d'Orléans, dont nul n'est jamais sûr de conserver le soutien.

Les traités de Westphalie

Mettant fin à la guerre de Trente Ans en Allemagne, les traités de paix sont signés le 24 octobre 1648 à Münster pour les puissances catholiques et à Osnabrück pour la Suède et les princes protestants. Leurs termes consacrent à la fois la fin de l'unité de la Chrétienté et la large autonomie des princes et des Etats du corps germanique. L'empereur conserve son trône, mais son pouvoir, bien que prestigieux, demeure limité par la diète impériale. Les sujets des princes sont tenus d'adopter leur religion, catholique, luthérienne ou calviniste, ou d'émigrer dans les deux ans. La Suède reçoit la Poméranie occidentale, Stettin, Wismar et les évêchés de Brême et Verden. A la France, on reconnaît à titre définitif les droits de seigneurie sur les Trois-Evêchés, et elle obtient le landgraviat de Haute et Basse-Alsace, la préfecture de la Décapole et Haguenau. Elle acquiert aussi Brisach et Philippsbourg, sur le Rhin.

Monsieur le coadjuteur

Pendant ce temps, les Frondeurs s'organisent autour d'une figure ambitieuse, celle de Paul de Gondi, futur cardinal de Retz et auteur de célèbres *Mémoires.* Neveu et coadjuteur de l'archevêque de Paris Jean François de Gondi, c'est un petit homme d'environ trente-cinq ans, noiraud, laid et contrefait, mais d'une vive intelligence, qui excelle dans l'intrigue. Evêque botté, duelliste impénitent et amoureux enragé, ce personnage de roman rêve de troquer sa modeste mitre contre la prestigieuse barrette de cardinal ainsi que la place de Mazarin auprès de la reine. Il regroupe autour de lui les mécontents du Parlement, le petit peuple, les curés parisiens, les dévots, membres de la discrète Compagnie du Saint-Sacrement, héritiers de la Ligue, tous ceux qui conspirèrent jadis contre Richelieu... Il parvient même à enrôler deux princes du sang, Armand de Conti, frère cadet du Grand Condé, et leur sœur, Anne Geneviève, duchesse de Longueville.

Le blocus de Paris

Dans la nuit du 5 au 6 janvier 1649, le roi, la reine, le cardinal et le reste de la famille royale s'enfuient clandestinement du Palais-Royal et se rendent au château de Saint-Germain, vide et sans feu. La plupart sont contraints de coucher sur des bottes de paille. Au matin, Paris, abasourdi par la nouvelle, court aux armes. Le siège de la capitale débute, tandis que le Parlement, sous l'influence des ultras, derrière Gondi et Beaufort – évadé de Vincennes le jour de la Pentecôte de 1648 –, bannit solennellement Mazarin du royaume et, au nom du roi, déclaré prisonnier de l'Italien, prend en main la défense de la ville. Le blocus est implacable. Avec son armée de 12 000 hommes revenus des frontières, le vainqueur de Rocroi, Condé, superbe et arrogant à son habitude, fait régner la terreur et écrase sans merci les tentatives de sortie des assiégés. Son frère Conti, jaloux de ses lauriers, s'est fait proclamer généralissime, mais n'a aucune compétence, et ses soldats ne sont que des fripiers et des boutiquiers, des laquais équipés de mousquets rouillés, dirigés par des conseillers du Parlement dépourvus d'expérience militaire.

Le prince de Conti

Fils cadet d'Henri II, prince de Condé, et de Charlotte de Montmorency, Armand de Bourbon, prince de Conti, naît à Paris en 1629. Il a pour parrain le cardinal de Richelieu. Atteint de gibbosité (bossu), il se destine d'abord à l'Eglise, mais épouse finalement, en 1654, la nièce de son ancien ennemi Mazarin, Anne Marie Martinozzi. Il est fait gouverneur de Guyenne en 1655 et commandant de l'armée de Catalogne, où il remporte quelques succès militaires. Il meurt en 1666, alors qu'il est gouverneur du Languedoc. Membre de la Compagnie du Saint-Sacrement, il devient, sur la fin de sa vie, très dévot et charitable, fondant des collèges et des œuvres pieuses.

La paix de Rueil

Certains parmi les Frondeurs les plus déterminés, comme Gondi ou le duc de Bouillon, songent à faire appel aux Espagnols. Au même moment, le frère du duc, Turenne, rejoint les insurgés avec son armée. Les modérés du Parlement, le premier président en tête, s'alarment et poussent la reine à faire des concessions. La paix de Rueil est signée le 11 mars. Les rebelles sont amnistiés, parmi lesquels l'imprudent Turenne. Le Parlement entérine la fin de la guerre civile, et Louis XIV entre dans Paris le 11 août 1649, après presque huit mois d'absence, accueilli par un concert d'ovations. Gondi, le clergé, le Parlement, les échevins et les six corps marchands de la ville se soumettent. Tout semble rentré dans l'ordre. Le 5 septembre, un grand bal est donné pour les onze ans du roi qui, le jour de Noël, fait sa première communion à Saint-Eustache. Mais la situation reste peu brillante. Les décisions de la Chambre Saint-Louis ont toujours force de loi ; rendu responsable de la souffrance du peuple, Mazarin est brocardé. Le véritable vainqueur est le jeune et ardent Condé qui a sauvé la monarchie chancelante.

Condé contre Mazarin

A son tour, ce vaillant guerrier veut éliminer Mazarin, qui lui fait de l'ombre, afin de le remplacer et de gouverner de concert avec la reine. Il se réconcilie bientôt avec les princes et les ducs révoltés. C'est sa sœur, Anne Geneviève de Longueville, son mauvais ange, qui lui a inspiré cette conduite téméraire. A force de pression, il obtient de la régente des récompenses pour les chefs frondeurs : Conti reçoit le gouvernement de Champagne, Marcillac – futur duc de La Rochefoucauld et amant de la duchesse de Longueville –, celui de Damvillers ; au mari de cette dernière, le duc de Longueville, échoit celui de Pont-de-l'Arche, position clé en Normandie.

Louis de Bourbon triomphe et distribue les grâces en roi. Comment résister à l'orgueil, aux foucades, aux sarcasmes, à la tyrannie de cet homme brillant mais impulsif, valeureux mais insociable ? Non seulement il insulte ouvertement Mazarin, mais il blesse la reine dans son honneur, exigeant qu'elle pardonne officiellement à l'un de ses lieutenants, le beau Jarzé, un petit marquis qui a eu l'audace inouïe de la courtiser ouvertement.

L'arrestation des princes

Cette fois, c'en est trop. Pour s'opposer aux envahissants Condés, la régente et le cardinal décident de se rapprocher du duc d'Orléans, du coadjuteur et de ses amis, la duchesse de Chevreuse, le vieux Châteauneuf, les Lorraine, les Luynes et les Rohan. La Fronde, comme on le voit, est une suite de luttes intestines, de rivalités de clans, de chassés-croisés de conspirations et de trahisons, un interminable jeu de bascule de groupes rivaux, de brouilles, de réconciliations et de coups de théâtre spectaculaires. Celui du 18 janvier 1650 est de taille : alors qu'ils sont convoqués à une séance du Conseil au Palais-Royal, les princes de Condé et de Conti, ainsi que leur beau-frère, le duc de Longueville, sont arrêtés sur ordre d'Anne d'Autriche et conduits au donjon de Vincennes.

LA FRONDE DES PRINCES

Aussitôt, la guerre civile se ranime en province. La duchesse de Longueville rejoint Turenne, qui s'est enfermé dans la place de Stenay, sur la Meuse, avec des troupes restées fidèles à Condé. L'armée de Turenne, qui fait bientôt sa jonction avec les troupes espagnoles de l'archiduc Léopold Guillaume, s'empare du Catelet et met le siège devant Guise. La jeune princesse de Condé retrouve en Auvergne les troupes de Bouillon et du duc de La Rochefoucauld, et gagne Bordeaux, où elle est accueillie en libératrice.

La reconquête

L'importance du clientélisme nobiliaire éclate : les familles de la grande noblesse entraînent avec elles des centaines de gentilshommes fidèles. De proche en proche, on sonne le tocsin, et les petits seigneurs et la paysannerie entrent en rébellion. Pour reconquérir les provinces révoltées, il faut montrer le roi, créer un sentiment de révérence, tisser des liens de fidélité avec les seigneurs et les notables locaux. Louis se rend donc en Normandie avec la reine, le cardinal et l'armée du comte d'Harcourt. Cette province se soumet, suivie de la Lorraine, du Berry, de l'Anjou, de la Bourgogne, où les « petits maîtres » de Condé finissent par abandonner la place de Bellegarde (Seurre). En juillet, le roi est à Bordeaux, qui se rend le 1er octobre pour ne point manquer les vendanges.

La situation s'inverse

Pendant ce temps, à Paris, les intrigues vont bon train autour de l'insaisissable Monsieur, qui tente de se donner un rôle avantageux. Gondi, furieux qu'on lui refuse la barrette de cardinal malgré son alliance secrète avec la reine – c'est une grave erreur de Mazarin –, se tourne vers le camp des princes.

De toutes parts, on réclame la libération de Condé, de Conti et du duc de Longueville. Pourquoi les maintenir en prison puisque l'on ne peut leur intenter un procès en bonne et due forme ? Dans la société hiérarchisée de l'époque, un prince de sang royal est un personnage presque sacré. Condé, en prison, est soudainement paré par chacun de toutes les vertus. On oublie son orgueil intraitable et son arrogance, et l'on gémit sur la « tyrannie » de l'Italien honni. « Point de Mazarin ! » crie-t-on d'une seule voix.

Monsieur demande lui aussi l'élargissement des princes qui ont été transférés au Havre. Le Parlement s'en mêle. Le 20 janvier 1651, le premier président présente cette requête à la reine. Louis XIV est choqué : « Maman, s'écrie-t-il après le départ de Mathieu Molé, si je n'eusse pas craint de vous fâcher, j'eusse par trois fois fait taire et sortir le Président ! »

La libération des princes

Le cardinal n'a d'autre solution que de quitter Paris, dans la froide nuit du 6 février. Il s'esquive discrètement du Palais-Royal, longe les murs, un large feutre sur le visage. Il pense être rejoint à Saint-Germain par la reine et le roi. Mais Gondi et Monsieur sont alertés. On bat le tambour, on surveille les portes de la ville. Dans la nuit du 9 au 10, la foule, craignant la fuite de la famille royale, pénètre dans le palais et défile devant le lit de l'enfant, qui fait semblant de dormir. En fait, il est habillé et s'apprête à partir subrepticement avec sa mère. Louis ne pardonnera jamais cette humiliation à Gondi, instigateur de cette inspection intempestive.

Le souverain est prisonnier chez lui, et les princes, libérés sur l'ordre de Monsieur, entrent en héros dans la capitale, alors que le Parlement ouvre le procès de Mazarin.

La « troisième Fronde »

Avec la victoire des Frondeurs, la confusion est à son comble. Des assemblées de gentilshommes, ayant à leur tête le comte de Montrésor, le baron d'Annery et le marquis de Sourdis, cherchent à se placer sous la houlette de Monsieur et de Gondi et réclament la tenue des états généraux. Pour la monarchie française, cette agitation de la gentilhommerie représente un mouvement beaucoup plus pernicieux que celui de la Chambre Saint-Louis, car il s'agit d'instaurer un pouvoir décentralisé à prédominance aristocratique tel qu'on le pratique en Pologne. C'est ce que l'on a appelé la « troisième Fronde ». Condé et le Parlement mesurent le danger, tout en paraissant céder. Les états généraux sont convoqués pour septembre. De fait, ils seront ajournés *sine die*.

Mazarin en exil

Mazarin, exilé chez l'Electeur de Cologne, espère encore revenir, car Condé devient de nouveau odieux à tout le monde. Le cardinal entretient d'ailleurs en langage codé une correspondance presque quotidienne avec la reine, qui lui est tout acquise, et l'informe du déroulement des événements.

Le jeu de bascule recommence. Anne renoue secrètement avec Gondi, le rencontre à la nuit tombante et lui promet une nouvelle fois la barrette de cardinal. Cette alliance est indispensable, tant l'audace de Condé ne connaît plus de bornes. Un jour, au Cours-la-Reine, son carrosse refuse de s'arrêter devant celui du roi. Il ne montre que mépris pour ce jouvenceau un peu gauche, qu'il traite en privé de « sot ».

Grave erreur ! Louis n'est pas un garçon déluré, mais son intelligence politique s'affine. Il sait mesurer à sa juste valeur, par exemple, la cautèle de Gaston, qui cherche à tirer profit de tous les camps : « Mon bon oncle, lui lance-t-il un jour, il faut que vous me fassiez une déclaration si vous voulez être dans mon parti ou dans celui de M. le Prince. » Comme l'autre se récrie, il ajoute aussitôt : « Mon bon oncle, puisque vous voulez être de mon parti, donnez lieu que je n'en puisse douter. »

La majorité du roi

Le 5 septembre 1651, le roi atteint ses treize ans, l'âge de la majorité. Une cérémonie solennelle, pleine de magnificence, comme l'Ancien Régime en a gardé le secret, fête l'événement : défilé du Palais-Royal au Palais de justice, messe à la Sainte-Chapelle, intronisation dans la grand-chambre du Parlement. Louis reçoit de la régente l'autorité royale, du moins en théorie. En retour, il la nomme chef de son Conseil. En dépit de son rêve d'être le « maître », il est encore trop jeune pour exercer le pouvoir. Pourtant, un témoin de l'époque, Palluau, est frappé par « le sérieux du jeune roi, son mépris pour les bagatelles et son discernement des hommes ».

LE DERNIER ACTE

C'est la fin de la régence, mais non celle des frondes, dont l'hydre semble sans cesse renaître. La guerre civile recommence avec le concours de l'Espagne appelée à l'aide par le vainqueur de Rocroi, que l'on vient de déclarer rebelle et coupable de crime de lèse-majesté.

Les défaites de Condé

Le roi ne dispose que d'une petite armée de 4 000 hommes, mais très aguerrie. Au début, la situation demeure incertaine. Dégarnies par le départ des régiments fidèles à Condé, les troupes françaises de la frontière abandonnent à l'ennemi Dunkerque et Gravelines. Mais bientôt, Bouillon et Turenne font défection et rallient le camp royal. Partout, les troupes de Condé sont battues ; il ne leur reste que quelques places, comme la forteresse de Montrond, en Berry.

La reine commet alors une erreur : elle rappelle trop tôt Mazarin. Les esprits, encore échauffés, n'y sont pas préparés. Monsieur, tout en désapprouvant l'union avec l'Espagne, rejoint Condé dans la rébellion. Bordeaux, une nouvelle fois, se rallie à Condé. Le prince de Conti, la princesse de Condé et la duchesse de Longueville y rencontrent un franc succès.

La Grande Mademoiselle se lance à son tour dans la bataille, au nom de son père, Gaston d'Orléans. A vingt-cinq ans, la plus riche héritière de France collectionne les prétendants, dont quelques têtes couronnées. Elle est laide, naïve, fière et romanesque. Elle rêve d'épouser Louis XIV, de onze ans son cadet, et, afin d'y parvenir, veut s'imposer par les armes... Casquée, escortée par ses « maréchales de camp » et une troupe de chevau-légers, elle occupe sans difficulté Orléans.

Le 7 avril, Turenne, accompagné d'une poignée d'hommes, défait Condé sur la chaussée de Bléneau. Cette bousculade, mineure sur le plan militaire, est un tournant décisif pour le pays : « Monsieur le maréchal, dit la reine au vainqueur, vous avez sauvé l'Etat et vous venez de mettre une seconde fois la couronne sur la tête de mon fils. »

Les derniers soubresauts

Le 2 juillet suivant, se déroule le célèbre combat du faubourg Saint-Antoine, aux portes de Paris : l'armée royale de Turenne affronte celle de Condé, aidée de quelques unités espagnoles.

Au moment de l'assaut final, la porte Saint-Antoine s'ouvre et laisse entrer les Frondeurs mal en point : c'est la Grande Mademoiselle qui a obtenu à l'arraché cette décision des magistrats de la ville. Pour faire bonne mesure, elle ordonne aux canons de la Bastille de tirer sur la cavalerie royale. « Elle a tué son mari ! » s'exclame le cardinal qui, au côté du jeune Louis XIV, observe la bataille des hauteurs de Charonne.

Tandis que Condé fait régner la terreur dans Paris, que ses troupes mitraillent sauvagement les édiles et brûlent l'Hôtel de Ville, le roi réunit à Pontoise un semblant de Parlement autour de quelques présidents et conseillers loyalistes. Sur la suggestion du surintendant des Finances, Fouquet, Louis XIV éloigne Mazarin, ôtant ainsi aux extrémistes leur principal argument. Le cardinal consent à se retirer à Bouillon.

La fin de la Fronde

Condé, dès lors, a perdu la main, même à Paris où un parti de l'ordre, las des excès et des violences, l'incite à décamper. Achevant sa trahison, il quitte le royaume pour les Flandres et y prend le commandement des troupes espagnoles. Le 21 octobre 1652 au soir, Louis XIV fait son entrée dans la capitale par la porte Saint-Honoré, accueilli en libérateur. Les princes rebelles sont exilés, y compris Monsieur et sa fille. Condé est déchu de sa qualité de prince du sang et condamné à mort par contumace. Un lit de justice solennel réinstalle le Parlement loyaliste, auquel se sont ralliés, la mine contrite, les parlementaires restés à Paris. Les conseillers du roi reçoivent l'interdiction de prendre à l'avenir « aucune connaissance des affaires de l'Etat ». Reste Gondi, devenu entre-temps cardinal de Retz. Malgré ses ruses, le « nabot » sublime n'échappe pas à son destin. Il est arrêté en décembre.

Mazarin fait une entrée triomphale à Paris le 3 février 1653, follement acclamé par la même foule qui, quelques mois auparavant, était prête à le pendre. Bordeaux, dernier bastion de la Fronde condéenne, aux mains de Conti, de la duchesse de Longueville et de la princesse de Condé, capitule en juillet.

Le bilan

Le bilan de cette terrible guerre civile est tragique : des régions entières ont été rançonnées, pillées, dévastées, comme la région parisienne, la Picardie et la Champagne. Après les récoltes brûlées, les villes et villages incendiés, les femmes violées, la peste et les brigands succèdent aux soudards des armées. Dans la capitale errent plus de 60 000 mendiants. La population tombe en dessous du seuil des 20 millions.

Pourtant, les deux tiers des paroisses n'ont rien vu de la guerre civile, et l'économie rurale se remet très vite à flot. En quelques années, la situation redevient normale.

Qu'advient-il de Louis XIV ? De dix à quatorze ans, il a été mis à rude épreuve : l'école de l'adversité a ulcéré son cœur, mais l'a trempé. Il a connu l'errance à travers les campagnes de France, les draps troués de Saint-Germain, la fuite, le froid, la faim, la souffrance, mais surtout la colère contre la révolte des corps sociaux et l'ambition insatiable des princes qui ont ignoré ouvertement l'intérêt de la France. Avec l'aide de son parrain, il s'attelle désormais à la restauration de l'ordre.

Chapitre III

LES ANNÉES MAZARIN
1653-1661

GOUVERNER, C'EST PARAÎTRE

Placée au-dessus de la hiérarchie des groupes sociaux, des ordres et des corps, mais toujours par eux menacée d'étouffement, la monarchie française se trouve contrainte de gérer habilement son « image » dans l'opinion. C'est une nécessité vitale et, en même temps, dans cette période de retour à l'ordre qui fait suite aux désordres des Frondes, un moyen d'accroître son emprise sur la société. D'où l'importance extrême qu'elle attache aux discours, aux rites, aux symboles, à tout ce que l'on a appelé les « cérémonies de l'information » (Michel Fogel).

La gestion de la « communication »

Mazarin, qui a connu dans sa jeunesse la pompe et la mise en scène de la Rome pontificale, sait cela mieux que personne. Il a conscience que la restauration de l'autorité légitime passe par un effort de propagande dans les domaines les plus variés : littérature, peinture, sculpture, architecture.

Dans une société où environ 80 % de la population est analphabète, l'image est un moyen de communication qui l'emporte de très loin sur l'écrit. Afin de chanter les louanges et la gloire du jeune roi, on n'hésite pas à distribuer quantité d'estampes allégoriques qui le représentent en vainqueur de la rébellion. Le cardinal, grand amateur de théâtre et d'opéras baroques, utilise, lui aussi, l'art du ballet, très prisé à la Cour, pour mieux affirmer l'autorité royale et asservir la noblesse. Il profite du talent et du goût remarqués de Louis pour la danse pour le produire sur scène au milieu de ses compagnons de jeu. Dans le *Ballet de la nuit* d'Isaac de Benserade (1653), le jeune homme incarne l'astre du jour triomphant des ténèbres et du chaos : c'est alors que se forge la thématique du Roi-Soleil. Les productions se succèdent, comme le *Ballet des plaisirs et délices de la ville et de la campagne*, dû à M. de Saint-Aignan, ou encore celui des *Noces de Thétis et Pélée*, dans lequel le roi figure Apollon. Grâce à sa rigoureuse chorégraphie, l'harmonie du ballet reproduit de façon allégorique les rouages du corps politique. Gare donc aux mauvais danseurs !

Le *Ballet de la nuit*

Au cours de ce ballet, donné devant la Cour le 23 février 1653, le frère cadet du roi, Philippe d'Anjou, habillé en Aurore, précède son aîné en clamant :
« Le Soleil qui me suit, c'est le jeune Louis.
La troupe des astres s'enfuit,
Dès que ce Grand Roi s'avance ;
Les nobles clartés de la Nuit,
Qui triomphaient de son absence,
N'osent soutenir sa présence :
Tous ces volages feux s'en vont évanouis,
Le Soleil qui me suit, c'est le jeune Louis. »
C'est la première fois que le roi représente le soleil triomphant de l'obscurité, allusion à sa victoire sur la Fronde. Le livret est écrit par Isaac de Benserade et la musique, composée par Jean de Cambefort.

Le sacre de Louis XIV

Cependant, sur le plan du faste comme sur celui de la mise en scène, aucune cérémonie évidemment n'égale, en ce dimanche 7 juin 1654, le sacre de Reims, émouvant et antique rituel qui fusionne le religieux et le politique en un corps unique et indissoluble. C'est le frémissement chatoyant et coloré de la vieille France royale !.. Au fil des temps, le sens de la cérémonie s'est inversé. Au commencement de la royauté, le sacre, sorte d'ordination sacerdotale, avait pour but de marquer la soumission du pouvoir royal au contrôle ecclésiastique ; mais, depuis le XVe siècle, la monarchie a profité de la dimension religieuse qui lui était donnée pour accroître sa puissance. Si elles ne confèrent pas la royauté, les onctions de la sainte ampoule la manifestent de façon solennelle, la rendent, comme dit Louis XIV dans ses *Mémoires*, « plus auguste, plus inviolable et plus sainte ». En s'arrimant directement au ciel, l'autorité royale accroît d'autant son espace politique. Jamais le roi ne l'oubliera, même à la fin du règne, quand la désacralisation commencera à infiltrer le corps de l'Etat. Personnage sacré participant du mystère divin, il respectera toujours le pieux devoir des « rois thaumaturges », procédant, trois ou quatre fois par an, à l'occasion des grandes fêtes religieuses, au toucher des écrouelles : « Le roi te touche, Dieu te guérit ! »

LA GUERRE, TOUJOURS !

Cependant la guerre avec l'Espagne continue. L'année précédente, en juillet 1653, Turenne s'est emparé de Rethel et a empêché Condé de marcher sur Paris. Louis, alors âgé de quinze ans, s'enthousiasme pour les combats. Aux remontrances de son médecin Vallot, qui s'inquiète de ses fatigues, il répond imperturbablement qu'il « aime mieux mourir que de manquer la moindre occasion où il y va de sa gloire et du rétablissement de son Etat ».

Le roi en première ligne

En octobre, il galope au siège de Sainte-Menehould, passe ses journées à cheval dans les chemins boueux. En juillet 1654, il assiste à l'ouverture de la tranchée devant Stenay. Le 25 août, jour de la Saint-Louis, il entre en vainqueur dans Arras libérée. Pour l'Espagne, cette cuisante défaite marque le déclin de sa puissance militaire. Au mois de juin 1655, au siège de Landrecies, Louis fait preuve encore de sa volonté de fer et de sa témérité entêtée. La guerre se résume en un épuisant jeu de places conquises et reconquises sur la frontière Nord : les villes de Condé et Saint-Ghislain sont occupées en 1655 par les Français, qui remportent de petites victoires contre les Espagnols, mais Turenne échoue piteusement au siège de Valenciennes en 1656, tandis que Monsieur le Prince s'empare de Cambrai en 1657.

Louis XIV à la guerre

« Le Confident est infatigable : il a marché toute la journée avec l'armée et, en arrivant ici pour se reposer, il est allé voir toutes les gardes avancées du corps que M. le maréchal de La Ferté commande, c'est-à-dire près d'Avesnes. Il vient de retourner, et, ce que j'admire, c'est qu'il n'est pas las après être resté quinze heures à cheval ; mais, s'il continue de la sorte, il est impossible que ceux qui le suivent y puissent fournir. Toute notre espérance est qu'il se lasse à la fin. »
(Lettre de Mazarin à Anne d'Autriche, datée du 31 juillet 1655)

La diplomatie du cardinal

L'Espagne décline, certes, mais la France s'épuise. Cela fait vingt-deux ans qu'elle fait la guerre à la maison d'Autriche. Au risque de scandaliser les dévots, Mazarin signe un traité d'alliance avec le régicide Cromwell, traité qui accordera aux Anglais Dunkerque et Mardick, quand ils auront été repris aux Hollandais, en échange d'un soutien militaire. Le cardinal ne néglige pas non plus ce qui se passe dans la nébuleuse des Allemagnes. L'empereur Ferdinand III est mort à Vienne le 1er avril 1657. La couronne impériale est élective, mais la coutume veut que l'on donne, du vivant de l'empereur, le titre de « roi des Romains » à son fils aîné, pour qu'il lui succède automatiquement. Cette formalité ayant été omise dans le cas de Léopold, fils de Ferdinand, Mazarin pèse sur son élection à l'empire en imposant, par l'entremise des Electeurs pro-français, une « capitulation électorale », ratifiée sous serment par le nouveau souverain autrichien. Ce texte contraint Léopold à ne pas appuyer militairement les ennemis du roi. Allant plus loin, Mazarin organise une ligue du Rhin, qui regroupe les clients de la France, en particulier les archevêques électeurs de Mayence et de Cologne, les trois ducs de Brunswick-Lunebourg, le duc de Neubourg, le roi de Suède – pour ses possessions germaniques –, le landgrave de Hesse, le duc de Wurtemberg et les Electeurs de Trèves et de Münster. C'est un instrument qui permet à la fois aux princes allemands de se protéger contre l'envahissante tutelle des Habsbourg, et à la France de jouer son rôle de puissance protectrice et d'arbitre dans les conflits allemands.

La maladie de Calais

Le 14 juin 1658, les troupes espagnoles de Condé et de don Juan d'Autriche subissent une sévère défaite à la bataille des Dunes, près de Dunkerque. La place capitule à son tour. Après cette double victoire, Turenne poursuit sa marche triomphale à travers la Flandre maritime.

Au cours de cette campagne, Louis s'est montré égal à lui-même, plein d'énergie et d'intrépidité. Mais une dangereuse fièvre pourpre – la scarlatine ? – menace bientôt ses jours. Dans la nuit du 6 au 7 juillet, on le croit perdu. A Paris, on multiplie les processions publiques. Par chance, le médecin de la reine, Guénaut, le sauve grâce à un « remède miracle », l'émétique. Cette épreuve marque profondément le jeune roi qui a appris, après son rétablissement, les intrigues nouées par certains anciens Frondeurs pendant le court moment où la couronne a failli passer de sa tête à celle de son cadet, Philippe d'Anjou.

Comment soigner le roi ?

Six médecins discutent des remèdes à employer. La purgation et les vésicatoires ne produisant aucun effet, Guénaut, médecin de la reine, suggère d'essayer l'émétique, potion concoctée à base d'antimoine et de vin, que certains tiennent pour un poison violent. De nombreuses discussions et l'accord de Mazarin sont nécessaires pour tenter ce remède de la dernière chance. Le lundi 8 juillet, conte le médecin du roi, Vallot, dans son *Journal,* « je fis mêler trois onces de vin émétique avec trois prises de tisane laxative et sur-le-champ je lui fis prendre une tierce partie de tout ce mélange qui réussit si bien et si heureusement que le roi fut purgé vingt-deux fois d'une matière séreuse, verdâtre et un peu jaune, sans beaucoup de violence, n'ayant vomi que deux fois, environ quatre ou cinq heures après la médecine... ».

Les dangers de guerre civile

A tout instant, les braises mal éteintes de la guerre civile menacent de se rallumer. Les dévots, les curés, les chanoines de Notre-Dame, la Sorbonne, l'abbaye de Port-Royal n'ont cessé de réclamer la libération du cardinal de Retz. Celui-ci s'évade de sa prison du château de Nantes, gagne l'Espagne puis Rome, d'où il mène la guerre contre Mazarin. Par l'intermédiaire d'un grand vicaire qui se dissimule dans Paris, il gouverne de fait l'archevêché de la capitale, vacant depuis la mort de son oncle Gondi. C'est la « Fronde des curés ».

Beaucoup de grands ont gardé une mentalité féodale et profitent de la faiblesse de l'Etat pour monnayer leur soutien. Ainsi le vice-amiral de Foucault s'est-il barricadé dans son gouvernement de Brouage d'où il contrôle la flotte de La Rochelle. Il a rallié Condé et l'Espagne et n'échangera sa principauté navale que contre le bâton de maréchal, le titre de duc, l'intendance de la navigation, le collier des ordres du roi et 530 000 livres de gratification. Il faut en passer par là. Beaucoup se livrent au même chantage : Hocquincourt, Epernon, Harcourt... L'orgueil, l'esprit d'indépendance et l'avidité de l'aristocratie n'ont pas disparu avec la Fronde.

L'ABSOLUTISME MAL ASSURÉ

Dans la société d'Ancien Régime, qui se caractérise par une cascade de pouvoirs et de corps, une superposition d'institutions jamais abolies, un enchevêtrement de statuts personnels et collectifs, de privilèges et de libertés, le pouvoir royal a du mal à faire valoir ses prérogatives. C'est le paradoxe de l'absolutisme !

Le pouvoir trifonctionnel

Face à la diversité de cet espace social, la mission du pouvoir consiste à représenter l'intérêt général, le bien commun, à être l'arbitre des familles et des vassaux, à assurer la sécurité et la justice pour tous. C'est dire qu'il exerce un rôle « fédérateur » ; mais il lui faut aussi empêcher les intérêts privés d'empiéter dans sa sphère d'influence, veiller à ce qu'aucune coalition de groupes ne vienne limiter sa liberté d'action. Pour survivre, le pouvoir doit en même temps être « diviseur ». Il doit assumer des rôles contradictoires, organiser au mieux les rivalités, les susciter au besoin par la distribution des grâces et des faveurs, tout en empêchant les forces centrifuges de prendre le dessus. Pour mieux asseoir sa domination, il lui faut amoindrir pôles de résistance et contre-pouvoirs, limiter la place des grands, abaisser l'orgueil des parlements et faire disparaître, autant que possible, les privilèges des provinces, les franchises des villes. Par sa tendance hégémonique, il est « niveleur ».

Ainsi, la monarchie française, loin d'être statique, se trouve dans un état de perpétuelle tension dynamique. Elle doit, au sein de cette société plurielle, avec laquelle elle cohabite, maîtriser l'évolution sociale, organiser la mobilité à l'intérieur des groupes. C'est pour elle une nécessité vitale, à laquelle elle s'emploie par la création et la vente d'offices, l'élévation de la noblesse de robe, la distribution de grâces, dignités, ordres de chevalerie, lettres d'anoblissement, privilèges et monopoles d'exploitation. Elle tisse, comme l'a dit François Furet, « une dialectique de subversion à l'intérieur du corps social ». C'est tout bonnement ce que l'on a appelé l'absolutisme.

La « trinité régnante »

Les années qui s'étendent de la fin de la Fronde à la mort de Mazarin (1653-1661) permettent, selon le médecin Guy Patin, à la « trinité régnante » – Louis XIV, Anne d'Autriche et Mazarin – de ramener l'ordre dans le pays. Le jeune homme est encore un roi de parade que l'on montre aux peuples, aux armées et aux ambassadeurs. En dépit de quelques accès d'impatience, il apprend avec sagesse son « métier ». Anne participe moins au gouvernement, mais veille avec attention à la formation morale de son fils. La réalité du pouvoir revient au Premier ministre qui sait ménager les susceptibilités. Il a deviné le caractère impétueux du jeune homme, sous l'écorce de la placidité, et a l'intelligence de l'associer graduellement aux décisions. Toutefois, c'est lui qui dispose des charges, de la feuille des bénéfices, conduit les négociations diplomatiques, prend les décisions importantes. Dès la fin de la Fronde, le mouvement de centralisation monarchique, entrepris par Richelieu, repart. Les intendants reviennent dans les provinces sous le nom de « commissaires départis pour l'exécution des ordres du roi », afin de ne pas irriter les officiers. Mazarin étend aussi son réseau de fidèles, développe le clientélisme ministériel, pratique le pardon des fautes, renforce ainsi son contrôle sur les lointaines provinces. C'est l'époque où les fidélités nobiliaires et les réseaux de notables commencent à se tourner vers le service du roi.

La détresse financière

Cependant, la poursuite de la guerre avec l'Espagne maintient sur le pays une terrible pression fiscale. L'Espagne peut faire l'économie des réformes et s'enfoncer dans l'immobilisme : ses galions, de retour des Amériques, lui rapportent l'or et l'argent indispensables à l'entretien de ses armées. La France, au contraire, doit rationaliser son appareil étatique, de façon à contraindre la paysannerie à sortir de ses bas de laine les précieuses espèces sonnantes dont elle a besoin. Avec cette crise financière endémique, les revenus futurs de plusieurs années sont consommés d'avance. En 1656, puis en 1658 – cette dernière année est tout particulièrement dramatique –, le royaume est contraint de suspendre les opérations militaires, faute d'argent. C'est la grande époque des traitants et des partisans. Afin d'éviter la banqueroute, l'habile surintendant des Finances, Nicolas Fouquet, est obligé de finasser avec eux et de les rémunérer à des taux phénoménaux (30 à 50 % !). Ceci n'empêche pas le cardinal de poursuivre et même d'accélérer l'édification de sa prodigieuse fortune qui a manqué de disparaître durant la Fronde.

La séance du 13 avril 1655

Le Parlement profite de la situation pour relever la tête et faire des remontrances sur les édits fiscaux nouveaux (taxes sur les actes de baptême et d'enterrement, création de nouveaux offices de secrétaire du roi...). Pour briser cette résistance, Louis XIV se rend au Parlement, le 13 avril 1655, et y tient un lit de justice pour le moins cavalier. Il paraît en effet devant les conseillers en costume de chasse : justaucorps rouge, chapeau gris sur la tête, grosses bottes : « Messieurs, déclare-t-il d'un ton sévère et hautain, chacun sait les malheurs qu'ont produits les assemblées du Parlement. Je veux les prévenir et que l'on cesse celles qui sont commencées sur les édits que j'ai apportés, lesquels je veux être exécutés. Monsieur le Président, je vous défends de souffrir aucune assemblée, et à pas un de vous de les demander. »

L'insoumission parlementaire

La légende s'emparera de cette scène fameuse, imaginée par Mazarin, et l'on racontera que le roi, venu avec un fouet pour dompter ses conseillers, a alors prononcé la fameuse formule : « L'Etat, c'est moi ! » On en retient l'idée d'un monarque autoritaire et d'un pouvoir absolu et despotique, image bien différente de la réalité. La vénalité des offices continue à faire ses ravages et à entretenir l'esprit d'indépendance vis-à-vis du gouvernement dans les divers corps de la magistrature. Malgré la séance royale qui aurait dû clore le bec aux robins, ceux-ci présentent de nouvelles remontrances, illégales après un lit de justice. Le cardinal est contraint d'embastiller un conseiller et d'en exiler neuf autres. Ce n'est pas suffisant, pas plus que l'intervention de Turenne qui supplie le premier président de lui trouver de l'argent pour ses soldats. Finalement, le pouvoir doit retirer une partie des édits et donner 100 000 livres au premier président, Pomponne de Bellièvre... Mazarin s'inquiète également du développement du jansénisme, particulièrement au sein du monde parlementaire.

Le jansénisme

Né de la « Réformation catholique », ce courant impose un retour à saint Augustin, à la suite du traité du Flamand Jansénius, *Augustinus,* paru en 1640. Le débat concerne la grâce divine et la liberté humaine : si l'homme peut se sauver lui-même, le sacrifice rédempteur du Christ est vain. Hostile à la dévotion mondaine et aux jésuites, attaché à l'esprit de l'Eglise primitive, le jansénisme s'ancre au monastère de Port-Royal-des-Champs. Bien que condamné par le pape en 1643, il connaît un rapide essor au sein du clergé et des robins parisiens, avec le traité d'Antoine Arnauld, *De la fréquente communion.* En 1653, une bulle d'Innocent X condamne comme hérétiques cinq propositions sur la grâce attribuées aux jansénistes. Mazarin en profite pour afficher sa docilité envers Rome : la Sorbonne condamne Antoine Arnauld, et Pascal dénonce la casuistique jésuite dans ses *Lettres Provinciales...* Le Parlement doit enregistrer la bulle papale *Ad Sacram.* Le roi redoute le caractère frondeur du mouvement : en 1661, les religieux seront forcés de signer un formulaire désavouant les thèses de Jansénius.

La noblesse en ébullition

Des raisons fiscales sont également à l'origine du regain des conspirations nobiliaires et de l'agitation provinciale. L'Etat, toujours en quête de nouveaux impôts, a eu l'idée de taxer les faux nobles, qui prolifèrent, en créant des commissions de recherche d'« usurpateurs de noblesse ». Cette inquisition, au lieu de réjouir les gentilshommes authentiques, sème l'inquiétude, car beaucoup ne peuvent apporter la preuve de leur état. Un peu partout se tiennent des assemblées, en Anjou, en Bretagne, en Normandie... Elles ont souvent lieu la nuit, dans les forêts, à la lueur des torches. Dans certaines régions, on réclame le rétablissement des états provinciaux, où la noblesse vote les impôts. On évoque aussi la tenue des états généraux. En 1659, une Union de la noblesse rassemble la Picardie, la Normandie, la Touraine, le Poitou, l'Orléanais, la Bourgogne, l'Anjou, le Nivernais, le Bourbonnais et le Limousin. Le chef nominal en est le duc d'Harcourt, mais la cheville ouvrière est le marquis de Bonnesson. Arrêté, il est bientôt exécuté à la Croix du Trahoir à Paris. « Si la bataille de Dunkerque [bataille des Dunes] avait eu un succès contraire, écrit le surintendant Servien, le royaume était menacé d'un soulèvement général. »

La guerre des sabotiers

Aux difficultés des armées, en 1656 et 1657, s'ajoutent dans plusieurs régions de France des « émotions » populaires. En mai 1658 éclate en Sologne la « guerre des sabotiers », qui protestent contre la dévaluation d'une piécette de monnaie, le liard de cuivre. Le mouvement des paysans et des seigneurs « malcontents » est très violent. Le château de Sully est assiégé. Les bateliers de la Loire s'unissent aux paysans solognots. Condé cherche en vain à faire la jonction avec cette jacquerie. Quelques régiments royaux dispersent les « sabotiers ».

LA MÉTAMORPHOSE

Au sortir de l'adolescence, Louis XIV traverse une crise, liée à la fois à l'éveil de sa sensibilité amoureuse et à l'affirmation de son autorité face à la tutelle de sa mère et du cardinal : crise capitale qui, pendant un temps, met en jeu la paix de l'Europe. Comme un héros classique, Louis devra la surmonter pour devenir lui-même.

L'élève de Mazarin

Louis reste un amateur de grand air qui ressent le besoin impérieux de brûler son énergie dans des activités sportives : ses préférences vont à l'équitation, la chasse, le tir, le jeu de paume. Mais en même temps il se révèle grand travailleur, capable de passer des heures entières à étudier les dossiers. Sa prodigieuse mémoire étonne son entourage. S'il n'a pas l'imagination vive et féconde, on ne saurait voir en lui un esprit « au-dessous du médiocre », comme le prétend Saint-Simon, toujours mesquin et partial quand il s'agit du roi. « Il se mettra en chemin un peu tard, a dit Mazarin au maréchal de Villeroy, mais il ira plus loin qu'un autre. » Au maréchal de Gramont, il ajoute : « Vous ne le connaissez pas, il y a en lui de l'étoffe de faire quatre rois et un honnête homme ! »

De sa mère et du cardinal, Louis a appris le goût du secret, le sens de la dissimulation. Etudiant avec soin ses gestes et ses poses, il s'est composé un personnage de façade, digne, sérieux, toujours maître de soi, ne s'emportant jamais. « Je verrai », répond-il aux solliciteurs. Il tient à rester libre et indéchiffrable. S'il compense sa raideur native par une exquise politesse, il mettra plus de temps à dompter son émotivité.

Dans le cercle restreint des intimes, il est très différent du sphinx indéchiffrable qu'il affecte d'être en public. On le voit gai, malicieux, railleur même. On l'aborde sans crainte, on rit et badine avec lui. Il ne déteste pas faire des plaisanteries de collégien. Son caractère est marqué par deux tendances contradictoires : la timidité – d'où sa grande méfiance et son orgueil – et la volonté – d'où son constant désir de brider sa sensibilité, ses impulsions naturelles, sa spontanéité, pour ne laisser paraître que le masque marmoréen de la majesté royale.

Le portrait du roi

Voici donc le roi à vingt ans : c'est un magnifique athlète, robuste et bien découplé ; son air majestueux s'unit à une vitalité campagnarde. Contrairement à une légende qui s'est développée récemment, il est de grande taille (plus d'un mètre quatre-vingts). Le visage, sans être d'une parfaite beauté, est régulier et ouvert : le nez est un peu long, les joues sont légèrement marquées par la petite vérole, mais les yeux brillants et doux nuancent d'une touche de mélancolie l'air de grandeur dédaigneux que lui donnent sa lèvre inférieure charnue et son ombre de moustache. Les cheveux châtain foncé, qu'il porte au naturel – il ne mettra pas de perruque avant l'année 1673 – sont admirables. « Enfin, à tout prendre, écrit la Grande Mademoiselle ; c'est le plus bel homme du monde et le mieux fait de son royaume et assurément de tous les autres ».

Premiers émois amoureux

Contrairement à son cadet Philippe, qui se plaît à être élevé en fille, Louis est attiré très jeune par les femmes. Les tentations ne manquent pas à la Cour. Mais les troubles qu'il a vécus dans son adolescence l'ont rendu craintif et réservé. On conte que c'est la galante baronne de Beauvais, Catherine Bellier – surnommée peu gracieusement Cathau la Borgnesse –, dame d'honneur de la reine, qui l'a déniaisé. A-t-il connu alors d'autres aventures ? On ne sait comment il a eu, à dix-sept ans, une blennorragie qui dure sept mois et inquiète son médecin, Antoine Vallot. Sûrs de la chasteté de leur patient, les « Diafoirus » en perdent leur latin... Les aventures sentimentales, en revanche, sont notoires. De dangereuses et perfides créatures tournent autour de lui : ce sont les nièces de Mazarin, de piquantes et jolies brunettes, qui ont apporté avec elles le soleil et le charme brûlants de l'Italie. En 1657, Louis tombe amoureux d'Olympe Mancini, la plus ambitieuse et intrigante de toutes. Ce n'est qu'un amusement sans conséquence. Sensée, la belle se précipite sur le premier beau parti qui se présente, le prince Eugène Maurice de Savoie, à l'intention de qui le cardinal relève le prestigieux titre de comte de Soissons.

Marie Mancini

L'amour du roi et de Marie Mancini est de plus longue durée. Quand, en juin 1658, Louis XIV se trouve à Calais, atteint par la fièvre pourpre, au bord de la tombe, il apprend avec émotion que la petite Italienne a versé de gros sanglots.

N'est-ce pas la preuve qu'il est aimé pour lui-même, au moment où le reste de la Cour commence à tourner ses regards vers son frère Philippe ? Certes, elle n'est pas belle, cette sauvageonne gracile au teint de pruneau, mais quelle importance ! La chaste passion des jeunes gens s'enflamme à l'automne, à Fontainebleau, au milieu des fêtes, des bals, des chasses, des délicieuses promenades en barque sur le canal. Louis est attiré par cette excellente cavalière, à l'esprit vif et orné. Encore mal dégrossi sur le plan littéraire et artistique, il a beaucoup à apprendre de cette incomparable précieuse, un peu pédante, qui connaît les romans à la mode, ceux de Mlle de Scudéry et de La Calprenède, et se montre capable de réciter des tirades entières du *Cid* ou d'*Horace*. Il ne fait aucun doute qu'elle a contribué à éveiller son goût de la musique, de la peinture, de la littérature et que, sans leur romance, l'éclat de la cour de Versailles n'aurait pas été si brillant.

Stratégie matrimoniale

Cependant la paix entre la France et l'Espagne se profile à l'horizon. Dans la Flandre maritime, les victoires de Turenne laissent peu de doute sur l'issue du conflit. Des pourparlers avaient échoué en 1656. On y avait débattu d'un projet de mariage de Louis et de l'infante Marie-Thérèse, fille aînée du roi Philippe IV. Cette union pouvait être un gage de paix durable ; mais les Espagnols hésitent toujours. Afin de les décider, Anne d'Autriche et son ministre avancent un autre projet : le mariage de Louis avec la jeune princesse Marguerite de Savoie, l'une des filles de Chrétienne de France – elle-même fille de Henri IV. Cette solution pourra entraîner deux issues : soit l'Espagne, piquée de voir l'infante dédaignée, réagit, et l'entreprise savoyarde aura servi d'appât ; soit les Espagnols laissent faire, et le mariage servira à rapprocher la France et la Savoie, faute de mieux.

La famille de Savoie

En 1619, Victor Amédée Ier, duc de Savoie, épouse Chrétienne (ou Christine) de France (1606-1663), fille d'Henri IV et sœur de Louis XIII, qui se fait appeler du titre, alors inusité, de Madame Royale. Le couple a plusieurs enfants : Louise Marie Christine (1629-1692), qui se marie avec son oncle, Maurice de Savoie ; François Hyacinthe (1632-1638), qui succède à son père en 1637 ; Charles Emmanuel II (1634-1675), qui devient duc de Savoie à la mort de son frère aîné ; Marguerite Yolande (1635-1663), qui, après l'échec du projet de mariage avec Louis XIV, épouse en 1660 Ranuce II Farnèse, duc de Parme ; et Adélaïde (1636-1676), qui s'unit à Ferdinand Marie, duc de Bavière (leur fille, Marie-Anne Christine Victoire de Bavière, épousera le Grand Dauphin en 1680). Sous l'influence de Madame Royale, qui exerce le pouvoir longtemps après la fin de sa régence, la Savoie demeure une fidèle alliée de la France.

Le mariage avorté

Comme Louis a déclaré qu'il voulait voir la demoiselle avant de donner son consentement, la Cour se rend à Lyon en novembre 1658. Le jeune homme ne paraît pas hostile à la perspective de cette union, bien qu'il se montre plus que jamais amoureux de Marie Mancini. Pendant le voyage, il chevauche presque toujours à ses côtés. On jase. Les Espagnols, enfin, tombent dans le piège. Philippe IV dépêche son secrétaire d'Etat aux Relations extérieures, Pimentel, afin d'offrir la paix et la main de l'infante. A Lyon, il faut alors expliquer à la duchesse de Savoie et à sa fille que la tranquillité de l'Europe exige de tout annuler. Cela manque pour le moins de panache, mais qu'importe !

Une passion ravageuse

En attendant, l'idylle avec Marie se poursuit. Les tourtereaux chantent et jouent de la guitare. Lors d'un bal, la jeune fille arbore un corsage serti d'émeraudes, avec une houlette à la main. Ces bergeries sont belles, mais si dangereuses ! Louis la complimente : « Ma reine, cet habit vous sied à ravir ! » Forte de l'amour du roi, Marie devient provocante et caresse le rêve d'écarter l'infante et de monter sur le trône de France. Anne, en mère attentive, s'inquiète la première de cette idylle. Le cardinal réagit plus tardivement. Escompte-t-il occuper le cœur du roi avec cette commode amourette en attendant la conclusion de la paix et l'arrivée triomphale de l'infante ? Ou rêve-t-il de devenir le cousin du roi, si l'entente avec Pimentel échoue ?

Sur ce point, les historiens hésitent. Il est néanmoins difficile de croire que le cardinal ait eu longtemps la folle tentation de réaliser ce mariage, au moment où il était sur le point d'achever la grande œuvre de sa vie, la paix en Europe. Marie, son impétueuse et impertinente nièce de dix-neuf ans, avec ses airs boudeurs et son ambition, risque d'anéantir des années d'efforts diplomatiques et de rallumer le brasier qui avait consumé l'Occident ! Hélas, il est bien tard ! Car Louis fait des siennes, trépigne, tape du pied, affirme haut et fort devant la reine et Son Eminence médusées qu'il renonce à la blonde infante et épousera sa petite campagnarde des Abruzzes ! Il le lui a promis ! Il en vient même à menacer son parrain de disgrâce s'il ne consent à ce projet !

L'amour impossible

La crise est terrible. Louis se prend pour un héros de roman au cœur tendre ! Et son devoir d'Etat, qu'en fait-il ? Quelle terrible responsabilité ne va-t-il pas prendre devant son peuple, qui depuis près de vingt-cinq ans aspire à la paix ? Anne et Jules n'ont pas trop de toute leur détermination pour raisonner ce jeune écervelé. Les préliminaires de paix viennent d'être signés, et le cardinal doit se rendre à Saint-Jean-de-Luz pour négocier avec le ministre don Luis de Haro le texte du traité. La rage au cœur, Louis supplie à genoux, pleure, en vain ! Il a perdu ! Mazarin décide d'emmener ses nièces. Elles s'installeront à Brouage avec Mme de Venel, leur gouvernante, tandis qu'il continuera sa route vers le sud. Les adieux sont pathétiques, noyés de larmes.

La raison l'emporte enfin

Mais rien n'est joué. De Chantilly, puis de Fontainebleau, où il est allé enfouir son chagrin, Louis écrit lettre sur lettre à son égérie. Mazarin, toujours sur la route, adresse à son élève de longues mercuriales. Il le sent inébranlable, et la reine paraît s'attendrir devant les souffrances de son fils. Ces lettres au roi, un modèle du genre, suffisent à montrer la grandeur de l'Italien. La crise dure jusqu'en septembre. Louis se résigne au mariage avec l'infante, mais espère qu'un événement imprévu arrêtera le destin. En août, se rendant à Bordeaux, il obtient la permission de la reine de revoir Marie. Jusqu'au dernier moment, Mazarin tremble, menaçant même de démissionner et de se retirer en Italie avec ses nièces. Enfin, le cœur s'ouvre à la raison. Louis accepte : il est devenu Louis XIV.

LA FIN D'UNE ÉPOQUE

Le 7 novembre 1659 a été signé le traité des Pyrénées : l'Espagne cède à la France le Roussillon et la Cerdagne, l'Artois moins Aire-sur-la-Lys et Saint-Omer, plusieurs places en Flandre, dans le Hainaut et au Luxembourg. Le traité prévoyait en outre le mariage du roi et de l'infante, gage de l'entente des deux grandes puissances catholiques. Mais la cérémonie sera repoussée au printemps de 1660.

La Cour dans le Midi

Durant l'hiver, la Cour avait séjourné dans le Languedoc, puis en Provence. Le 24 décembre 1659, Condé, de Bruxelles, écrivait à Mazarin : « Je meurs d'impatience d'avoir l'honneur de voir Sa Majesté et l'assurer que je reviens dans l'intention de lui rendre les services auxquels ma naissance et mon devoir m'obligent... » Le 27 janvier 1660, Louis XIV avait donc vu s'agenouiller devant lui, à Aix, celui qui avait été son adversaire le plus déterminé, le Grand Condé. Monsieur le Prince fut introduit auprès du roi. Louis écouta le compliment de ce cousin qui avait été source de tant de désordres dans son royaume. Anne lui répondit : « Je vous avoue que je vous ai bien voulu du mal et vous me ferez bien la justice d'avouer que j'avais raison. » Condé s'inclina. Le traité de paix prévoyait qu'il serait pardonné et recouvrerait rang et honneurs.

Quelques jours plus tard, Gaston d'Orléans s'éteignait dans son château de Blois. Des temps nouveaux commençaient et la ville de Marseille l'apprit à ses dépens : une sédition fomentée au sein du conseil de ville fut réprimée sévèrement. Les murailles furent abattues près de la porte royale, et le roi entra « par la brèche », comme dans une place conquise.

Le mariage

Enfin les cours de France et d'Espagne se rencontrent à Saint-Jean-de-Luz. Le 6 juin, les souverains s'embrassent dans l'île des Faisans et jurent sur l'Evangile de respecter la paix. La messe de mariage a lieu le 9 juin. Les époux échangent leurs consentements devant l'évêque de Bayonne.

Puis la Cour revient à Paris, passant par Bordeaux, Poitiers, Richelieu, Chambord... Le 26 août, Paris, devenu un décor de théâtre, couvert de portiques et d'arcs de triomphe, offre aux jeunes mariés une « entrée royale » : y prennent part tous les corps constitués. La fête symbolise l'unité et la concorde, l'incorporation de la capitale au corps mystique du monarque.

La mort de Mazarin

Mazarin, au pinacle, est célébré en héros. Il a ramené la paix intérieure et extérieure, mais le pays reste encore affaibli par les difficultés financières, la noblesse, toujours prête à monter à cheval, et la querelle janséniste. Son Eminence songe à se faire ordonner prêtre, non pour se retirer des affaires, mais au contraire pour se faire élire pape ! Le destin en décide autrement. Un œdème pulmonaire, une néphrite aiguë et une crise d'urémie ont raison de sa santé. Le 9 mars 1661, il meurt au château de Vincennes, après avoir fait semblant de léguer sa fortune au roi – obligé de la refuser – et splendidement doté son neveu et ses nièces. La Cour entière est affligée. Au fidèle Besmaux, qui se désole, Louis dit : « Console-toi, Besmaux, et me sers bien dans ton gouvernement de la Bastille ; tu as retrouvé un bon maître ! »

Le testament politique de Mazarin

Louis s'empresse de consigner par écrit les conseils du cardinal : je me devais, note-t-il, « de maintenir l'Eglise dans tous ses droits, immunités et privilèges ; [...] à l'égard de la noblesse, que c'était mon bras droit, et que j'en devais faire cas [...] ; que, pour la magistrature, il était juste de la faire honorer, mais qu'il était très important d'empêcher que ceux de cette profession ne s'émancipent [...] ; que, par tous les devoirs d'un bon roi, j'étais obligé de soulager mon peuple [...] sur toutes les impositions [...] ; que je devais bien prendre garde que chacun soit persuadé que je suis le maître... ». Bien qu'inquiet d'assumer le poids de la succession, le roi est déterminé à se passer de Premier ministre. L'une de ses premières décisions est de n'admettre que les ministres au Conseil d'Etat, organe suprême du gouvernement, et d'en écarter le chancelier et la famille royale. Anne en est blessée : « Je m'en doutais bien qu'il serait ingrat et voudrait faire le capable ! »

Le discours du roi du 10 mars 1661

Le lendemain de la mort de Mazarin, le 10 mars 1661, le roi convoque le chancelier Séguier, les trois ministres et les quatre secrétaires d'Etat et s'adresse à eux : « [Messieurs], je vous ai fait assembler [...] pour vous dire que jusqu'à présent j'ai bien voulu laisser gouverner les affaires par feu M. le cardinal ; il est temps que je les gouverne moi-même. Vous m'aiderez de vos conseils quand je vous le demanderai. Hors le courant du sceau, auquel je prétends ne rien changer, je vous prie et vous ordonne, M. le chancelier, de ne rien sceller en commandement que par mes ordres [...]. Et vous, mes secrétaires d'Etat, je vous ordonne de ne rien signer, pas même une sauvegarde, ni un passeport, sans mon commandement [...]. Et vous, M. le surintendant, je vous ai expliqué mes volontés, je vous prie de vous servir de M. Colbert, que feu M. le cardinal m'a recommandé [...]. La face du théâtre change. Dans le gouvernement de mon Etat, dans la régie de mes finances et dans les négociations au-dehors, j'aurai d'autres principes que ceux de feu M. le cardinal. Vous savez mes volontés, c'est à vous maintenant, messieurs, à les exécuter... »

Chapitre IV

L'ÉCLAT DU SOLEIL
1661-1672

LA CHUTE DE L'ÉCUREUIL

Sur son lit d'agonie, Mazarin a recommandé au roi les trois ministres d'Etat membres du Conseil d'en haut, Michel Le Tellier, qui a la charge de la Guerre, Hugues de Lionne, celle des Affaires étrangères, et Nicolas Fouquet, celle des Finances. Ce sont, a-t-il dit, des gens compétents et de grand mérite. A l'égard du dernier, cependant, il lui a conseillé de prendre garde à son ambition et de se méfier de son goût excessif des bâtiments et des femmes...

Fouquet l'ambitieux

A quarante-six ans, Nicolas Fouquet est un homme fin et distingué, plein de charme, un séducteur-né, au visage long, aux lèvres sensuelles, au regard caressant et quelque peu matois. Il est issu d'une modeste famille de chaussiers-drapiers d'Angers, qui s'est agrégée à la noblesse de robe et a choisi pour armes l'écureuil, avec pour fière devise : *Quo non ascendet* (Jusqu'où ne montera-t-il pas ?). En novembre 1650, il a acheté, avec le soutien de Mazarin, la charge de procureur général au parlement de Paris et est devenu surintendant des Finances en février 1653, d'abord aux côtés du vieux diplomate Abel Servien, puis, en 1659, seul.

L'époque est difficile pour le Trésor royal. Il faut consentir aux traitants et aux partisans des taux usuraires, en falsifiant leurs contrats afin qu'ils couvrent la différence entre le taux légal autorisé (5,5 %) et le taux réel pratiqué (de 30 à 50 %). En usant de ces procédés peu orthodoxes, déjà couramment pratiqués avant lui, l'habile Fouquet a réussi avec art et finesse à financer l'effort de guerre du pays. Néanmoins, il vit sur la corde raide, n'hésitant pas à mobiliser ses amis et à faire lui-même des prêts à l'Etat en cas de nécessité.

Une fortune suspecte

Mêlé au jeu flamboyant de l'argent et de la spéculation, brassant des millions dans un indescriptible désordre, touchant des pensions et des pots-de-vin, à l'image de son « patron », empruntant à tour de bras, il s'est constitué une fortune qui lui a permis d'acquérir de nombreux domaines en Bretagne et de bâtir le château de Vaux-le-Vicomte, près de Melun, pour lequel il a dépensé plus de quatre millions. Ami des Muses et grand mécène, il reçoit, dans sa propriété de Saint-Mandé, les beaux esprits, les littérateurs, amateurs de poésie élégiaque ou ciseleurs de madrigaux. Il protège et pensionne Boisrobert, Loret, Brébeuf, Mlle de Scudéry, Saint-Evremond, Pellisson, Scarron, La Fontaine, courtise Mme de Sévigné et peut-être Mme Scarron, la future marquise de Maintenon... Pour Vaux, il a choisi d'incomparables artistes : l'architecte Louis Le Vau, le jardinier André Le Nôtre, le peintre Charles Le Brun, l'agronome Jean de La Quintinie, le sculpteur François Girardon, la future équipe de Versailles...

Fouquet contre Colbert

A la mort de Mazarin, Fouquet a l'habileté de confesser à Louis XIV que, dans la gestion des finances, le respect des formes n'a pas toujours été observé. Magnanime, Louis XIV le rassure – c'est le surintendant lui-même qui le dira – par des paroles « nobles et dignes d'un grand roi ».

Cependant, les ennemis de Fouquet veillent, notamment Jean-Baptiste Colbert. L'ancien factotum de Mazarin, à quarante-deux ans, a lui aussi de grandes ambitions. Grâce à sa charge d'intendant des Finances, qu'il a reçue la veille de la mort de son maître, il peut approcher le monarque. Une fois par semaine, raconte Mme de Motteville, il entre humblement chez lui, un sac de velours sous le bras comme un simple commis, et instille peu à peu des doutes sur l'honnêteté du surintendant : ne poursuit-il pas ses emprunts usuraires ; ne consent-il pas de scandaleuses remises à ses amis financiers ? Pour Colbert, il faut balayer d'un coup ce système, faire rendre gorge à tous les traitants et partisans qui ont volé l'Etat à millions en accusant leur véritable chef : le surintendant. A la « maxime du désordre » il est temps de substituer la « maxime de l'ordre », la sienne.

La perte de Fouquet

Louis XIV en retire le sentiment d'avoir été trompé et, dès le 4 mai 1661, prend la décision de renvoyer son grand argentier à l'automne. Pourtant, c'est seulement cinq semaines plus tard, lorsqu'il apprend sur les rapports d'un cousin de Colbert, Colbert de Terron, gouverneur de Brouage, que Fouquet fortifie secrètement son domaine de Belle-Ile, y entasse des armes et des munitions, qu'il se convainc de la nécessité de le faire arrêter et de le traduire en justice. La fameuse fête de Vaux, le 17 août, organisée par Vatel n'arrange rien. Louis, qui connaît déjà le domaine, est étonné, abasourdi par les splendeurs de cette réception, le spectacle des eaux jaillissantes, le repas servi au château, la comédie des *Fâcheux,* jouée par Molière et sa troupe, le feu d'artifice, les illuminations du parc... Il est indiscutable qu'il éprouve de la jalousie devant tant de luxe déployé par l'un de ses sujets, mais sa décision était prise bien avant. Le 5 septembre, Fouquet, arrêté par un sous-lieutenant des mousquetaires, d'Artagnan, est conduit au château d'Angers.

L'arrestation de Fouquet

« Ce matin, le surintendant est venu travailler avec moi à l'accoutumée, je l'ai entretenu tantôt d'une manière tantôt d'une autre et fait semblant de chercher des papiers jusqu'à ce que j'aie aperçu par la fenêtre de mon cabinet Artagnan dans la cour du château, et alors j'ai laissé aller le surintendant [...]. Artagnan l'a attrapé dans la place de la grande église, et l'a arrêté de ma part, environ sur le midi [...]. J'ai discouru ensuite de cet accident avec ces Messieurs qui sont ici avec moi [...]. Je leur ai déclaré que je ne voulais plus de surintendant, mais travailler moi-même aux finances avec des personnes fidèles qui agiront sous moi [...]. Il y en a eu de bien penauds, mais je suis bien aise qu'ils voient que je ne suis pas si dupe qu'ils s'étaient imaginés et que le meilleur parti est de s'attacher à moi... »
(Lettre du roi à sa mère, datée du 5 septembre 1661)

La fin de la surintendance

Louis XIV agit bien davantage pour des motifs politiques que financiers. Il se sent enserré dans la toile d'araignée des créatures du surintendant – celui-ci, dit-on, avait acheté la moitié de la Cour –, au point de craindre de perdre le contrôle de l'Etat. A bien des égards également, la chute de Fouquet apparaît comme un exorcisme du passé mené par un jeune homme ardent, désireux d'oublier l'omniprésente figure de Mazarin et de rompre avec les désordres et improvisations antérieurs. Fouquet ne cesse de répéter que son dessein de se passer de Premier ministre n'est qu'un caprice d'enfant. Le coup d'éclat du 5 septembre 1661 a été, de ce point de vue, une opération de propagande dont l'objet est d'affermir son pouvoir. Le 12 septembre, le Conseil d'en haut décide de remplacer la charge de surintendant par un Conseil royal des finances, dont Colbert est la cheville ouvrière.

Un procès pour l'exemple

Une juridiction extraordinaire est constituée, présidée par le chancelier Séguier. Sa tâche est d'instruire tous les délits financiers commis depuis 1635. Entreprise gigantesque et de longue haleine, qui explique l'enlisement du procès Fouquet. En dépit des pressions éhontées de Colbert qui, pour intimider les juges, recourt au chantage et à la corruption, Fouquet sauve sa tête. En 1664, la Chambre le bannit à perpétuité et confisque ses biens. Mais Louis XIV ne veut pas voir partir à l'étranger un esprit aussi dangereux et commue la sentence en emprisonnement à vie. Décision sévère qui s'explique facilement : on ne pouvait le reléguer en résidence surveillée en province, et, à la moindre difficulté, le voir devenir l'homme du recours, vers qui les « malcontents » se seraient tournés. Sans doute n'y avait-il pas d'autre solution que celle prise par le jeune roi hautement pénétré de son devoir. C'est au donjon de Pignerol, petite ville française des Alpes, que l'ancien surintendant va passer le reste de ses jours. Il y meurt d'une crise d'apoplexie le 23 mars 1680, à l'âge de soixante-cinq ans.

LE SYSTÈME ROYAL

Un monarque qui donne, seul, l'impulsion et qui est son propre surintendant, un Conseil rénové et épuré, un chancelier qui scelle les ordonnances mais ne fait pas partie du Conseil d'en haut, des ministres qui travaillent, des secrétaires d'Etat qui tiennent la correspondance de leur département, telles sont les grandes lignes de la « révolution de 1661 » (la formule est de l'historien Michel Antoine). Tout cela affecte le système royal qui se met alors en place.

Le métier de roi

En l'espace de trois ans, Louis a acquis une grande maturité politique grâce à son expérience quotidienne du pouvoir. Les *Mémoires pour servir à l'instruction du Dauphin* (né en 1661), qu'il compose à partir de 1664, témoignent de son souci de sagesse. A son fils, il recommande la prudence et la modération dans l'exercice de son « métier de roi », qu'il qualifie de « grand et noble ». Un vrai roi ne cède pas à ses impulsions, prend conseil, agit avec pondération et maîtrise de soi, car « il est bien plus facile d'obéir à son supérieur que de se commander à soi-même et, quand on peut tout ce que l'on veut, il n'est pas aisé de ne vouloir que ce que l'on doit ».

Louis est convaincu du caractère divin du pouvoir qu'il exerce. Dépositaire de l'autorité sacrée, le roi n'est soumis à aucune autre autorité temporelle. La première conséquence de cette théorie du droit divin est la soumission absolue que les peuples lui doivent. Désobéir est un sacrilège.

Lieutenant de Dieu sur terre, le souverain a le sens inné du bien commun. Son intérêt se confond avec celui de l'Etat. Il agit comme un père vis-à-vis de ses enfants. En effet, bien que son pouvoir ne soit contrôlé par aucun autre, le roi n'est pas un tyran dans son royaume. Il lui faut en respecter les lois fondamentales, énoncées au Moyen Age. Bon chrétien, il doit assurer la paix et la tranquillité, protéger les personnes et les biens, soulager la misère, bref ! à tous rendre bonne justice. Le mauvais souverain, lui, doit craindre la sanction divine, la justice immanente, celle que dispense la Providence.

Les *Mémoires* de Louis XIV

Les *Mémoires* de Louis XIV, dont on ne saurait mettre en doute l'authenticité, portent sur les année 1661-1662 puis 1666-1668. L'élaboration de cette œuvre collective a été constamment contrôlée par le roi en personne. Colbert a fourni des notes et documents, le roi en a rédigé les premiers brouillons ; le président de Périgny, lecteur de la chambre et précepteur du dauphin, a réécrit le texte. Le roi, aidé de Paul Pellisson, a revu la version finale.

Les deux clans au pouvoir

A côté de ce roi, jeune, timide, inexpérimenté, Colbert fait figure de véritable Premier ministre. Après son double éclat de

1661, Louis n'a pourtant pas rétabli dans les faits ce qu'il avait condamné dans les mots, le « ministériat ». C'est là que transparaît son exceptionnelle habileté politique. N'ayant ni compétence particulière, ni formation technique pour s'occuper d'affaires parfois fort complexes, il use de trois moyens pour contrebalancer le nécessaire mais envahissant pouvoir de son grand commis : connaître parfaitement ses dossiers, persuader ses conseillers que tout dépend de lui et, surtout, partager sa confiance entre plusieurs « car la jalousie de l'un sert souvent de frein à l'ambition de l'autre ».

Pour faire contrepoids au puissant « lobby Colbert », il élève le clan Le Tellier-Louvois qui, depuis le secrétariat d'Etat à la Guerre, tient l'administration militaire, investit l'armée, une partie de la diplomatie et la magistrature. Michel Le Tellier est un homme de confiance, jaloux et secret, grand travailleur, mais qui préfère l'ombre à l'éclat. Il reporte tous les espoirs de son clan sur son fils, François Michel Le Tellier, marquis de Louvois. Louis XIV aura plaisir à former ce jeune homme pressé, ambitieux, autoritaire, au caractère bien affirmé.

Ainsi, ce pouvoir élargit son espace politique et se nourrit de la rivalité des clans. Nul ne peut se vanter d'occuper une position inexpugnable, et le roi gouverne par arbitrage. Après l'âge du ministériat, voici venu celui des clans.

Rappel à l'ordre de Colbert par le roi
(24 avril 1671)

« Je fus assez maître de moi avant-hier pour vous cacher la peine que j'avais d'entendre un homme que j'ai comblé de bienfaits comme vous me parler de la manière que vous faisiez. J'ai beaucoup d'amitié pour vous, il y paraît par ce que j'ai fait ; j'en ai encore présentement, et je crois vous en donner une assez grande marque en vous disant que je me suis contraint pour vous [...]. C'est la mémoire des services que vous m'avez rendus et mon amitié qui me donnent ce sentiment ; profitez-en et ne hasardez plus de me fâcher encore, car après que j'aurai entendu vos raisons et celles de vos confrères et que j'aurai prononcé sur toutes vos prétentions [...], je ne veux plus une seule réplique. »

Les organes du gouvernement

En supprimant le ministériat et la surintendance des Finances, la « révolution de 1661 » a restauré la prérogative royale, lui a redonné lustre et puissance. C'était d'ailleurs l'aspiration de l'opinion, mécontente de voir l'autorité légitime exercée par un ministre, simple particulier. Selon Louis XIV, le danger réside dans le despotisme ministériel, totalement illégitime. Aussi est-il plus sage d'éloigner de ces fonctions les princes ou les grands seigneurs titrés qui souhaitent partager l'autorité. Le monarque avisé choisit ses conseillers et ses ministres parmi des gens compétents et de plus modeste extraction et ne gouverne jamais seul. Il prend la plupart de ses décisions avec l'aide de son Conseil, qui n'a qu'un rôle consultatif mais dont il suit généralement les avis. Celui-ci comprend plusieurs sections. La plus importante est le Conseil d'Etat (ou « d'en haut »), constitué de trois à sept ministres d'Etat choisis par le roi. Ce « conseil étroit » traite des grandes affaires du royaume, notamment de la politique étrangère, et se réunit en général trois fois par semaine. Quatre secrétaires d'Etat, chargés des correspondances, l'assistent, chacun ayant la charge d'un quart de la surface du royaume et d'un département spécialisé : Guerre, Affaires étrangères, Marine et Maison du roi, enfin Religion prétendue réformée.

Les conseils spécialisés

La deuxième section est le Conseil royal des finances, que préside le roi : il est composé d'un chef du Conseil et de divers conseillers et assume les pouvoirs du surintendant. Le Conseil des dépêches s'occupe des correspondances avec les provinces, lit les rapports des gouverneurs et des intendants et y répond. Ce Conseil rassemble autour du roi le chancelier, les ministres, les secrétaires d'Etat et le chef du Conseil royal des finances. Les autres sections sont moins importantes : le Conseil royal du commerce, les Conseils de conscience et des parties, la grande et la petite direction...

La révolution royale de Louis XIV a clarifié la hiérarchie de ces organes et modifié le rôle du chancelier. Ce dernier perd la tutelle administrative des intendants de province, qui est désormais sous la coupe du contrôleur général des Finances. L'« Etat de justice » s'efface au profit d'un « Etat de finance ».

L'ŒUVRE DE COLBERT

Loin d'être une tentative de modernisation « bourgeoise » de la France, fondée sur le seul développement du commerce, l'œuvre de Colbert encourage les objectifs de guerre et de gloire du roi. Comme son maître, il sait que la puissance économique n'est qu'un moyen au service de la grandeur. « Grandeur et magnificence ! » avait-il griffonné au bas d'un mémoire où il n'était question que de camelot, de chanvre et de fil de fer ou de laiton ! Tout Colbert est là !

Le « lobby » Colbert

Issu d'une riche famille rémoise de négociants et de banquiers, il devient en 1661 intendant des Finances, membre du Conseil d'en haut et du Conseil royal des finances. Il cumule alors les charges : surintendant des Bâtiments royaux, contrôleur général des Finances, académicien, secrétaire d'Etat à la Marine et à la Maison du roi, grand maître des mines... Il dirige finances, manufactures, commerce, marine, colonies, Maison du roi, arts et lettres et réformes judiciaires. Son clan (ses frères, cousins, amis, créatures) structure l'administration du royaume. Colbert « veut tout pour lui, pour ses parents et son fils » (marquis de Saint-Maurice). Dans toute sa famille, on cumule pensions, charges, abbayes et évêchés... Sa fortune est l'une des plus importantes de France. Ses filles épousent des ducs d'ancienne noblesse. Le clientélisme et le patronage font à nouveau leurs preuves pour asseoir son influence.

Les finances royales

L'ordre de ses priorités le dit bien : d'abord augmenter les revenus du roi, puis développer la puissance économique du pays. L'amélioration des conditions de vie des sujets viendra de surcroît. La politique financière est déterminée à la fois par le perfectionnement de la fiscalité et par la réduction des dépenses de l'Etat. A cette fin, le contrôleur général améliore la tenue des registres et des comptes, réduit d'autorité la rémunération des rentes, rembourse les émissions à des cours dépréciés, supprime une multitude d'offices qui pèsent sur le Trésor. S'il l'avait pu, peut-être aurait-il aboli la vénalité des charges. Afin d'accroître les recettes, il poursuit les fraudeurs, récupère les parcelles du domaine royal aliénées dans des conditions douteuses, s'attaque aux « usurpateurs de noblesse » qui sont exonérés de la taille, met en route la constitution d'un cadastre général afin de mieux répartir la taille « réelle », celle qui pèse sur les terres nobles, non sur le statut social de leurs propriétaires. Sensible à la détresse des humbles, il cherche à déplacer le poids de l'impôt direct sur les taxes indirectes qui frappent la circulation et la consommation des biens, afin de fiscaliser les privilégiés. Il rationalise et regroupe en « cinq grosses fermes » les aides, les gabelles, les domaines, les traites et les entrées. Le succès est éclatant. En dix ans, les revenus nets du roi doublent. Pourtant, Colbert n'a ni les moyens ni la volonté de supprimer ce capitalisme fiscal, fondé sur les gens d'affaires et les traitants, qui a si bien réussi au système Fouquet et qu'il a si vigoureusement dénoncé.

Le mercantilisme

Sur le plan économique, Colbert n'a rien d'un théoricien. Partageant les conceptions mercantilistes de son temps, il est convaincu que la richesse d'un pays se mesure à son stock d'or et d'argent. Globalement, pense-t-il, cette masse varie peu, car une partie de la cargaison des galions venus des Indes occidentales (l'Amérique) se perd dans les bas de laine et la thésaurisation (bijoux, objets d'art ou de culte). Pour accroître la masse monétaire dans le royaume, qui n'a pas de mines d'or ou d'argent, il est capital d'augmenter les exportations et de diminuer les importations. « Le commerce, écrit-il à Colbert de Terron, son cousin, est la source de la finance et la finance, le nerf de la guerre. » Dans son esprit, il n'y a pas d'expansion économique mondiale, et l'essor du royaume ne peut se faire qu'au détriment des autres nations, au prix d'« une guerre économique et commerciale contre tous les Etats d'Europe », en particulier l'Angleterre et les Provinces-Unies.

La mise en œuvre du mercantilisme

De ces principes généraux découlent la création des manufactures et des compagnies commerciales, destinées à produire des biens de qualité à des prix compétitifs, l'imitation des produits de luxe étrangers, l'amélioration de la productivité, la diminution du nombre des oisifs, des rentiers, des titulaires d'offices, la suppression des douanes intérieures et des péages abusifs, l'unification des poids et des mesures, la restauration des routes, le développement des conquêtes coloniales afin de se procurer à bon compte les matières premières, l'accroissement des tarifs douaniers aux frontières... Colbert passe souvent pour un étatiste parce qu'il a voulu consolider le corset administratif du pays, son arsenal réglementaire et répressif. C'est là une erreur d'appréciation. S'il n'est pas partisan du laisser-faire, il n'est pas non plus un précurseur des utopies socialistes, qui rêvent de transformer la France en une immense caserne manufacturière soumise à la dictature implacable du travail. L'Etat, selon lui, doit investir dans les grands travaux d'intérêt général tout en stimulant l'initiative des entrepreneurs par des subventions ou des commandes. « La liberté est l'âme du commerce », écrit-il. Jamais il n'a eu l'intention d'embrigader les marchands indépendants, les producteurs ruraux et les ouvriers des faubourgs dans des organismes corporatifs ou des jurandes.

Les grandes réalisations

Sous son impulsion, les voies de communication sont remises en état et de grands travaux sont entrepris. Les manufactures connaissent un essor remarquable : les Gobelins, à Paris, qui produisent mobilier, serrures et tapisseries pour les résidences royales, Saint-Gobain, Van Robais à Abbeville et Hinard à Beauvais. Il en existe quantité d'autres : des manufactures de fer-blanc, de tricot, de drap, de futaine, de poudres, de mèches, d'ancres, sans compter les moulins, les scieries, les tanneries, les fonderies... Le roi leur accorde subventions, privilèges et monopoles. Colbert pratique d'ailleurs l'espionnage industriel et le débauchage. Il fait venir des souffleurs de Murano, des tisserands des Pays-Bas, des dentellières des Flandres, des orfèvres d'Allemagne, des métallurgistes de Suède...

Une réglementation stricte, appliquée par des inspecteurs, fixe les conditions de fabrication et de production. La qualité des produits prime sur tout le reste. Pour réduire les importations, on élève les tarifs douaniers. Une bonne partie de la cargaison des vaisseaux anglais et hollandais – étain, cire, huile, tissus, savon, bonneterie... – est ainsi taxée.

Les succès sont indéniables, en particulier dans les entreprises vivant des commandes de l'Etat, mais ce mercantilisme connaît bien des déboires, dans le textile notamment. Au fond, le ministre ne parvient pas à réformer les mentalités et à détourner les riches de leur attirance pour la rente et l'office. Malgré ses encouragements, la noblesse ne se lance pas dans les affaires.

Le canal des Deux-Mers

Parmi les grands travaux réalisés sous le règne de Louis XIV, le canal des Deux-Mers, aujourd'hui connu sous le nom de canal du Midi, est sans aucun doute l'un des plus étonnants. Construit entre 1666 et 1681 par un protégé de Colbert, l'ingénieur Pierre Paul de Riquet, pour relier Toulouse à Sète, et donc, par la Garonne, joindre l'Atlantique à la Méditerranée, il est long de près de 250 km, comporte 20 bassins, étangs et aqueducs, 72 écluses... Cette œuvre de « grandeur », qui flatte le roi et permet de contourner, du moins partiellement, Gibraltar, est financée par l'Etat, les états du Languedoc et par Riquet lui-même, qui obtient la seigneurie du canal ainsi que la jouissance de la ferme des gabelles en Languedoc et en Roussillon. Le chantier emploiera jusqu'à 12 000 travailleurs.

La mer et l'outre-mer

Dans la droite ligne de la politique de Richelieu, Colbert crée de grandes compagnies maritimes à monopole, placées sous le patronage royal : la Compagnie des Indes occidentales, celles des Indes orientales (1664), du Nord (1669), du Levant (1670), du Sénégal (1673). Associant capitaux privés et fonds publics, elles bénéficient d'exemptions fiscales.

Les résultats sont loin d'être à la hauteur des ambitions. Les exportations françaises pâtissent de la guerre des tarifs et des mesures de rétorsion prises par les Hollandais. Au contraire de leurs puissants homologues anglais ou néerlandais, les compagnies françaises restent trop peu capitalisées et sous-équipées. Le développement de la flotte ne suit pas le même rythme. En dépit des efforts de Colbert, le retard s'aggrave. Si les entreprises d'outre-mer connaissent quelques succès, comme l'œuvre de l'intendant Talon en Nouvelle-France, la fondation de la Louisiane, l'exploration de la baie d'Hudson et du Mississippi, l'ancrage colonial reste très limité.

Les grandes ordonnances

Esprit froid et logique, épris de rationalité, passionné de centralisation, Colbert n'a de cesse de débarrasser le pays de la prolifération anarchique de ses règlements, de ses antiques coutumes, de ses privilèges stérilisants. Il voudrait réduire « tout le royaume sous une même loi, même mesure et même poids... » De minutieuses enquêtes sur le terrain précèdent chacune de ses décisions. Les intendants de généralités lui envoient des mémoires détaillés sur l'économie et la société. Aidé de son oncle, le juriste Henri Pussort, il travaille à la codification des ordonnances et textes judiciaires : s'élabore alors la grande « réformation » de la procédure civile (code Louis, 1667) et criminelle (1670), des eaux et forêts (1669), du commerce (code Savary, 1673), de la navigation marchande (1681). Le « code noir », qui légitime le servage, ne sera promulgué qu'après sa mort, mais il en est le véritable auteur.

La maxime de l'ordre

L'époque de Colbert correspond à la remise au pas de la société, déjà entreprise par Mazarin. Les parlements, en perdant le droit de s'intituler cours souveraines – il n'y a qu'un seul souverain ! –, voient leur droit de remontrance limité. Les justices seigneuriales déclinent. Des juridictions spéciales, tels les Grands Jours d'Auvergne, débarrassent le pays des petits potentats locaux qui font régner la terreur.

Les gouverneurs de province, nommés par commission de trois ans renouvelables, se font peu à peu plus dociles et leurs prérogatives deviennent honorifiques. Les intendants voient leur pouvoir s'étendre. Paris, ville remuante de 500 000 âmes, a causé dans le passé bien des désordres. Les mendiants, truands, fripons, laquais et soldats déserteurs, organisés en bandes, y régnent en maîtres à la tombée de la nuit. Colbert, qui, comme secrétaire de la Maison du roi, est responsable de la police dans la capitale, confie à La Reynie, son protégé, le soin d'y rétablir la sécurité. Son œuvre est une réussite.

La Reynie, lieutenant général de police

En mars 1667, une lieutenance générale de police est créée et confiée à un maître des requêtes, Gabriel Nicolas de La Reynie, qui exercera sa charge pendant trente ans. Placées sous la tutelle de Colbert, ses attributions sont vastes : propreté des rues, incendies, inondations, approvisionnement, commerce, poids et mesures, contrôle des hôtelleries, auberges et cabarets, police des spectacles et des corps de métiers. La Reynie détruit la trop célèbre « cour des miracles », repaire des truands et des coupeurs de bourse, décide l'éclairage et le pavage des rues et des quais. Grâce à sa persévérance, Paris sort du Moyen Age et prend une physionomie nouvelle... Sa charge comporte aussi un aspect répressif : il fait enfermer les mendiants à l'hôpital général, surveille les maisons de jeu, les comédiens, les filles publiques, les religionnaires, pourchasse libellistes et imprimeurs clandestins...

Le compromis royal

Il est important de comprendre que Colbert n'incarne qu'un des aspects de la politique royale, celui de centralisateur, de niveleur. Louis XIV est contraint de faire preuve de nuance, de modération, courant ainsi le risque de retarder la modernisation du royaume. Il doit bonne justice à ses peuples ; il s'est lui-même engagé auprès de certaines provinces à respecter les franchises locales. Mais il lui faut réguler avant tout les tensions sociales et les grands équilibres politiques de cette complexe société de corps. C'est ce qui explique certaines de ses lenteurs ou de ses réticences. La monarchie administrative ne s'est pas déployée d'un seul mouvement. Elle a rencontré des résistances, opéré des reculs stratégiques, accepté des compromis, même avec les compagnies d'officiers. Ces hésitations apparentes expliquent précisément la rapidité avec laquelle le pouvoir central, en dépit de sa faible structure – 700 à 800 personnes, ministres, conseillers d'Etat, intendants et subdélégués compris –, est parvenu à faire triompher la maxime de l'ordre. En quelques années, avec des moyens extrêmement réduits, que ce soit en agents d'exécution ou en forces de coercition – la gendarmerie est quasi inexistante –, Louis a imposé cette « réduction à l'obéissance ». Pour ce faire, il a dû s'appuyer sur les clans ministériels, qui plongent leurs ramifications dans les lointaines provinces, et associer au capitalisme fiscal les élites nobiliaires et bourgeoises des villes. Les oligarchies régionales profitent très largement du système. Il n'est que de voir les magnifiques hôtels particuliers qui se construisent alors dans toutes les grandes villes de France.

Les Grands Jours d'Auvergne

En Auvergne, une partie de la noblesse rançonne les villageois et les paysans, opprime ses vassaux, se livre à des trafics de toutes sortes. La justice locale est corrompue et impuissante. Pour protéger les humbles de « l'insolence des puissants », le roi institue une juridiction extraordinaire, les Grands Jours d'Auvergne, à Clermont (de septembre 1665 à janvier 1666). Le président, les seize juges, le procureur et le garde des Sceaux sont des commissaires royaux. Instruisant 1 360 affaires, ils prononcent 692 condamnations, dont 347 sentences de mort. Vingt-trois seulement sont exécutées, car les inculpés se sont enfuis dans les montagnes. Cependant, le but de l'entreprise est atteint : l'ordre est rétabli. Un témoin, le père Esprit Fléchier, a laissé de ces événements un récit clair et de grande qualité, les *Mémoires sur les Grands Jours d'Auvergne,* publiés en 1844. Une opération du même type est lancée dans le Velay et les Cévennes, à la demande des états du Languedoc (1666-1667).

PROPAGANDE ET MÉCÉNAT

Vis-à-vis du monde des arts et des lettres, Louis XIV reprend en l'amplifiant la politique de Richelieu. Il récupère la brillante équipe de Fouquet et étend son mécénat à une multitude d'autres artistes. Toutefois, il n'est pas seulement le « nouvel Auguste », l'amateur éclairé, fin connaisseur et grand découvreur de talents. Derrière cette politique se dissimule une évidente volonté de propagande.

Le mécénat

Il s'agit de proclamer partout et toujours les louanges du roi et de l'Etat royal sous toutes ses formes. Louis XIV manifeste une passion pour l'architecture et les jardins. L'idée que ces monuments durables peuvent refléter la grandeur royale le pousse à s'intéresser à leur élaboration. En novembre 1662, décrivant à Colbert les moyens de « répandre et de maintenir la gloire de Sa Majesté », le vieux poète Jean Chapelain cite « les pyramides, les colonnes, les statues équestres, les colosses, les arcs triomphaux, les bustes de marbre et de bronze, les basses-tailles, les tapisseries, les peintures à fresque et estampes au burin ». A cette liste il convient d'ajouter les almanachs royaux, les panégyriques, les poèmes et les médailles.

Ainsi se construit un véritable système de l'éloge organisé, ne tolérant aucune dissidence, et dont l'objet est de créer et d'entretenir le mythe du Roi-Soleil, l'Apollon généreux, le Mars vainqueur, l'Hercule gaulois, le nouveau Saint Louis. Le plus étonnant est que ce carcan n'empêche ni la richesse, ni la vitalité de l'art français, ni sa liberté de création.

Gratifications et fidélités

Cette politique de mécénat suppose également que le roi ait à sa disposition une troupe de poètes et d'écrivains fidèles, qui mettent leur art au service de la gloire du monarque. C'est par des gratifications faites aux plus grands hommes de lettres de son temps que Louis XIV parvient à ses fins. Chaque année, une liste dressée par Chapelain et Perrault comprend de 60 à 80 noms. Les savants étrangers sont les mieux traités : Cassini et Huygens, par exemple, reçoivent respectivement 9 000 et 6 000 livres. L'historien Eudes de Mézeray perçoit 4 000 livres, Corneille, 2 000, Quinault et Perrault, 1 500 livres chacun, Molière et Boileau, 1 000 livres... Les montants varient selon que le titulaire est ou non en bonne grâce. Mézeray, qui critique le poids de la fiscalité, voit sa pension réduite de moitié, Boileau est rayé de la liste pour avoir brocardé Chapelain. La Fontaine, fidèle à Fouquet, n'a rien. Ce mécénat royal doit cependant être nuancé. Le total des pensions en 1664 atteint 77 500 livres, à peine plus de la moitié de celles accordées au prince de Condé ou à Mme de Montespan pour élever ses bâtards royaux. Et les fonds alloués n'iront qu'en diminuant...

Les académies

En 1663, Colbert forme autour de lui la « Petite Académie », qui deviendra en 1701 l'Académie des Inscriptions et Belles-Lettres. Elle rassemble, au commencement, Jean Chapelain, François Charpentier, Amable de Bourzeis et l'abbé Jacques Cassagne. Sa mission est de sélectionner les inscriptions et devises des monuments royaux ainsi que les légendes des tapisseries et médailles. « Vous pouvez, messieurs, leur déclare Louis XIV, juger de l'estime que je fais de vous, puisque je vous confie la chose du monde qui m'est la plus précieuse, ma gloire. » La Petite Académie mettra en chantier quatre « histoires métalliques », vantant, au moyen de médailles, les hauts faits du règne – victoires militaires, voyages royaux, érections de monuments... Son autorité s'étendra aussi bien à la numismatique qu'à la peinture, la sculpture, la gravure, la musique, la danse, l'opéra, l'éloquence, l'architecture, la tapisserie. Elle devient une sorte de ministère de la Culture et de la Propagande, régissant et censurant l'art en France. Parallèlement est créé un réseau d'académies royales afin de contrôler le monde scientifique, littéraire et artistique : ce sont les académies des sciences, de danse, de musique, de peinture et de sculpture. A la mort du chancelier Séguier, Louis XIV prend l'Académie française, créée en 1634, sous sa protection. Il pensionne les principaux artistes et savants, en fonction de leur zèle, y compris certains étrangers, que l'on voit soudain faire le panégyrique du roi de France. Il importe, écrit Jean Chapelain, « pour l'honneur de Sa Majesté, que son éloge paraisse fait volontairement, et pour paraître volontaire, il faut qu'il soit imprimé hors de ses Etats ». Le roi, rappelle-t-il, « est généreux, mais il sait ce qu'il fait et ne veut point passer pour dupe... ».

Ballets et carrousels

Le jeune roi mettant en scène l'aristocratie soumise au pouvoir du monarque, tel est le sens du carrousel qui a lieu à Paris, dans la cour des Tuileries, les 5 et 6 juin 1662, devant près de 15 000 spectateurs. Répartis en quatre quadrilles ou

« nations », les jeunes seigneurs portent des écus sur lesquels figurent des scènes symboliques et des devises illustrant leur soumission ou leur admiration : *Uni militat astro* (Il combat pour un seul astre), *Respice florebo* (Regarde-moi, je refleurirai)... Tout tourne autour du roi-gentilhomme qui, vêtu en empereur romain, élabore un nouveau système politique où les grands deviennent ses clients et ses obligés. C'est à la même époque que le thème solaire prend toute son ampleur et que Louis XIV adopte pour devise le fameux Nec pluribus impar si difficile à traduire. Le père Ménestrier, jésuite et héraldiste réputé, apparaît alors comme le grand théoricien des pompes et des fêtes baroques, dont il détermine le code emblématique. Un monde nouveau se met en place.

La devise du roi

La devise *Nec pluribus impar* signifie, littéralement, « il n'est pas inégal à plusieurs » (ou à des tâches plus nombreuses). Douvrier, son auteur, a voulu dire par là que, comme le soleil peut éclairer d'autres mondes, le roi est capable de gouverner plusieurs empires en même temps.

Le roi et les sciences

En France, la principale activité scientifique est consacrée à l'astronomie. C'est grâce à la contribution de savants étrangers, très largement soutenus par le mécénat royal, que le royaume s'élève petit à petit au premier rang. En 1667, le roi crée l'Observatoire de Paris, qui rassemble bientôt un groupe d'astronomes reconnus : Picard, Auzout, Römer, le Hollandais Huygens, qui a l'oreille de Colbert, et Cassini. Les notables progrès des outils d'observation (lentilles et lunettes, en particulier) permettent d'ailleurs à Cassini de découvrir quatre nouveaux satellites de Saturne et d'étudier le mouvement de ceux de Jupiter. Huygens, lui, étudie la dynamique des corps solides et la théorie mathématique du pendule, fondant ainsi la mécanique rationnelle qui donnera naissance à la loi de la gravitation. Cependant, ni la chimie, ni la botanique, ni l'anatomie, ni la médecine ne connaissent de progression spectaculaire avant le siècle suivant. L'Académie royale des Sciences, qui voit le jour en 1666, réunit pourtant des physiciens aussi bien que des mathématiciens.

Chapitre V

LOUIS XIV INTIME
1661-1679

LE CŒUR D'UN ROI

Point de mire de toute la Cour, le roi, jeune, beau, majestueux, fait naturellement l'objet de toutes les convoitises féminines. On attaque « le cœur d'un prince comme une place », dit-il. Toutefois, Louis, malgré sa réserve naturelle envers les femmes, n'a pas le tempérament d'un assiégé ! Doué d'une attirance pour le beau sexe comme son aïeul Henri IV, il n'est pas long à prendre l'initiative.

La reine Marie-Thérèse

Très vite, il apparaît que l'épouse du roi, Marie-Thérèse d'Autriche, ne parvient ni à s'adapter à la cour de France ni, ce qui est plus grave, à y tenir son rang. Sans doute l'austère éducation et la rigide étiquette de la cour madrilène ont-elles trop marqué sa jeunesse. A son arrivée en France, c'est à peine si elle en parle la langue ! Elle est surtout timide, repliée sur elle-même, peu accoutumée à la contraignante vie de représentation. Douce, vertueuse, un peu mesquine et boudeuse, elle passe la plupart de son temps confinée dans ses appartements en compagnie de ses femmes de chambre, de ses dames d'honneur espagnoles et de ses petits chiens. Une grande piété l'anime, assurément. Avant son mariage, elle a reçu l'habit du tiers ordre de Saint-François. Elle visite les pauvres et les malades, protège et pensionne de nombreux couvents. A son mari, pour qui elle témoigne une passion exclusive, elle donne six enfants, dont cinq meurent en bas âge. Un seul survit, Louis de France, dit le Grand Dauphin, qui naît le 1er novembre 1661 et meurt le 14 avril 1711, avant son père. Louis XIV remplit son devoir conjugal, mais il cherche aussi ailleurs de plus piquantes compagnies...

La coquette Henriette

Henriette d'Angleterre, sa cousine et belle-sœur, est la fille de Charles Ier d'Angleterre, et elle vient d'épouser le frère de Louis, Philippe d'Orléans. Elle n'est point d'une parfaite beauté, mais c'est la grâce personnifiée. A Fontainebleau, au cours de l'été de 1661, le roi, jeune dieu triomphant, tombe amoureux de cette pâle Ophélie de seize ans, aux étranges sortilèges et aux coquettes roueries, et se livre avec elle au jeu dangereux de la séduction.

Mais à la Cour, tout se sait. On jase derrière les éventails. La reine s'émeut. Monsieur, qui n'a pourtant guère de leçons de morale à donner, avec son parterre de mignons aguicheurs, s'indigne de ces promenades à cheval dans la forêt, avec la jeunesse de la Cour, ivre de plaisirs, couverte de plumes et de beaux habits, de ces parties sur le canal, de ces bains de minuit dans la Seine. Soucieux d'éviter le scandale, les deux amoureux décident d'avoir recours à un « chandelier » : afin de détourner l'attention, le roi feindra de courtiser une des demoiselles d'honneur de Madame, une certaine La Vallière...

« Madame se meurt,
Madame est morte !... »

Duchesse d'Orléans, troisième fille de Charles Ier d'Angleterre et d'Henriette Marie de France – elle-même fille d'Henri IV –, Henriette d'Angleterre meurt subitement à Saint-Cloud le 30 juin 1670. Son décès donne lieu à quantité de rumeurs. On parle bien entendu d'empoisonnement. Saint-Simon et la princesse Palatine, seconde femme de Philippe d'Orléans, désignent des mignons de Monsieur, le marquis d'Effiat et le chevalier de Lorraine. En réalité, les rapports d'autopsie incitent les médecins d'aujourd'hui à penser plutôt à une mort naturelle par péritonite biliaire et occlusion intestinale foudroyante. La Cour, avec beaucoup d'émotion, écoute Bossuet, l'évêque de Condom, prononcer sa célèbre oraison funèbre : « Madame cependant a passé du matin au soir, ainsi que l'herbe des champs. Le matin, elle fleurissait, avec quelle grâce, vous le savez. Le soir, nous la vîmes séchée... »

Louise de La Vallière

Louise de La Baume Le Blanc, demoiselle de La Vallière, fille d'un valeureux militaire, est une jeune Tourangelle récemment arrivée à la Cour, belle et attirante par sa candeur, sa spontanéité, son corps souple et élancé, ses yeux bleus et ses cheveux blonds. Une fleur d'innocence ! Malgré une légère claudication, c'est une remarquable et infatigable cavalière, une Diane chasseresse, dans la splendeur de ses dix-sept ans.

Tel est pris qui croyait prendre ! Louis tombe amoureux de son « chandelier » qui l'aimait en secret. Bien vite, tous deux brûlent les étapes de la carte du Tendre et deviennent amants.

A ce moment, les principes religieux du roi se relâchent. Il ne s'approche plus des sacrements. A son frère, Monsieur, qui lui en fait le reproche, il répond qu'« il ne fait pas l'hypocrite comme lui, qui va à confesse parce que la reine mère le veut ». Plutôt que d'écouter Bossuet et les orateurs sacrés qui tonnent contre l'impureté, il préfère applaudir *Tartuffe* et soutenir Molière dans sa querelle contre les dévots. Cependant, jusqu'à la mort de sa mère en 1666, il s'efforce de cacher sa passion adultère, même si nul à la Cour ne l'ignore, la reine comprise. Louise de La Vallière, qui aura cinq enfants du roi, dont trois morts en bas âge, cache de son mieux ses grossesses, non sans embarras.

La mort d'Anne d'Autriche

Le 20 janvier 1666, Anne d'Autriche meurt à 64 ans des suites d'un cancer du sein. Elle a connu des mois d'atroces souffrances. Pour tenter de cautériser sa plaie, on a utilisé de la chaux vive ! Louis pleure sincèrement cette mère tendre et dévouée qui s'est tant battue pour lui garder son trône ; avec elle disparaissent les dernières barrières morales qui le retenaient de s'afficher ouvertement avec sa maîtresse. « Ce fut une de nos plus grandes reines », soupire un courtisan lors de ses obsèques. « Non, rectifie son fils aîné, un de nos plus grands rois ! »

Le roi sur les toits

Au cours de l'été de 1662, une intrigue menée par la comtesse de Soissons vise à susciter une rivale à Mlle de La Vallière en la personne d'une fille d'honneur de la reine, Anne Lucie de La Mothe-Houdancourt, piquante blonde qui traîne déjà derrière son char un cortège d'admirateurs éperdus. Louis, pendant un moment, se laisse prendre au piège et redouble d'empressement auprès de cette coquette qui le fait languir.

Un soir, au Château-Neuf de Saint-Germain, le cœur frémissant d'une passion insatisfaite, déjouant la surveillance de la duchesse de Navailles, dame d'honneur de la reine, il grimpe au dernier étage, avec un ou deux compagnons de bonne fortune comme Saint-Aignan et Lauzun. Là, par un trou percé dans la cloison de la chambre des filles, il parvient à susurrer des mots tendres à cette cruelle. Le lendemain, en grand secret, Mme de Navailles, qui a appris que des « hommes de bonne mine » se sont hasardés nuitamment sur les gouttières et les cheminées, fait garnir de barreaux les fenêtres de la chambre en question. Le surlendemain, elle a la surprise de retrouver les grilles descellées dans la cour. Et Louis XIV, un petit sourire narquois aux lèvres, moque la gouvernante sur les « esprits » qui ont opéré si secrètement...

La royale Montespan

Aux premières feuilles mortes de 1666, la passion du roi pour Louise de La Vallière diminue. Il semble las de cette jeune maîtresse à la tendresse trop languissante. Quelqu'un d'autre a touché son cœur, une femme mariée cette fois, Françoise (dite Athénaïs) de Rochechouart de Mortemart, marquise de Montespan. Une éclatante beauté de vingt-six ans, qui surpasse La Vallière et les autres femmes de la Cour. Ce qui fait son charme, ce ne sont pas seulement ses cheveux blonds, son regard d'azur, sa bouche délicate et son nez aquilin, ni son joli corps, délicatement potelé, ni son port de déesse, mais aussi et surtout son esprit, plein de saillies malicieuses, de reparties vives et cruelles, le fameux esprit des Mortemart.

Athénaïs n'est pas une gourgandine. Elle a de la religion et des scrupules. Elle est droite et honnête. Mais saurait-on résister indéfiniment au plus grand roi de la terre ? En mai 1667, tandis que Louis à la tête de ses armées a entrepris la conquête des Pays-Bas espagnols, cédant, à Avesnes, à ce Mars impérieux, elle s'abandonne avec lui aux ivresses de Cythère. De leur liaison qui commence alors, chacun sort transformé : le roi quitte sa chrysalide de jeune homme timide et gauche ; Athénaïs, quant à elle, de pieuse et sage épouse, s'épanouit en une splendide Junon, altière et autoritaire, aux railleries provocantes. Cette « beauté à faire admirer à tous les ambassadeurs », comme la qualifie Mme de Sévigné, sait tenir tête au roi et imposer ses humeurs et ses caprices. La reine elle-même est contrainte de la supporter. « Cette *poute* me fera mourir ! » gémit-elle avec son éternel accent espagnol.

Un Gascon incommode

Françoise de Rochechouart a épousé en janvier 1663 Louis Henry de Pardaillan de Gondrin, marquis de Montespan, hardi cadet de Gascogne, personnage haut en couleur, joueur effréné, brutal, franc buveur et grand trousseur de filles. Celui-ci apprend son infortune au retour de la campagne de 1668, où il s'est illustré pour l'essentiel en enlevant une jeune Roussillonnaise et en l'entretenant dans son unité, vêtue en garçon. Il surgit à la Cour comme un fou déchaîné, jurant, pestant, vomissant mille menaces de vengeance contre son épouse infidèle et ingrate. Au château de Saint-Germain, il injurie violemment Mme de Montausier, gouvernante des enfants de France, qu'il accuse d'être l'entremetteuse. Le roi fait conduire le trublion à la prison de For-l'Evêque, puis l'exile dans ses terres. Lorsqu'il arrive au château familial de Bonnefont, près d'Auch, Montespan demande que l'on ouvre la grande porte, car, explique-t-il, « ses cornes sont trop hautes pour passer sous la petite ». Puis, il convoque sa domesticité et lui annonce le décès de son épouse bien-aimée. A sa mémoire, il fait célébrer solennellement des funérailles dans sa chapelle, ce qui ne l'empêche pas, quelques jours plus tard, de fixer des cornes de cerf à son carrosse...

Une issue souhaitée

Cyniquement, Louvois ne manque pas de recommander à l'intendant du Roussillon de prendre toutes les mesures nécessaires pour faire condamner l'importun et ruiner sa compagnie « de manière qu'on le puisse casser avec apparence de justice ». En avril 1674, Mme de Montespan obtient du Châtelet une sentence de séparation de biens... Le marquis mourra en 1702, protestant dans son testament de « toute l'amitié et la tendresse très sincère » qu'il avait conservées pour elle. Le couple a un unique descendant légitime, Louis Antoine, marquis puis duc d'Antin (1665-1736), qui obtiendra la charge de surintendant des Bâtiments.

Madame de Montespan en voyage

Dans une lettre qu'elle envoie le 15 mai 1676 à sa fille, Mme de Grignan, Mme de Sévigné dépeint ainsi le voyage de la maîtresse royale : « Elle est dans une calèche à six chevaux, avec la petite de Thianges ; elle a un carrosse derrière, attelé de la même sorte, avec six filles ; elle a deux fourgons, six mulets, et dix ou douze cavaliers à cheval, sans ses officiers ; son train est de quarante-cinq personnes. Elle trouve sa chambre et son lit tout prêts ; en arrivant, elle se couche et mange très bien. [...] On lui vient demander des charités pour les églises ; elle jette beaucoup de louis d'or partout fort charitablement et de fort bonne grâce. Elle a tous les jours du monde un courrier de l'armée... »

Les épreuves de la cohabitation

En mai 1667, Mlle de La Vallière a été créée duchesse de Vaujours. C'est un cadeau d'adieu ; mais Louise, encore éperdue d'un amour désintéressé, refuse l'évidence de la défaite. Elle s'accroche à sa position, connaît la souffrance et subit les rebuffades de son amant, à qui il arrive parfois d'avoir des retours vers elle, surtout quand Mme de Montespan est grosse. Quand il se déplace en province, le roi n'hésite pas à s'afficher dans son carrosse avec la reine et ses deux maîtresses, la première se sentant humiliée par un tel traitement. Les badauds sont ébahis de voir passer celles que l'on surnomme bientôt les « trois reines » ! En avril 1670, Louise, après une grave maladie qui la conduit aux portes de la mort, connaît une nuit de feu, au cours de laquelle elle prend conscience que son âme en perdition va franchir les « portes de l'enfer ». Mais le « tonnerre » divin l'éveille et la délivre. Fiévreusement, elle couche ses pensées dans un long texte mystique intitulé *Prières et réflexions sur la miséricorde de Dieu,* ouvrage d'une très haute élévation spirituelle qui fera l'objet, à partir de 1680, d'un grand nombre de rééditions. Sa souffrance la pousse à s'éloigner du roi et à se réfugier dans la religion.

Toutefois, après la brève « fugue » qu'elle fait au monastère de la Visitation de Chaillot, d'où elle est ramenée par Colbert, elle s'accroche encore au monde et retombe dans les affres de la jalousie. Ce n'est qu'en avril 1674, achevant sa conversion sous l'influence de quelques âmes pieuses, comme le maréchal de Bellefonds et Bossuet, qu'elle se retire du monde pour entrer chez les Carmélites. Le 18 avril, elle fait ses adieux au roi, qui verse quelques larmes, et à la reine, à qui elle demande pardon publiquement. Le lendemain, la porte du Carmel de la rue Saint-Jacques se referme sur elle. A jamais.

Sœur Louise de la Miséricorde

Louise de La Vallière effectue sa prise d'habit le 2 juin, deux mois après son entrée au couvent. Un an plus tard, le 4 juin 1675, elle reçoit le voile et choisit le nom de Louise de la Miséricorde. Elle mène alors une vie de prière intense, de mortifications, de jeûne, acceptant les tâches les plus humbles. Pénétrée d'une joie profonde, elle chemine « gaiement vers la céleste patrie » et reçoit, de temps à autre, la visite de la reine et de la duchesse d'Orléans. La pénitente de l'Evangile, Marie-Madeleine, est son modèle. A sa mort, le 6 juin 1710, après trente-six ans de vie religieuse, on la considère comme une sainte. Lorsqu'il apprend la nouvelle de son décès, Louis XIV fait égoïstement semblant de l'avoir oubliée : « C'est, prétend-il, qu'elle est morte pour moi du jour de son entrée aux Carmélites. »

LA GOUVERNANTE

Le Roi Très-Chrétien n'a point perdu sa religion, mais il a bien du mal à la concilier avec l'univers tourmenté de ses passions. Il tente de racheter ses péchés par des exercices de piété et une dévotion marquée et trouve, au temps de Pâques, un confesseur indulgent. Pourtant le double adultère fait scandale. En 1675, Bossuet parvient à l'éloigner de Mme de Montespan pendant près d'une année. Mais tout recommence, ou plutôt tout s'aggrave...

Le démon de la quarantaine

A partir de 1676, Louis, qui approche de la quarantaine, semble saisi d'une frénésie sensuelle qui lui fait multiplier les aventures et les écarts. « Tout lui était bon », écrit à son sujet sa belle-sœur, la princesse Palatine, la seconde épouse de Monsieur, « pourvu que ce fussent des femmes : paysannes, filles de jardiniers, femmes de chambre, dames de qualité, pourvu qu'elles fissent seulement semblant d'être amoureuses de lui ». Les pères, les maris n'ont aucune retenue à livrer leur fille ou leur épouse, hormis, bien sûr, M. de Montespan, cocu magnifique, qui porte haut ses bois et crie son infortune, sous les risées de tous. La maîtresse en titre doit lutter pied à pied pour écarter ses rivales ou celles qui menacent de l'être : Mlle de Rouvroy, Mlle de Grancey, Mlle de Rochefort-Théobon, la princesse de Soubise. Comme un faune insatiable, Louis tourne autour de tous les jolis minois de la Cour. Marie-Elisabeth de Ludres donne bien du fil à retordre à Athénaïs. Celle-ci ne doit-elle pas faire courir le bruit qu'elle a « la gale, la lèpre et toutes sortes de maladies imaginables » pour en éloigner le roi ?

Mademoiselle de Fontanges

Cependant, Louis se lasse des régulières scènes de ménage de l'impérieuse Mortemart, dont la beauté s'émousse à mesure qu'elle prend de l'embonpoint. Bientôt une jeune fille de dix-huit ans, aussi romanesque qu'ambitieuse, venue tout droit de son Auvergne natale, ravit le sceptre chancelant de la Montespan : il s'agit de Marie-Angélique de Scorailles de Roussille, demoiselle de Fontanges. Se couvrant de bijoux, affichant un luxe tapageur, cette éclatante et fraîche beauté, fille d'honneur de Madame, devient la favorite en titre. Le seul ennui est qu'elle n'a aucun esprit et qu'il en faut beaucoup pour distraire le roi. A la Cour, tout le monde la trouve « sotte comme un panier ». Aussi son règne dure-t-il peu. En avril, elle est à son tour titrée duchesse et doit s'en aller languissante, mal remise après la naissance d'un enfant prématuré. « Blessée dans le service », ironise Mme de Sévigné. Elle meurt en juin 1681 à l'abbaye de Port-Royal. Le seul souvenir que la Cour, vite oublieuse, conserve d'elle est la fameuse coiffure « à la Fontanges », qui accumule rubans et dentelles pour retenir les mèches et les boucles et qui restera à la mode des années durant.

Primi Visconti

Gentilhomme de Lombardie, curieux de tout, écrivain, astrologue, graphologue, Jean-Baptiste Primi Visconti, comte de Saint-Mayol, a vécu de nombreuses années à la cour de France. Les *Mémoires* qu'il nous a laissés sont ceux d'un homme au regard à la fois amusé et perspicace : « Le roi, écrit-il, vivait avec ses favorites, chacune de son côté, comme dans une famille légitime : la reine recevait leurs visites ainsi que celles des enfants naturels, comme si c'était pour elle un devoir à remplir, car tout doit marcher suivant la qualité de chacune et la volonté du roi. Lorsqu'elles assistaient à la messe à Saint-Germain, elles se plaçaient devant les yeux du roi, Mme de Montespan avec ses enfants sur la tribune à gauche, vis-à-vis de tout le monde, et l'autre à droite, tandis qu'à Versailles, Mme de Montespan était du côté de l'Evangile et Mlle de Fontanges sur des gradins élevés du côté de l'Epître. Elles priaient, le chapelet ou leur livre de messe à la main, levant les yeux en extase, comme des saintes. Enfin, la Cour est la plus belle comédie du monde. »

Madame Scarron

Mais une autre femme attend son heure depuis longtemps déjà, patiemment, prudemment. D'esprit, elle n'en manque point ! Elle s'appelle Françoise d'Aubigné, et, depuis 1660, est la veuve du poète burlesque Paul Scarron. Personnage fascinant, personnage de roman que cette femme secrète, tout enveloppée d'ombres et de mystères. Les ressorts de sa fulgurante destinée restent à bien des égards énigmatiques. Comment départager la part du hasard et celle de l'habileté dans cette prodigieuse ascension de la petite-fille du poète Agrippa d'Aubigné, née à Niort en 1635, alors que son père, un bon à rien, purge une peine de prison pour dettes ? Une enfance difficile à la Martinique, une première éducation huguenote par une tante, une seconde, catholique par une autre, un triste séjour au couvent, le mariage avec un bouffon lubrique et grimaçant, grabataire et difforme de surcroît, un salon où défilent précieuses ridicules, libertins débraillés et Trissotins pédants ne la prédisposaient guère à devenir la secrète épouse du Roi-Soleil !

Bien que les circonstances lui aient été favorables, il a bien fallu que la « Belle Indienne », à un moment donné, force son destin !

Après la mort du pauvre Scarron, elle joue les veuves discrètes, tout en fréquentant l'hôtel d'Albret, où elle se fait remarquer par son charme enjôleur et son esprit aimable. C'est là qu'à l'automne de 1669 Mme de Montespan va la chercher pour s'occuper discrètement d'un premier enfant royal, qui meurt en bas âge. D'autres rejetons suivront : le duc du Maine, le comte de Vexin, Mlle de Nantes... En janvier 1674, les bâtards légitimés s'installent à la Cour avec leur gouvernante. Louis XIV, d'abord rebuté par cette irritante précieuse, finit par trouver un irrésistible attrait à sa délicate compagnie qui le repose des incessants caprices de la tumultueuse duchesse.

L'ascension de Madame de Maintenon

Ascension lente, prudente, calculée : elle ne veut pas d'une aventure d'un soir avec le roi, mais veut recevoir toutes les faveurs, et sait se faire désirer, jouer de ses atouts. L'âge mûr donne à ses beaux yeux noirs veloutés, à son sourire des charmes redoublés. En 1674, elle devient par la volonté royale marquise de Maintenon. Cinq ans plus tard, elle est dame d'atour de la Dauphine. C'est sans doute l'époque où, n'ayant plus à redouter la Montespan, elle cède au roi. Après l'éphémère Fontanges, sa faveur devient totale. Etonnante réussite !

NAISSANCE DE VERSAILLES

Si la réussite est éclatante – Versailles est un chef-d'œuvre envié du monde entier –, la naissance a été modeste. Le développement du château ne s'est pas fait de façon linéaire et régulière. Il a connu bien des tâtonnements et des repentirs. Pendant la première partie du règne, Versailles n'a été qu'un des lieux de séjour de la Cour parmi d'autres, avant de devenir le siège de la monarchie.

La métamorphose d'un château de cartes

En 1623, Louis XIII édifie un petit relais de chasse sur la butte ingrate d'un moulin à vent, « *una piccola casa per ricreazione* », comme dit l'ambassadeur de Venise. Même réaménagé et agrandi par Philibert Le Roy, c'est toujours un « château de cartes », selon l'expression de Saint-Simon : un corps de logis en brique rouge relevée de pierre blanche, deux ailes en retour, des douves profondes, quatre pavillons d'angle et une avant-cour délimitée par deux petits bâtiments parallèles. Ce n'est pas avant 1661 que Louis XIV commence à s'y intéresser. Il fait reconstruire les deux communs afin d'y installer au nord les cuisines, au sud les écuries. La cour s'orne d'un balcon de ferronnerie dorée et de bustes sur consoles. Tout cela reste encore très modeste. Lors de la fameuse fête des *Plaisirs de l'Isle enchantée,* en 1664, où toute la Cour est invitée, on se plaint de l'exiguïté des lieux, mais les jardins commencent à prendre forme. La féerie des bassins et des statues importées d'Italie lui donne déjà belle allure.

Les grandes décisions

Il faut attendre 1669-1670 pour voir s'engager de plus vastes transformations. Plusieurs plans sont étudiés. On suggère au roi de raser le vieux château et d'en bâtir un nouveau. A son habitude, il adopte finalement un compromis. Louis Le Vau (qui meurt dès 1670), son gendre François d'Orbay, puis Jules Hardouin-Mansart (petit-neveu de François Mansart) sont chargés d'envelopper le château de trois façades de pierre blanche à l'ouest, au nord et au sud. La superficie s'en trouve triplée. Les fossés sont comblés. Un nouveau château vient s'emboîter dans l'ancien, dont Louis conserve l'essentiel de la façade primitive, agrémentée d'une balustrade sur le haut toit et d'un attique. Du côté ouest, donnant sur les jardins, au-dessus d'un rez-de-chaussée dont les arcades jouent avec la lumière, s'étend une terrasse à l'italienne. Elle-même est encadrée par deux amples pavillons en cornière. L'ensemble est impressionnant, mais nous sommes encore loin du palais du Soleil éployant ses ailes majestueuses sur des miroirs d'eau et des parterres en fête. Le roi examine tout avec un soin extrême, surveillant de près les travaux et voyant de son impitoyable œil d'architecte le moindre défaut. Jean-Baptiste Colbert, qui a succédé au sieur Ratabon dans la charge de surintendant des Bâtiments du roi, se lamente des nombreuses dépenses. L'homme des grandes ambitions ne comprend pas la grandeur de Versailles...

De Le Vau à Hardouin-Mansart

C'est l'époque où l'on aménage, au nord, le magnifique appartement du roi, qu'on appellera le Grand Appartement, noble enfilade dans laquelle le monarque assume en plénitude son rôle de représentation. La décoration intérieure du palais Pitti, à Florence, due à Pierre de Cortone, sert de modèle à Charles Le Brun et à ses collaborateurs en charge du projet – Charles de La Fosse, Claude Audran, Gabriel Blanchard, Jean-Baptiste de Champaigne, notamment. Les sept pièces en enfilade sont dédiées à des planètes du système solaire ou à des divinités mythologiques. Sous couvert de l'Olympe et des héros antiques, il s'agit de célébrer les vertus du souverain, ses exploits militaires, les qualités de son gouvernement. La décoration offre avec exubérance des marbres rares, des lambris, des glaces, des médaillons de bronze doré, des bas-reliefs et des trophées où se mêlent feuillages, lauriers, boucliers, casques et carquois.

Le Grand Appartement

Une fois montées les marches de l'escalier des Ambassadeurs, on découvre l'enfilade des pièces : le salon de Diane, celui de Mars (salle des Gardes ou des Festins), et celui de Mercure, qui sert d'antichambre royale. La Grande Chambre, ou salon d'Apollon, est tapissée de brocart d'or et d'argent sur fond d'or appelé brocart des Amours. Suivent les salons de Jupiter, où se tient ordinairement le Conseil, de Saturne ou petite chambre du Roi, de Vénus ou petit cabinet du Roi. Louis XIV s'installe dans cet appartement d'apparat en 1673 et le fait meubler d'un extraordinaire mobilier d'argent, dessiné par Le Brun, qui sera remplacé après 1689 par du mobilier en bois doré. Parmi les autres appartements, certains sont excessivement luxueux, sans avoir l'éclat du Grand Appartement : celui de la Reine, qui donne sur le parterre du Midi, avec sa chapelle, sa salle des Gardes, son salon de Mercure, ou encore l'appartement des Bains, au rez-de-chaussée, avec un vestibule dorique, sa salle de Diane, son Salon octogonal ou cabinet des Mois, son cabinet des Bains, œuvres de Caffieri, Lespagnandelle et Temporitti. Dans cette dernière pièce, aujourd'hui disparue avec tout l'appartement des Bains, on admirait, outre les colonnes et les chapiteaux de marbre, deux baignoires de marbre blanc et une piscine octogonale taillée dans un seul morceau de marbre de Rance.

Les fêtes royales

Versailles sert d'abord de résidence discrète au roi, qui vient y cacher ses amours avec Mlle de La Vallière. C'est un lieu giboyeux, fait pour la chasse et pour les grandes promenades à cheval. La Cour ne s'y rend que rarement tout entière, en raison du manque de place. Mais, en mai 1664, s'y tient la première grande fête royale, celle des *Plaisirs de l'Isle enchantée.* D'autres suivent, où se conjuguent des variations sur le thème solaire, comme celle du 18 juillet 1668, après la paix d'Aix-la-Chapelle. Dans un théâtre de verdure de 1 200 places, on joue *Georges Dandin* et les intermèdes des *Fêtes de l'Amour et de Bacchus,* de Molière et Lully. Aux mois de juillet et août 1674, le roi offre à sa Cour, au retour de la campagne de Franche-Comté, un

Grand Divertissement s'achevant par une éblouissante fête de nuit. Les jardins et le Grand Canal en sont le décor naturel.

Les Plaisirs de l'isle enchantée

Secrètement dédiée à Louise de La Vallière, cette fête se déroule dans les jardins de Versailles du 5 au 14 mai 1664. Elle est principalement l'œuvre de Carlo Vigarani, appelé en France par Mazarin. Le thème central a été choisi par le roi et le duc de Saint-Aignan dans un épisode de l'*Orlando furioso* de l'Arioste. L'histoire est celle du preux Roger, que retient prisonnier dans son palais l'enchanteresse Alcine ; il s'éprend de sa geôlière, au point d'en oublier la belle Angélique. Mais celle-ci parvient à le délivrer de son sortilège grâce à son anneau magique... Mythe chevaleresque dont l'exaltation permet de jouer sur toutes les variations du spectacle baroque : carrousels et cavalcades de preux chevaliers casqués et emplumés, courses de bagues et de têtes, défilés de chars, costumes exotiques, trompettes, timbales, violons, toutes sortes de machineries sur l'eau et de monstres marins, baleines et baleineaux, architectures de verdure, collations de confiture sèche et feux d'artifice... Molière et sa troupe donnent une représentation de *La Princesse d'Elide,* terminée en prose à la hâte, et la première version du *Tartuffe ou l'Hypocrite,* qui est interrompue à la fin du troisième acte. Cette fête est une réussite, mais les six cents invités souffrent de l'exiguïté des lieux. Château, communs et écuries ne peuvent contenir tant de monde. Il faudra agrandir Versailles...

Le Grand Divertissement de 1674

Pour célébrer la victoire de ses armées, Louis XIV donne à Versailles six jours de fête. Le 4 juillet, une somptueuse et délicieuse collation ouvre la première journée au bosquet du Marais. On admire un arbre aux ramures de bronze entouré de roseaux métalliques crachant des jets d'eau. L'idée est de Mme de Montespan et la réalisation, de Colbert. A six heures du soir a lieu, dans la cour de Marbre, une représentation de l'*Alceste* de Lully et Quinault. Une semaine plus tard, la deuxième journée s'ouvre sur *L'Eglogue de Versailles* dont la musique a été composée par Lully et le texte par Molière, mort l'année précédente, joué au Trianon de porcelaine. Le 19 juillet, la Cour se promène en gondole sur le Grand Canal : c'est là l'un des plaisirs les plus chers du roi. Puis on assiste à une représentation du *Malade imaginaire,* jouée devant la grotte de Thétis. Le 28, ce sont les *Fêtes de l'Amour et de Bacchus,* de Lully, représentées au Théâtre d'eau, qui vient d'être achevé. La cinquième journée, le 18 août, à l'Orangerie, Racine savoure le succès d'*Iphigénie.* Le Grand Canal est illuminé à l'aide de milliers de chandelles, et un feu d'artifice jette le flamboiement de ses éclairs sur les sept cents drapeaux récemment pris à Seneffe. Pour la dernière journée, celle du 31 août, est organisée une fête de nuit : les jardins et les parterres de Le Nôtre, les jeux d'eau s'embrasent sous les feux de Bengale argentés, les serpentins et les « boîtes » explosent dans d'âcres fumées, pour le plus grand ravissement des spectateurs...

Chapitre VI

LA GLOIRE
1661-1672

LOUIS XIV ET LA GUERRE

Les guerres occupent, dans l'histoire du règne personnel de Louis XIV, une place considérable. Elles sont quasi ininterrompues de 1667 à 1713. Longtemps dépeintes avec des traits outranciers comme les fruits vénéneux d'un goût excessif de la gloire et d'un orgueil agressif, ces nombreuses entreprises militaires méritent une appréciation plus nuancée dans le contexte européen.

Révision d'une image

Les historiens français comme ceux de l'école anglo-saxonne ont, depuis quelques années, révisé cette image caricaturale pour une appréciation plus équilibrée et plus objective des faits. Ils ont replacé la diplomatie louis-quatorzienne dans son contexte géopolitique, l'ont comparée à la politique des autres princes. Dans cette Europe aux souverainetés éclatées, où s'affirment progressivement les Etats-nations, la guerre est perçue comme un état naturel ; les rapports de force rendent possible le découpage des frontières, que viennent entériner des traités suivis de courtes trêves. Malgré leurs alliances matrimoniales, les vieilles dynasties étalent toujours leurs ambitions, sans tenir le moindre compte de la langue, de la culture, des traditions ou de la volonté des peuples. Ce n'est qu'à partir de la paix d'Utrecht, en 1713, que commence timidement à s'affermir le droit des gens.

Les conceptions du roi

A l'aune des monarques du Grand Siècle, Louis XIV n'est pas – et de loin – le plus machiavélique ni le plus féroce. Il n'est que de le comparer à Victor Amédée de Savoie, à Guillaume d'Orange ou au Grand Electeur Frédéric Guillaume de Hohenzollern, souverains guerriers, brutaux et cyniques, qui renient aisément leurs engagements. Louis a été éduqué dans la conception chrétienne de la « guerre juste », le respect de la parole donnée, la nécessité d'épuiser toutes les voies de négociation avant de recourir aux armes. Plus d'une fois, il a accepté les médiations, les bons offices, voire l'arbitrage pontifical. Certes, il y a loin parfois des principes à la réalité. Mais il est possible qu'il ait considéré la très contestable guerre de Hollande (1672-1678), qui nous paraît être avec le recul du temps une guerre d'agression caractérisée, comme la juste punition d'un Etat qui, fidèle allié encore en 1662, change traîtreusement de camp en 1668, en pleine guerre de Dévolution. L'armée et la marine font l'objet de toutes les sollicitations royales. Avec leur profond renouvellement, Louis se donne de puissants outils au service de sa politique.

Etat de l'armée en 1661

A la mort de Mazarin, l'armée de terre est dans un état de grand désordre. Une partie des soldats a été licenciée. La vénalité pour certains grades, les officiers étant propriétaires de leur charge, a accentué le relâchement de la discipline et développé des pratiques déplorables. Les effectifs ne sont complets que lors des revues, par l'usage des « passe-volants », figurants dont on loue les services à la journée. L'armement est hétéroclite. Les uniformes n'existent que dans la Maison du roi (gardes du corps, mousquetaires, gendarmes, gardes françaises, gardes suisses...) et sont fréquemment incomplets. La solde n'étant payée qu'irrégulièrement, vols, trafics et pillages se sont développés. Dans les zones de guerre, on ne distingue pas entre civils et militaires. Bref, tout va à l'abandon.

L'œuvre de modernisation

Louis XIV, aidé de Le Tellier, secrétaire d'Etat à la Guerre, et de son fils Louvois, s'attaque de front et d'une main de fer à tous ces maux, faisant preuve d'une détermination tout à fait remarquable. Il prend, en premier lieu, des ordonnances qui organisent avec grande précision la hiérarchie des différents corps et fixent les règles de la discipline. L'application de cette dernière ne va pas sans heurts, certains officiers préférant même démissionner. La vénalité des charges est supprimée, sauf pour les capitaines et les colonels ; l'usage des passe-volants de même que les pillages et les « voleries » de toutes sortes sont durement réprimés. Le Tellier et Louvois cherchent aussi à « royaliser » l'armée en la déféodalisant : c'est ainsi qu'est supprimée la charge de colonel général de l'infanterie, survivance des temps anciens. Ils luttent par ailleurs contre les excès du point d'honneur, les rivalités sans fin entre unités et corps de troupes. L'« ordre du tableau », que Louvois instaure en 1675, règle l'avancement à l'ancienneté, donnant désormais la possibilité à des roturiers d'accéder à des postes de commandement.

Michel Le Tellier et Louvois

Michel Le Tellier (1603-1685) apprend à connaître les problèmes militaires dès 1640, quand il est nommé par Richelieu intendant de l'armée d'Italie. En 1643, il succède à Sublet de Noyers au département de la Guerre et devient secrétaire d'Etat en 1645. Il entreprend alors une œuvre considérable de rénovation des armées, à laquelle son fils, François Michel, marquis de Louvois (1641-1691), est très vite associé. En 1664, ce dernier exerce avec lui la charge de secrétaire d'Etat. Louvois est nommé ministre en

1672, tandis que Le Tellier s'efface peu à peu des affaires militaires. En 1677, il devient chancelier de France. L'armée royale est leur œuvre commune, où l'on ne peut distinguer la part de chacun.

Effectifs et armement

Grâce aux efforts constants et soutenus pour le recrutement, l'équipement et l'entretien des troupes, les effectifs peuvent s'accroître dans de notables proportions, même en temps de paix. Ils passent de 72 000 hommes en 1667 à 120 000 en 1672, 280 000 mille en 1678 et 380 000 en 1710. La France est le seul pays européen capable de fournir de tels contingents. La noblesse militaire représente de 15 à 20 000 hommes. Son poids diminue globalement à mesure qu'augmentent les effectifs, mais, animée par le sens de l'honneur et un grand dévouement, elle continue à payer au prix fort l'impôt du sang.

Sous l'effet des progrès techniques, l'armement se perfectionne, la puissance de feu des armes augmente. Après la guerre de Hollande, le fusil à silex, plus rapide que le mousquet, s'impose. En 1687, on lui adjoint une baïonnette à douille, ce qui en fait une arme polyvalente très efficace dans les assauts. L'usage de la grenade se généralise, et l'on crée une compagnie de grenadiers par régiment. La cavalerie s'équipe de sabres (qui remplacent peu à peu les épées) et de carabines. L'artillerie est réorganisée et rationalisée. On forme des compagnies de canonniers et de fusiliers pour défendre les canons.

La ceinture de fer

L'administration des fortifications est partagée entre le département des Le Tellier-Louvois et celui de Colbert. Vauban, un remarquable technicien de l'équipe de Louvois, au jugement sûr, émerge rapidement, s'imposant comme le principal maître d'œuvre. Il commence sa carrière dans le camp condéen pendant la Fronde, mais passe bientôt au service du roi. En 1667, le roi le choisit pour s'occuper de la citadelle de Lille et, l'année suivante, de celles d'Arras et de Dunkerque.

Les travaux les plus importants sont entrepris sur la frontière nord (Flandre, Artois, Picardie), mais également en Alsace. Parmi ses réalisations, citons, entre autres, les places fortes de Lille, Valenciennes, Maubeuge, Mézières, Luxembourg, Toul, Sarrelouis, Verdun, Strasbourg, Brisach, Huningue, Belfort, Metz... Au sud, on lui doit Mont-Dauphin, Mont-Louis, Briançon, Pignerol, Collioure, Perpignan. La défense côtière n'est pas en reste. Vauban renforce de nombreux ports : Brest, Boulogne, Dunkerque, Saint-Malo, Rochefort, Toulon, l'île de Ré... Cette puissante « ceinture de fer », qui protège désormais le « pré carré » français, sera parachevée dans les années 1680-1690. Vauban perfectionne l'attaque comme la défense des places. On connaît la célèbre formule : « Ville assiégée par Vauban, ville prise ; ville défendue par Vauban, ville imprenable. » Elle est loin d'être fausse.

Vauban

Fils d'une famille de hobereaux du Morvan, agrégée à la noblesse au XVIe siècle, Sébastien Le Prestre de Vauban est en effet le grand spécialiste de poliorcétique (art d'assiéger les villes) et de castramétation (art de disposer les camps), disciplines qu'il renouvelle profondément. Il a passé une bonne partie de sa vie à courir les frontières du royaume, contribuant sans relâche au renforcement de la « ceinture de fer ». Il a dirigé cinquante sièges, construit ou amélioré trois cents places. Sa compétence s'étend également à l'économie, à la statistique, à la démographie, à l'aménagement du territoire. Au moral, c'est un homme de courage, fidèle, désintéressé, honnête, droit, ayant toujours son franc-parler. Ardent catholique, il est plein de compassion pour les humbles et les miséreux. Ingénieur du roi à vingt-trois ans, sa carrière est ensuite très lente : maréchal de camp à quarante-trois ans, lieutenant général à cinquante-cinq, maréchal de France à soixante-dix. Il exerce durant dix ans les fonctions de commissaire général aux fortifications tout en en laissant le titre au chevalier de Clerville. Mais Louis XIV, qui a vite jugé ses qualités, se l'attache et apporte un soutien constant à ses initiatives. Il meurt en 1707, laissant de nombreux ouvrages dont le célèbre *Projet d'une dîme royale,* plan de réformes économiques et fiscales publié dans l'anonymat et qui n'eut pas l'heur de plaire en haut lieu.

L'intendance militaire

Une des grandes réalisations de Louvois est la création d'un véritable service de subsistance, qui n'existait pas avant lui. Toujours soucieux du détail, le ministre suit avec un soin vigilant la construction de magasins généraux aux frontières ou aux lieux d'étapes, fait inspecter les convois de ravitaillement, passe les marchés avec les munitionnaires. Il est aidé par des inspecteurs généraux et un corps de commissaires des guerres, dont les missions principales sont de contrôler les vivres, les arsenaux, les fonderies...

Le bilan mérite d'être nuancé. Il est certain que malgré tous ces efforts de rationalisation, l'armée de Louis XIV conserve des vices anciens et des traits archaïques. Le service de santé n'a jamais fonctionné, en dépit de l'exceptionnelle réussite de l'hôtel des Invalides. Les recrutements forcés ont continué, de même que les pillages et les désertions. Si l'esprit de corps s'est atténué, il n'a nullement disparu. Le clan Le Tellier a la mainmise sur l'armée et y impose son système clientéliste.

LA MARINE

Sacrifiée par Mazarin, la marine royale est, en 1661, quasi inexistante : une dizaine de vaisseaux de ligne hors d'usage, quelques flûtes et galères en décomposition... Disciple de

Richelieu, Colbert entreprend avec énergie et détermination de la relever, d'abord par des commandes à l'étranger (une solution provisoire à ses yeux), puis par des constructions et la mise en place d'une industrie maritime nationale. Louis XIV, qui n'a pas de grandes connaissances en la matière, encourage son ministre dans cette voie. Le redressement est à la hauteur de l'effort entrepris. En 1671, la flotte comprend déjà 194 navires de guerre, dont 119 vaisseaux de ligne et 22 frégates. En 1693, à son apogée, elle arrive au premier rang devant la Grande-Bretagne et les Provinces-Unies.

Les galères

Longues et basses, avec un faible tirant d'eau, les galères ont l'avantage de pouvoir évoluer grâce à leurs puissantes rames en l'absence de vent ou à contre-vent. Ces vaisseaux, armés de canons à l'arrière et d'un éperon à l'avant, sont, malgré les perfectionnements techniques, d'une médiocre efficacité militaire. Louis XIV décide néanmoins de relever ce corps, qui passe de neuf unités en 1661 à trente en 1681 pour atteindre quarante en 1695. Plusieurs raisons expliquent ce développement. C'est d'abord un instrument de propagande : la flottille des « demoiselles », comme les appelle Duquesne, avec leur gréement impressionnant, sert au prestige de la monarchie en Méditerranée. C'est ensuite une occasion pour la noblesse provençale de s'illustrer au lieu de chercher fortune sous la bannière de Malte. Enfin, ces bâtiments jouent le rôle de redoutables pénitenciers pour les forçats, les déserteurs, les faux-sauniers, les vagabonds, les condamnés de droit commun. Y servent également des esclaves turcs ou nègres, achetés dans certains ports italiens. La chiourme compte jusqu'à douze mille galériens. A partir de 1685, on y envoie également des protestants (trois mille au total, dont la moitié maniera la rame).

Ports et manufactures

L'infrastructure portuaire n'est pas oubliée. Des arsenaux avec ateliers, cales de radoub, fonderies, aires de stockage du bois, salles à voile, corderies sont construits à Brest, Toulon et Rochefort. D'autres ports sont améliorés : Dunkerque, Sète, Marseille... Pour affranchir la France de la dépendance de l'étranger, Colbert et son fils Seignelay encouragent la constitution de manufactures d'armes et d'ancres dans le Périgord, le Nivernais, le Forez, à Lyon. En Bretagne, en Auvergne et en Dauphiné se créent des fabriques de toiles. Les mâts et bois de charpente sont tirés des forêts d'Auvergne, de haute Provence ou des Pyrénées. Le chanvre vient de Bretagne, de Bourgogne et du Dauphiné, et le goudron, d'Aquitaine.

La « royalisation » de la royale

En bon administrateur, Colbert s'attache à doter les ports et les arsenaux de gestionnaires efficaces, comme le sont les intendants de marine disposant de pouvoirs judiciaires et financiers importants, avec pleine responsabilité concernant la construction et l'armement des vaisseaux. Ils sont assistés de commissaires et d'un contrôleur de la marine, pour l'engagement des dépenses. Aidé de Duquesne, qui connaît tout de la mer et de l'organisation navale, le ministre s'attache également à former un corps discipliné d'officiers de marine. Jusque-là, la marine a eu tendance à échapper au pouvoir royal. Sous la Fronde, César de Vendôme, l'un des fils bâtards d'Henri IV, en a fait un bien quasi patrimonial, installant à chaque échelon sa clientèle personnelle. Le même désordre subsiste avec son fils François, duc de Beaufort, dit le « roi des Halles ». Ce n'est qu'à sa mort, en 1669, que Louis XIV et Colbert peuvent fixer une nouvelle hiérarchie, décider des promotions et mettre en place un système de recrutement et de formation efficace (comme le collège de marine, les écoles d'hydrographie...). Deux flottes principales sont constituées, l'une pour le ponant, l'autre pour le levant.

Forces et faiblesses

Trop vite poussée, la marine a les défauts de la jeunesse. En particulier, on peut déplorer l'absence d'un corps d'officiers supérieurs et disciplinés, à l'image de l'Amirauté britannique. Colbert s'en inquiète et n'osera engager ses escadres dans les premières années de la guerre de Hollande. Le système des « classes », ancêtre de l'inscription maritime, est mal accueilli de la population côtière, et la « presse », l'embarquement forcé des gens de mer, subsiste malgré les efforts pour la supprimer. Colbert a eu d'excellents continuateurs en la personne de son fils Seignelay, admis à dix-huit ans à la survivance de sa charge de secrétaire d'Etat, ainsi qu'en celle de l'intendant de marine Usson de Bonrepaus. Cependant, la faille vient du fait que le roi en personne n'est pas persuadé de la vocation maritime de la France. Préférant ses régiments à ses escadres, il ne découvrira que plus tard les réalisations de son ministre.

LA POLITIQUE DU RANG

La politique étrangère est le domaine préféré du roi, attaché plus qu'aucun autre à la recherche de la gloire. C'est là que l'on perçoit le mieux son empreinte et la marque de son ambition pour lui-même et pour la France.

Les grands axes de la politique étrangère

Malgré son amour de la guerre, amour qui se réduit le plus souvent à celui de la parade militaire, Louis XIV n'est ni un Alexandre ni un César aspirant à l'empire, à la « monarchie universelle », comme on dit à l'époque. Etant donné la durée du règne, les grands axes de sa politique étrangère ne sont pas simples à cerner. On ne croit plus guère à la théorie de Mignet qui, au XIXe siècle, faisait de la succession d'Espagne l'unique pivot de la diplomatie royale. Enoncée au début du

XXe siècle, la théorie des frontières naturelles paraît elle-même trop systématique pour l'empirisme louis-quatorzien.

Il n'en reste pas moins vrai que l'une des constantes du règne est la volonté de mettre le territoire à l'abri des incursions étrangères, d'assurer la défense du « pré carré », selon le mot de Vauban, quitte à recourir alors à une politique d'agression préventive. Quand le roi arrive aux affaires, la France est en effet soumise à la menace des invasions du nord, de l'est et même du sud. Nombreuses sont les « trouées » qui donnent accès au cœur du royaume : les vallées de la Lys, de l'Escaut, de la Sambre, de la Meuse, de Barcelonnette... Louis a voulu avant tout fermer ces voies d'accès pour protéger le sanctuaire national. Même si d'autres orientations l'ont séduit, comme la constitution d'un empire colonial ou, en 1672, l'absorption de la Hollande, ces décisions politiques, parfois aventureuses, demeureront marginales. Et pourtant, à l'époque, l'obstination de la France à vouloir s'assurer des frontières sûres a été mal comprise par ses voisins, qui y ont vu une menace pour leur propre souveraineté.

L'Europe après 1661

Richelieu et Mazarin ont réussi ce tour de force de donner à la France quelques bonnes marches frontières comme le Roussillon, une partie de l'Alsace et de l'Artois, tout en se posant, face aux prétentions hégémoniques des Habsbourg, comme les protecteurs des petits Etats, les défenseurs des libertés germaniques. A partir de 1661, cette configuration politique n'est plus possible : la France est en effet devenue la première nation du continent non seulement en raison de la mise en sourdine de ses difficultés intérieures, mais aussi à cause du déclin des autres puissances européennes.

L'Espagne est épuisée sur le plan économique, financier, démographique et militaire, même si son immense empire fait illusion. L'empereur Léopold Ier est un homme faible et timide, sans énergie. Ses domaines personnels (l'Autriche, la Bohême, la Hongrie...) sont très hétérogènes et menacés par les Turcs. En Allemagne même, son rôle d'empereur est devenu symbolique, le traité de Westphalie ayant réduit le Saint Empire à l'état d'une lâche confédération de trois cent cinquante principautés, duchés ou villes libres. La France y exerce une influence souvent déterminante grâce aux clients qu'elle a enrôlés dans la ligue du Rhin (les électorats de Mayence, Cologne, Trèves, les duchés de Neubourg et de Brunswick...). L'Angleterre vient à peine de surmonter ses déchirements intérieurs. Charles II, le Stuart restauré, reste étroitement soumis à un Parlement soupçonneux. La Suède est en déclin, tout comme son rival le royaume de Danemark. L'Italie est morcelée, en partie occupée par l'Espagne avec, en son centre, les Etats pontificaux d'Alexandre VII. La Savoie, de peu de poids, se trouve dans l'orbite française. La Pologne est en déliquescence de même que la Russie, si lointaine... Restent bien sûr les Provinces-Unies, qui connaissent un dynamisme économique extraordinaire, riches de leur flotte commerciale et de leur empire colonial. Elles sont devenues la première zone commerciale et manufacturière du monde. En revanche, sur le plan de la politique internationale, elles ne sont pas en mesure de rivaliser avec la France.

Le personnel diplomatique

Louis XIV, pour qui la diplomatie est au cœur même des préoccupations d'un roi, sait s'entourer de collaborateurs de talent, dont les caractères sont fort différents : Hugues de Lionne, Simon Arnauld de Pomponne, Charles Colbert de Croissy. A la fin du règne, Jean-Baptiste Colbert de Torcy sera certainement l'un des meilleurs ministres des Affaires étrangères de l'Ancien Régime. Ces responsables sont secondés par des négociateurs et des ambassadeurs très souvent remarquables : d'Estrades à La Haye, Courtin à Londres et à Stockholm, Grémonville à Vienne, Rebenac à Berlin et à Madrid... Cette diplomatie est brillante et active, bien supérieure à ses rivales étrangères.

Hugues de Lionne (1611-1671)

Neveu du ministre Abel Servien, Hugues de Lionne occupe diverses ambassades avant d'être désigné comme plénipotentiaire chargé de négocier la paix des Pyrénées (1659). Ministre et secrétaire d'Etat, il dirige la politique extérieure française jusqu'à sa mort. Ce bon connaisseur des cours européennes est un homme d'esprit, simple, épicurien et libertin, mais en même temps un grand travailleur.

Les moyens d'action de la diplomatie

Les effectifs du secrétariat d'Etat aux Affaires étrangères sont dérisoires et ne dépassent pas une poignée de commis et de subalternes. Mais la diplomatie française se sert de nombreux agents, officieux ou occasionnels, espions, abbés de cour, voire dames galantes. Un autre de ses moyens d'action est le recours à des polémistes et à des écrivains stipendiés, tels Eustache Le Noble, La Chapelle, Legrand, Courtilz de Sandras... On use de la corruption sous toutes ses formes, en particulier les pensions allouées aux princes étrangers : magnats polonais, catholiques irlandais, ministres anglais, cardinaux romains. En Allemagne, la France pensionne généreusement les deux frères de Fürstenberg, François Egon et Guillaume Egon, qui deviendront tous deux évêques de Strasbourg. Le roi d'Angleterre, Charles II, recevra des millions par l'intermédiaire de son valet de chambre, de même, d'ailleurs, que les députés d'opposition aux Communes...

Charles Colbert de Croissy (1629-1696)

Frère puîné du contrôleur général, il est intendant d'armée, conseiller puis président au parlement de Metz, intendant de province, plénipotentiaire à Aix et à Nimègue. En 1679, il accède au secrétariat d'Etat aux Affaires étrangères. Il mène la politique des « réunions ». Excellent connaisseur des problèmes allemands, bon juriste, c'est un exécutant brutal et cynique.

Le poids de la guerre

Dans le budget de l'Etat, la part des dépenses militaires est considérable : 57 % en 1683, 80 % en 1692. Avec la paix de Ryswick en 1697, ce pourcentage retombe à 50 %. L'année 1699 est exceptionnelle avec seulement 17 %. C'est la paix. Avec la guerre de Succession d'Espagne, la courbe repart à la hausse pour atteindre 72 % en 1706. Les dépenses consacrées à l'armée de terre sont quatre fois plus importantes que celles de la marine, elles-mêmes légèrement supérieures à celles des fortifications. Les autres postes n'ont pas cette démesure : le service de la dette, les frais de la Cour, les gages, les pensions, les subventions aux princes étrangers. L'investissement de l'Etat pour le développement économique est, lui, inférieur à 1 %, ce qui ramène à ses justes proportions l'interventionnisme mercantiliste du règne. La monarchie française au XVIIe siècle est une monarchie essentiellement militaire. Manufactures d'armes, chantiers navals, innovations dans l'armement soutiennent l'économie. Toutefois, le pouvoir manque vite de moyens pour mener des guerres longues. A preuve, le poids de la dette qui s'accroît vertigineusement en deux ou trois ans. Ces données éclairent la diplomatie royale, subtil mélange d'audace et de prudence.

La politique de prestige

On sait jusqu'à quel point les questions d'étiquette et de rang sont importantes au XVIIe siècle. Il en est de même dans les relations internationales, où chaque Etat aspire à prendre le pas sur l'autre. L'empereur veut la prééminence universelle de la couronne élective, voire de sa couronne héréditaire, et le roi d'Espagne, la préséance derrière l'empereur. L'Angleterre exige que sur mer les navires étrangers saluent les premiers son drapeau. Quant au pape, il affirme non seulement sa primauté spirituelle, mais se présente comme le seul chef de la chrétienté. Dès son accès aux affaires, Louis XIV, très attaché à sa gloire et à la grandeur de la France (les deux se confondant chez lui), fait preuve de fermeté, prêt à ne céder sur rien. Ce sont les « préludes de magnificence ». En août 1661, l'ambassadeur d'Espagne à Londres prétend avoir le pas sur l'ambassadeur français. De violentes bagarres s'ensuivent. Louis obtient des excuses officielles. Il ordonne à ses navires, malgré les menaces du chancelier Hyde, de ne pas saluer les premiers les Anglais. Ces derniers n'insistent pas et, en 1662, vendent Dunkerque à la France, pour trois millions cinq cent mille livres.

Simon Arnauld de Pomponne
(1618-1699)

Fils de Robert Arnauld d'Andilly, neveu du Grand Arnauld, intendant d'armée, ambassadeur à Stockholm et à La Haye, il succède à Hugues de Lionne comme ministre en charge des Affaires étrangères. Louis XIV le disgracie en 1679 après la paix de Nimègue, lui reprochant sa faiblesse et sa complaisance (« Tout ce qui passait par lui perdait de la grandeur et de la force qu'on doit avoir en exécutant les ordres d'un roi de France qui n'est pas malheureux »). Il rentre en grâce après la mort de Louvois et contribue à la formation de son gendre Colbert de Torcy.

La France et l'Empire

La même fermeté royale s'exerce vis-à-vis de la Lorraine ducale et de l'Alsace, où les droits de la France découlant des traités de Westphalie sont imprécis. En 1662, au traité de Montmartre, le duc Charles II de Lorraine cède au roi ses Etats en viager, en dépit de la vive résistance des princes lorrains et des protestations du Saint Empire. En compensation, les héritiers du duc recevraient la dignité de prince en France. Dans l'attente de la succession, la place de Marsal est livrée à la France.

En Allemagne, la politique d'intervention du roi crée des tensions. Une armée française vient rétablir l'ordre à Erfurt à la demande de l'archevêque électeur de Mayence.

L'amour-propre des peuples allemands en est froissé. Cela n'empêche pas Louis XIV de répondre à l'appel de Léopold Ier, désireux d'engager la lutte contre les Turcs.

En avril 1662, Français et Hollandais signent un traité de secours mutuel de vingt-cinq ans, qui oblige Louis XIV, malgré ses réticences, à intervenir en 1665, lors de la guerre anglo-hollandaise, contre l'évêque de Münster, Bernard von Galen, allié de l'Angleterre. Six mille hommes sont donc envoyés sur le Rhin. Signée en juillet 1667, la paix de Bréda met un terme aux hostilités.

L'affaire de la garde corse

L'autoritaire Alexandre VII – un « pédant présomptueux », à en croire Mazarin – a décidé unilatéralement de supprimer le privilège d'exterritorialité dont jouissent les ambassades à Rome. Louis XIV, en désaccord avec le pontife sur différents sujets, refuse de céder et envoie à titre d'ambassadeur dans la Ville éternelle un homme énergique, le duc de Créqui. Dans la soirée du 20 août 1662, une rixe entre un domestique français et un soldat de la garde corse du pape entraîne l'intervention de toute la compagnie. L'épisode se solde par des blessés et même un mort, tué aux alentours du palais Farnèse. Louis, indigné, exige des excuses et des sanctions. Comme le pape néglige de répondre, il fait occuper le Comtat Venaissin et envoie des troupes armées soutenir les duchés de Parme et de Modène dans leurs différends avec l'administration pontificale. Alexandre VII, qui ne parvient pas à créer une Sainte Ligue antifrançaise, finit par céder : au cours des négociations de Pise il accepte, moyennant la restitution du Comtat, d'expulser les Corses de son service et s'engage à élever une pyramide expiatoire. Une humiliante séance d'excuses a lieu à Fontainebleau le 29 juillet 1664 en présence du neveu du pape, le cardinal Chigi.

La bataille de Saint-Gotthard

En 1663, les armées ottomanes envahissent les pays héréditaires de la maison d'Autriche et, l'année suivante, dévastent la Hongrie royale. Les Cosaques et les Tatars, alliés des Turcs, ravagent la Moravie et la Silésie. Le pape Alexandre VII et l'empereur Léopold lancent un appel à la chrétienté. En tant que membre de la ligue du Rhin, Louis XIV, peu désireux de s'aliéner le sultan, mais soucieux de soutenir les petits Etats allemands, envoie un contingent placé sous le commandement du comte de Coligny. Le 1er août 1664, Raimondo Montecuccoli, général des Impériaux et commandant en chef, affronte le grand vizir Ahmed Köprülü sur les rives de la Raba, près du monastère de Saint-Gotthard. Malgré leur supériorité numérique, les janissaires sont battus grâce à la valeur des Français et des Autrichiens. Mais l'empereur n'exploite pas la victoire et signe avec les Ottomans la trêve de Vasvàr, favorable aux vaincus dont il reconnaît les conquêtes.

LA GUERRE DE DÉVOLUTION

Non sans machiavélisme, Mazarin et Lionne ont fait insérer dans le traité des Pyrénées une clause selon laquelle l'infante Marie-Thérèse renonçait à l'héritage de son père Philippe IV moyennant le versement d'une dot de 500 000 écus d'or. Le non-versement de cette somme, évidemment prévisible, va bientôt servir de prétexte à la reprise des hostilités.

Les droits de la reine

A Philippe IV, mort en 1665, a succédé, sous le nom de Charles II, son fils, un enfant rachitique de quatre ans, dont on pense qu'il ne vivra pas – il ne mourra en fait qu'en 1700, sans descendance directe, d'où la question latente, durant tout le siècle, de la succession d'Espagne. Le défunt a stipulé qu'en cas de décès de l'enfant l'héritage espagnol et ses possessions outre-mer iraient, non à Marie-Thérèse, née d'un premier mariage, mais à sa cadette Marguerite Thérèse, promise en mariage à l'empereur Léopold Ier. Ce serait là une solution redoutable pour la France. Louis XIV accélère les préparatifs de guerre, s'allie, contre subventions, à quelques princes germaniques et aux Portugais. Le 8 mai 1667, il fait part aux gouvernements européens d'un *Traité des droits de la Reine Très-Chrétienne,* manifeste qui invoque une coutume du droit privé du Brabant et de Flandre, le « droit de dévolution », en faveur des filles nées d'un premier mariage, pour réclamer l'annexion du duché de Brabant, du comté de Namur, du marquisat d'Anvers, du Limbourg, de la seigneurie de Malines, de la Haute-Gueldre, de l'Artois, de Cambrai, d'une partie du Luxembourg et de la Franche-Comté...

La réponse au Traité des droits de la reine

En 1667 paraît un violent pamphlet stigmatisant la guerre de conquête des Pays-Bas espagnols entreprise par Louis XIV, le *Bouclier d'Estat et de justice contre le dessein manifestement découvert de la monarchie universelle sous le vain prétexte des prétentions de la reyne de France*. Il a pour auteur François Paul, baron de Lisola, gentilhomme franc-comtois et diplomate au service de l'empereur. Cet ouvrage, qui sera maintes fois réédité en Allemagne tout au long du XVIIe siècle, est une acerbe critique juridique du dessein illégitime du roi de France sur les Pays-Bas espagnols (un « brigandage », une « piraterie », un « injuste attentat »). Louis XIV y est présenté comme un despote aspirant à étendre son pouvoir sur toute l'Europe (« la monarchie universelle »). Jusqu'à sa mort à Vienne, en décembre 1674, Lisola restera un ennemi acharné de la France. Louvois donnera même l'ordre de faire enlever et tuer ce gênant contestataire.

La conquête de la Flandre

La reine régente d'Espagne, Marie-Anne d'Autriche, ayant rejeté les revendications françaises, Louis entre en campagne le 21 mai 1667, sans même avoir déclaré la guerre. Les places espagnoles, surprises, tombent comme des fruits mûrs : en juin, Charleroi, Bergues, Furnes, Ath et Tournai ; en juillet, Courtrai, Douai et Audenarde. En août, Lille résiste treize jours ; c'est la première grande action de Vauban. Louis XIV, toujours infatigable et brave, s'est avancé jusqu'aux premières lignes aux sièges de Tournai, de Douai et de Lille. Afin de montrer aux villes conquises leur légitime maîtresse, la reine Marie-Thérèse l'accompagne dans ses déplacements. Puis il reprend les sièges. Aux vaincus, il propose d'arrêter les hostilités et de garder ses conquêtes, ou de les échanger contre la Franche-Comté. Mais il se heurte au refus de la régente.

Le traité secret de janvier 1668

Pendant qu'en Flandre se déroule la guerre de siège, à Vienne, l'envoyé français, le commandeur de Grémonville, négocie en grand secret un accord avec le Habsbourg d'Autriche sur le partage de l'Empire espagnol, dès la mort du souffreteux Charles II. Le traité est signé le 19 janvier 1668. Il est convenu que la France prendra les Pays-Bas, la Franche-Comté, la Navarre, Rosas, Naples, la Sicile, les côtes de l'Afrique et les Philippines orientales, Léopold Ier se réservant pour sa part l'Espagne, les Indes occidentales, le Milanais, Finale, les présides de Toscane, la Sardaigne, les Baléares et les Canaries. Le secret de cette convention sera d'ailleurs si bien gardé qu'on ne découvrira son existence qu'au XIXe siècle...

La Triple Alliance

A peine les hostilités entre Anglais et Hollandais sont-elles closes par le traité de Bréda que ces deux puissances ouvrent des négociations afin de faire pièce aux ambitions françaises. C'est une alliance défensive : les signataires proposeront leur médiation aux belligérants, mais un article secret prévoit, en cas de refus, de déclarer la guerre à la France. Cependant, Louis entreprend la conquête de la Franche-Comté, en plein hiver. Besançon, Salins, Dole tombent sans résistance. Parti de Paris le 2 février, le roi est de retour le 19 ! Lionne écrit alors à d'Estrades, ambassadeur à La Haye : « Je ne crois pas que le roi soit d'humeur à se laisser faire la barbe à contre-poil par qui que ce soit. » Mais les Anglais et les Hollandais réussissent à obtenir l'adhésion de la Suède à leur entente. Cette Triple Alliance devient une menace inquiétante.

La paix

A ces difficultés s'ajoute, pour la France, l'abandon de l'allié portugais, qui signe la paix avec l'Espagne. Faut-il arrêter la guerre ? Deux partis s'opposent dans l'entourage royal : Lionne, Colbert, Le Tellier penchent pour un rapide arrêt des hostilités. Turenne, Condé et Louvois insistent pour les poursuivre. Louis XIV pense que le mieux est de trouver un accommodement rapide afin de dissoudre au plus vite la Triple Alliance qui pourrait s'opposer « à ses plus légitimes ambitions ». Le traité secret avec l'empereur le pousse à la modération. Les négociations débutent à Saint-Germain avec l'Anglais Trevor et le Hollandais Van Beuningen. Elles aboutissent enfin à la signature, le 15 avril 1668, des préliminaires de paix, confirmés par le traité d'Aix-la-Chapelle le 2 mai. Selon cet accord, Louis XIV acquiert de l'Espagne douze places fortes, dont Lille, Armentières, Courtrai, Tournai, Douai, Charleroi, mais doit restituer la Franche-Comté. Ce n'est qu'un demi-succès pour lui ; il s'en contente pourtant, puisque le traité secret de Vienne reconnaît les droits de la reine et prévoit le partage de la succession espagnole à la mort du fils de Philippe IV. Les princes allemands, inquiets des ambitions de Louis XIV, ne renouvellent pas la ligue du Rhin.

Chapitre VII

LA GUERRE DE HOLLANDE
1672-1678

LA PREMIÈRE CAMPAGNE

La guerre de Hollande est un des grands tournants du règne. Elle modifie l'équilibre militaire et diplomatique de l'Europe tout comme elle empêche les efforts de transformation économique et sociale entrepris par Colbert de porter leurs fruits. Elle constitue sans doute l'une des grandes erreurs politiques de Louis XIV.

Le dessein du roi

Pourquoi le roi s'est-il lancé en 1672 dans une entreprise guerrière contre ce petit peuple pacifiste qui, dix ans plus tôt, avait renouvelé son alliance avec lui ? Les historiens ont longuement hésité. On a parlé de choc entre deux cultures, entre une confédération républicaine et protestante et une monarchie catholique marquée par la Contre-Réforme. Il est certain qu'à cette époque les Provinces-Unies sont un centre important de propagande antifrançaise, d'où partent des pamphlets audacieux et des libelles impertinents contre la cour de France et la vie privée du roi. On a également mis en avant les rivalités économiques. Les Hollandais, dont la flotte de commerce surpasse celle de toutes les autres nations européennes, ont la maîtrise absolue du trafic mondial. La politique mercantiliste et coloniale de Colbert ne peut que se heurter à leurs positions hégémoniques. Le tarif douanier de

1667, qui a beaucoup mécontenté ces « rouliers des mers » que sont les Hollandais, les a aussi rendus méfiants, mais ces données n'expliquent pas tout. Les dernières recherches et analyses montrent que la responsabilité de la guerre incombe essentiellement à Louis XIV, jeune, avide de gloire et « piqué au vif » d'avoir été arrêté dans ses conquêtes par la Triple Alliance. C'est bien lui qui l'a décidée et l'a imposée aux membres de son Conseil, hostiles, au départ, à ce projet.

Les alliances

Une fois sa résolution prise, Louis prépare méthodiquement ses alliances. Il a la bonne surprise de recevoir d'intéressantes propositions de la part de Charles II d'Angleterre, toujours en quête d'argent pour subvenir à ses coûteux plaisirs, ses maîtresses et sa Cour. Le Tellier et Louvois ne font que suivre. Lionne n'est pas partisan de ce projet qui risque de retarder le démantèlement de l'Empire espagnol. Au contraire de ce que l'on a souvent dit, Colbert, lui aussi, partage cet avis et met en garde le roi. Seul Turenne est enthousiaste et sera, tout au long de cette affaire, son mauvais génie. En juin 1670, un traité secret avec l'Angleterre est signé à Douvres. Un autre est conclu en avril 1672 avec la Suède. La Triple Alliance vole ainsi en éclats ! Le duc de Lorraine est mis hors la loi, et Louis occupe ses Etats en 1670, coupant la route entre les Pays-Bas espagnols et la Franche-Comté. Du côté de l'Allemagne, des alliances sont négociées avec l'empereur, de même qu'avec les Electeurs de Brandebourg et de Bavière, afin de s'assurer leur neutralité.

Le passage du Rhin

Ce n'est qu'en janvier 1672 que s'alarme la confédération des Provinces-Unies : elle renforce ses défenses, lève des troupes et des milices et se choisit un capitaine général ayant autorité sur les détachements militaires de chaque Etat. La France, elle, est prête depuis de longs mois.

La guerre commence le 22 mars par l'agression délibérée d'un convoi de navires marchands par l'allié anglais, pressé de toucher ses subsides. En mai, Louis, de son côté, attaque sur le Rhin. Les places brandebourgeoises du duché de Clèves, qui défendent l'accès des Provinces-Unies, tombent presque sans résistance, en quatre jours : Orsoy, Buderich, Wesel, Rees... Emmerich et Rheinberg se rendent à leur tour, alors que sur mer, le 7 juin, à Solebay, les unités franco-britanniques du comte d'Estrées et du duc d'York affrontent en un combat indécis la flotte confédérée de l'amiral de Ruyter. La propagande royale, peintres et poètes en tête, exalte les faits d'armes du roi, comme le montre le fameux *Passage du Rhin au gué de Tolhuis* – dont Napoléon dira qu'elle fut une « opération militaire de quatrième ordre » –, où l'on voit la noblesse militaire se jeter à l'étourdie dans les eaux du fleuve, sans même attendre l'achèvement du pont de bateaux.

Le Soleil arrêté par les eaux

Par vanité, pour faire durer le plaisir, Louis refuse de suivre le conseil du Grand Condé de se porter tout de suite sur Amsterdam, qui se croyait d'ailleurs déjà perdue. Il préfère prendre les villes les unes après les autres, après des sièges magnifiques où ses troupes peuvent parader et ses peintres brosser des fresques pour la postérité. Cela donne le temps aux Hollandais de réagir énergiquement en ouvrant les écluses du Zuiderzee (la mer intérieure des Pays-Bas), près de Muiden. Tout le « pays creux » se trouve brusquement englouti sous les eaux qui arrêtent la majestueuse progression des armées royales : en trois jours, Amsterdam, le cœur de la république hollandaise, devient une île.

Encore grisé par ses faciles victoires vite remportées sur ces « marchands de fromage » et ces « pêcheurs de harengs », Louis rejette les propositions de paix que lui fait, au nom de plusieurs villes, Pierre de Groot : elles comportaient pourtant de substantiels avantages territoriaux. Dans un mémoire au roi, Colbert, revenu de ses préventions antérieures, envisage désormais une mainmise française sur toutes les Provinces-Unies et leurs riches possessions des Indes orientales et d'Afrique. La France est alors tentée de s'écarter de sa politique prudente de consolidation des frontières et d'envisager des conquêtes plus lointaines et plus risquées. Pas pour longtemps...

L'occupation

Continuant de crever leurs digues, les Hollandais organisent une résistance acharnée, grâce à des batteries flottantes et des embarcations armées. Fin juillet, le roi, déçu de la tournure de son épopée, rentre à Saint-Germain, laissant sur place le duc de Luxembourg et vingt mille hommes, qui vivent sur le pays et se livrent au pillage, malgré les ordres d'en haut.

Dans la partie restée libre des Provinces-Unies, la révolution éclate. La faction démocratique, belliciste, poussée par des prédicants calvinistes, affronte les républicains modérés et l'oligarchie des marchands magistrats qui soutiennent le grand pensionnaire, Jean de Witt. Le héros du jour est un jeune homme de vingt-deux ans au teint pâle, Guillaume d'Orange, promu en juillet stathouder de cinq des sept provinces. Son parti, celui de la guerre, l'emporte. De Witt, partisan de la négociation, démissionne le 4 août. Le 20, à La Haye, lui et son frère Cornelius sont sauvagement massacrés par la foule. Champion du protestantisme, Guillaume est le maître indiscuté, nouveau Samson face aux Philistins.

Guillaume d'Orange
(1650-1702)

Il est le fils posthume du prince d'Orange, Guillaume II, et de la fille du roi Charles Ier d'Angleterre, Marie. Elevé dans une foi calviniste intransigeante, il reçoit son éducation civique et politique du grand pensionnaire Jean de Witt. En 1672, devant la menace française, il est nommé capitaine général et stathouder, en dépit de l'abolition, en 1667, de cette fonction de nature monarchique. Au début de la guerre, c'est lui qui fait ouvrir les digues. En août, il laisse ses partisans massacrer les frères De Witt, trop modérés. Intelligent et cultivé, c'est un guerrier, mais un médiocre et malchanceux tacticien. Il est maigre, froid, raide, et doué d'une indomptable énergie. En 1689, il reçoit avec son épouse Marie, qui est aussi sa cousine germaine, les trois couronnes d'Angleterre, d'Ecosse et d'Irlande. Il est, jusqu'à sa mort, l'ennemi de Louis XIV le plus constant.

L'EUROPE EN GUERRE

A mesure que le conflit s'enlise, l'Europe s'inquiète. La régente d'Espagne aide les Hollandais. L'Electeur de Brandebourg, Frédéric Guillaume de Hohenzollern, leur promet son secours. Louis XIV, revenu de ses premières ambitions, accepte la médiation des Suédois. Mais la guerre va plus vite que la diplomatie.

Swammerdam et Bodegrave

En plein hiver, le duc de Luxembourg quitte Utrecht avec son armée et marche sur La Haye. Ses soldats, des crampons à leurs chaussures, avancent sur les canaux glacés. Mais un brusque dégel le contraint à rebrousser chemin. Se croyant pris à revers par Guillaume d'Orange, Luxembourg bouscule un détachement hollandais à Swammerdam et laisse piller et brûler le bourg pour donner un « salutaire effroi » au peuple. Un autre village ouvert, Bodegrave, fait aussi l'objet de cruelles dévastations qui ne manquent pas de soulever d'horreur non seulement les habitants des Provinces-Unies, mais aussi l'Allemagne tout entière, inondée, à l'instigation du prince d'Orange, de libelles furieux et d'estampes appelant à la vengeance. Sous l'effet de cette propagande exagérée, la France, perçue jusque-là comme la protectrice des petites nations, devient un odieux agresseur, et Louis XIV se transforme, dans l'esprit des peuples, en ogre assoiffé de sang...

Romeyn De Hoogh :
les eaux-fortes de la propagande

Les violences de l'armée française (tels les incendies de Swammerdam et de Bodegrave), sont dénoncées dans une série d'impressionnantes estampes exécutées par le graveur hollandais Romeyn De Hoogh (neveu du peintre Pieter De Hoogh). Largement diffusées en Europe et relayées par des pamphlets qui augmentent l'ampleur des massacres, elles visent à soulever les populations contre les Français, ces nouveaux Barbares...

Maëstricht

Tandis que Turenne surveille le Rhin et pousse Frédéric Guillaume à signer la paix de Vossem, Louis XIV se met à la tête de la principale armée, au printemps de 1673, et, après avoir ménagé l'effet de surprise, vient mettre le siège devant Maëstricht, vieille ville fortifiée sur la Meuse, tenue par les Hollandais. Malgré l'importance de ses défenses, elle tombe en une douzaine de jours. L'ingénieur Vauban y a inauguré un nouveau système de tranchées parallèles emprunté aux Turcs. La prise de Maëstricht ne compense pas les insuccès sur mer des Franco-Anglais, qui ne parviennent pas à débarquer dans les Provinces-Unies.

En juin 1673, l'amiral hollandais Ruyter affronte la flotte du prince Rupert à Shoonevelt. Le 21 août, au Texel, avec des forces inférieures (soixante et onze vaisseaux contre quatre-vingt-onze), il repousse encore les envahisseurs. Anglais et Français saisissent l'occasion pour se faire d'aigres reproches.

La mort de d'Artagnan

Capitaine-lieutenant des mousquetaires, capitaine des petits chiens courant le chevreuil, brigadier de cavalerie, maréchal de camp, enfin gouverneur (intérimaire) de Lille, d'Artagnan a fait une belle carrière depuis l'arrestation de Fouquet en 1661. Il meurt le 25 juin 1673, lors du siège de Maëstricht, alors qu'il tentait, l'épée à la main, à la tête d'un détachement de ses mousquetaires gris, de reprendre une demi-lune. « Il se conduisit avec la plus rare bravoure, raconte un témoin, lord Alington ; quelques vieux généraux disent que c'est l'action la plus courageuse et la plus mouvementée qu'ils aient jamais vue de leur vie. » « Artagnan et la gloire ont le même linceul ! » s'exclame, dans son poème en l'honneur de la prise de Maëstricht, Juliani de Saint-Blaise, sans deviner qu'une gloire, littéraire, le ferait sortir du tombeau... Les *Mémoires de M. d'Artagnan*, une œuvre apocryphe parue en 1700, du polygraphe Gatien Courtilz de Sandras, serviront de trame aux *Trois Mousquetaires* d'Alexandre Dumas.

La France isolée

Louis XIV, qui n'arrive pas à mettre un terme, sur le plan militaire, à sa malheureuse équipée batave, cherche une paix acceptable et fait des propositions mesurées au congrès de Cologne. Mais l'Europe, secouée par la prise de Maëstricht, demeure intransigeante. Guillaume d'Orange a tôt fait d'enrôler l'empereur, la régente d'Espagne ainsi que le duc de Lorraine dans l'alliance de La Haye. Dans le courant du mois d'octobre, l'Espagne déclare la guerre à la France. Les armées royales évacuent une partie des places hollandaises et se concentrent en Flandre et dans la zone du Rhin moyen. En février 1674, le roi Charles II d'Angleterre, qui émarge toujours au budget français, est contraint par l'opinion publique britannique à demander et à signer séparément la paix avec les Provinces-Unies. Dans les pays germaniques, où une campagne furieuse contre Louis XIV, inspirée par le baron de Lisola, contribue à la naissance d'un courant nationaliste, les deux princes-évêques de Cologne et de Münster doivent abandonner l'alliance française. Le 28 mai, le Saint Empire, en corps, déclare la guerre à la France, à l'exception du Hanovre et de la Bavière.

La guerre continue

Au printemps de 1674, Louis XIV, aidé de Vauban, se lance, comme il l'avait fait six ans plus tôt, à la conquête de la Franche-Comté. Besançon et Dole capitulent. Le 11 août, à Seneffe, près de Charleroi, le Grand Condé, avec quarante-cinq mille hommes, arrête l'armée de Guillaume d'Orange, forte de soixante mille hommes, composée de Hollandais, d'Espagnols et d'Impériaux. La bataille, d'une extrême violence, dure une bonne quinzaine d'heures, au cours desquelles Condé aura trois chevaux tués sous lui. Les pertes sont très lourdes des deux côtés : environ huit mille hommes chez les Français, entre dix et douze mille dans les troupes impériales. « Nous avons tant perdu à cette victoire, écrit Mme de Sévigné, que sans le *Te Deum* et quelques drapeaux nous croirions avoir perdu le combat. » Sur le front allemand, Turenne affronte les troupes du général Montecuccoli, chef de guerre de grand talent. Bien qu'inférieurs en nombre, les Français infligent aux Impériaux la défaite de Sinsheim, près de Philippsbourg. Pour se maintenir dans le Palatinat, Turenne fait vider et incendier une trentaine de bourgs et de villages entre Rhin et Neckar. C'est le premier ravage du Palatinat.

Avec Monsieur de Turenne

Faute de moyens, Turenne doit repasser le Rhin ; mais le plan plein d'audace qu'il prépare vise à déloger les coalisés qui ont projeté de prendre leurs quartiers d'hiver en Alsace. De Flandre lui parviennent des renforts. Le ban et l'arrière-ban de la noblesse, vieille institution féodale, sont convoqués pour la dernière fois de l'histoire de France.

Le 30 novembre, son armée, quittant ses cantonnements près de Saverne, entre en Lorraine, longe le massif impénétrable des Vosges et pendant vingt-sept jours, par un froid épouvantable, sous la neige ou la pluie et un vent toujours glacial, descend vers le sud et parvient à la trouée de Belfort, le 27 décembre. La campagne d'Alsace de Turenne est l'une de ses plus brillantes. A marches forcées, le glorieux fils des La Tour d'Auvergne prend Altkirch et Mulhouse et écrase les Brandebourgeois à Turckheim, le 15 janvier 1675. Dix jours plus tard, les troupes alliées évacuent l'Alsace « au galop », par le pont de Kehl. Malheureusement, quelques mois plus tard, Turenne est tué à Salzbach, sur la rive droite du Rhin, emporté par un boulet de canon.

La mort de Turenne

Henri de La Tour d'Auvergne, vicomte de Turenne, maréchal général des camps et armées du roi est, au dire de Napoléon, le plus grand général qui l'ait précédé. Il est tué le 27 juillet 1675 à Salzbach, près d'Offenburg, par un boulet ennemi tiré par le canonnier impérial Koch, alors qu'il observait d'une hauteur l'évolution des Impériaux de Montecuccoli. L'émotion est considérable en France. « Tout le monde se cherche pour parler de M. de Turenne, écrit Mme de Sévigné le 31 juillet ; on s'attroupe ; tout était hier en pleurs dans les rues ; le commerce de toute autre chose était suspendu... Jamais un homme n'a été regretté si sincèrement ; tout ce quartier où il a logé (le Marais), et tout Paris, et tout le monde était dans le trouble et dans l'émotion ; chacun parlait et s'attroupait pour regretter ce héros. » Louis XIV s'exclame : « Nous avons perdu le père de la patrie ! »

LA FRANCE EN CRISE

Cependant, la guerre qui s'éternise a rompu l'équilibre budgétaire du royaume, témoignant ainsi de la fragilité de son assise financière. Le roi affiche un désir de paix que l'Europe, étonnée, n'est pas encore disposée à lui accorder.

Colbert et les finances royales

Devant la croissance dangereuse du déficit (il s'élève à huit millions de livres en 1672, seize en 1673, vingt-quatre en 1676), Colbert est contraint de renoncer aux réformes et de revenir aux vieilles recettes d'autrefois qu'il a pourtant bien souvent dénigrées : hausse des tailles, des aides, de la gabelle, taxes sur les maîtrises d'arts et métiers, la marque des étains, le commerce du tabac, le papier timbré... Au lieu de réduire le nombre des offices, le voilà forcé d'en vendre de nouveaux, comme l'ont fait Mazarin et Fouquet ! Il est même obligé d'émettre des titres papiers et de les placer auprès des rentiers qu'il déteste ! Avec les fermiers des gabelles et des cinq fermes il crée une Caisse des emprunts qui émet une sorte de « bons du Trésor », rémunérés au taux de 5 %. Cet organisme, qui aurait pu être l'embryon d'une banque d'Etat, sert en fait à combler le déficit chronique né de la guerre. Mais comme l'endettement du Trésor continue de croître, il devient nécessaire d'avoir recours aux traitants et banquiers genevois et d'affermer la régie des monnaies, toutes choses contraires à l'orthodoxie colbertienne.

Les « émotions » populaires

Le tour de vis fiscal, qui se conjugue avec une mauvaise conjoncture économique, engendre la recrudescence des « émotions » populaires. Depuis la mort du cardinal, il est vrai, les jacqueries et séditions provinciales n'ont cessé d'agiter périodiquement les provinces : prises d'armes à Dieppe, Metz, Montauban, La Rochelle, soulèvement du Boulonnais en 1662, révolte d'Audijos en Chalosse en 1663-1665, insurrection du Vivarais en 1670. En dépit de leur persistance, ces révoltes populaires vont aller malgré tout *decrescendo*. En avril et mai 1675, l'agitation s'empare cette fois de Bordeaux, de la vallée de la Dordogne, de la vicomté de Turenne. La révolte fait ensuite tache d'huile en Bretagne, où il faut envoyer plus de six mille hommes, dont les mousquetaires, pour la réprimer. La Bretagne connaît en 1675 deux importantes séditions. La révolte du papier timbré affecte notamment les villes de Nantes, Vannes, Saint-Malo, Dinan et surtout Rennes. Le peuple, soutenu par les milices municipales et les élites urbaines, proteste contre les nouveaux édits fiscaux sur le papier timbré, le tabac et la vaisselle d'étain. Le duc de Chaulnes, gouverneur de Bretagne, parvient à reprendre la situation en main et à éviter de nouvelles émeutes urbaines. La révolte des bonnets rouges embrase, elle, le monde rural de Basse-Bretagne, où le bruit a couru que la gabelle et un impôt sur les blés allaient être instaurés. Cette jacquerie, menée par un certain Le Balp, ancien notaire à Kergloff, condamné à la prison pour avoir fait des faux – les autres « émotions » populaires du Grand Siècle sont généralement conduites par des notables –, prend l'aspect d'une guerre sociale contre la dîme ecclésiastique et la rente foncière de la noblesse bretonne. Les séditieux brûlent les châteaux et dévastent les abbayes pour imposer leur « code paysan ». L'ordre est rétabli par l'armée royale au prix d'une sévère répression.

Les conspirations

C'est le temps aussi des conspirations. Un chevalier, déjà impliqué dans l'affaire Bonnesson, Gilles du Hamel de Latréaumont, s'associe à un maître d'école flamand, nommé Franciscus Affinius Van den Enden, et à un grand seigneur, démis de ses fonctions à la Cour, le chevalier Louis de Rohan. Il s'agit de livrer aux Espagnols le port de Quillebeuf, de soulever la Normandie, d'y instaurer une république aristocratique et d'enlever le jeune dauphin lors d'une chasse. Des contacts sont pris avec M. de Monterey, gouverneur des Pays-Bas espagnols. De faux uniformes de gardes du corps ont été commandés. Mais le complot est éventé. Soixante personnes sont aussitôt arrêtées, quatre condamnées à mort et exécutées : Louis de Rohan, le chevalier de Préaux, la marquise de Villars et Van den Enden.

Le chevalier de Rohan (1635-1674)

Second fils du prince de Guémenée, duc de Montbazon, Louis de Rohan hérite de son père la charge de grand veneur de France. Homme de belle mine, il se révèle un terrible don Juan, instable et dépravé. Son amour effréné du jeu, ses dettes, ses audaces envers Mme de Montespan et sa brouille avec l'irascible Louvois le mettent au ban de la Cour. Au printemps de 1674, il se laisse entraîner dans la conspiration de Latréaumont et de Van den Enden et en devient le chef nominal. Arrêté le 11 septembre, il est condamné à mort et décapité le 27 novembre devant la Bastille.

Roux et Sardan

Déjà en juin 1669, un huguenot exalté, originaire de Nîmes, Claude Roux de Marcilly, avait été enlevé en Suisse, conduit à la Bastille par un détachement de gardes du corps du roi et roué vif en place de Grève. Il était accusé d'avoir projeté de tuer Louis XIV et de soulever plusieurs provinces pour les mettre « en république ». « Il y a cent Ravaillac en France, avait-il juré. Un coup bien assuré mettra tout le monde en repos ! » En avril 1674, un autre protestant, Jean-François de Paul, comte de Sardan, se présentant comme le député d'une confédération huguenote formée en Languedoc, en Guyenne, en Provence et en Dauphiné, traite avec Guillaume d'Orange et le gouvernement espagnol. Ceux-ci l'assurent de leur concours financier et d'une assistance militaire. Les « confédérés » combattent pour la convocation des états généraux, sans exclure l'idée de former un « Etat séparé, indépendant et souverain ». Cette affaire, qui n'était pas sans lien avec celle de Rohan, n'eut pas de suites fâcheuses pour les protagonistes. Sardan ne fut jamais capturé.

LES DERNIÈRES CAMPAGNES

Guillaume d'Orange, encouragé par les nouvelles qu'il reçoit de la situation intérieure de la France, écarte les avis de ceux qui lui conseillent de traiter. Il sent que la victoire est au bout du chemin. Sa flotte n'impose-t-elle pas sa loi de la Manche au golfe de Gascogne ? L'île de Noirmoutier n'a-t-elle pas été occupée pendant trois semaines ?

L'expédition de Sicile

En 1674, une révolte a éclaté en Sicile contre l'autorité du roi d'Espagne. A l'automne, une petite escadre française commandée par le chevalier de Valbelle réussit à forcer le blocus espagnol et à ravitailler Messine. La question d'une expédition française se pose au Conseil du roi : le clan de Le Tellier et de son fils Louvois, qui a opté pour la consolidation du pré carré, s'y oppose, tandis que les Colbert, favorables à la marine, en sont partisans. Louis tranche en faveur d'une opération réduite, qui servira à faire diversion.

En février 1675, Duquesne débarque des troupes en Sicile. Le duc de Vivonne, frère de Mme de Montespan, a reçu le titre de vice-roi de Sicile. En janvier 1676, la flotte française affronte les Hollandais à hauteur des îles Lipari. Le 22 avril, Duquesne est vainqueur à Agosta et, le 2 juin, assisté de Tourville, il détruit en partie la flotte hollandaise devant Palerme. Les Français sont maîtres de la Méditerranée.

Une occasion manquée

La mort de Turenne fait préférer, du moins pour un moment, la guerre de siège à la guerre de mouvement dans les Flandres. En avril 1676, Condé-sur-Escaut est pris par les troupes royales, et Bouchain est investi par les soldats que commande Monsieur. Une armée de secours de cinquante mille Hispano-Hollandais, aux ordres de Guillaume, arrive alors sur le théâtre des opérations. Louis XIV se rend avec des troupes, supérieures en nombre, près de Denain. Placé sur une hauteur, ses unités rangées en ordre de bataille, il a une occasion unique de tomber à l'improviste sur les colonnes ennemies. Pourtant il hésite, tient un conseil de guerre à cheval : Louvois et trois des quatre maréchaux que consulte le souverain recommandent la prudence. Le roi de France ne peut risquer de confier son destin au hasard d'une bataille ! Louis renonce, mais gardera toute sa vie le regret d'une si belle occasion. Qu'il aurait aimé être roi-chevalier !

Valenciennes et Cassel

L'année suivante, au siège de Valenciennes, Louis redouble d'ardeur. Pourtant, il ne cesse de pleuvoir. Il passe les nuits dans son carrosse. « On allumait du feu des deux côtés des portières, où je me chauffais avec les autres officiers de garde, raconte un mousquetaire. Jamais prince n'a supporté plus gaiement les fatigues de la guerre. Il était toujours à cheval et n'en descendait jamais que toute l'armée fût campée... » Au siège de Cambrai, il s'approche tellement de l'ennemi que Louvois n'ose le rejoindre. Le 11 avril, au val de Cassel, Monsieur, son frère, charge vaillamment, reçoit une balle dans la cuirasse, s'empare de la vaisselle d'or du stathouder et de nombreux drapeaux. C'est une prodigieuse victoire. Au retour, la foule les accueille aux cris de : « Vivent le roi et Monsieur qui a gagné la bataille ! » Selon le marquis de La Fare, Louis en ressent de la jalousie, et Monsieur ne sera plus jamais nommé à la tête d'une armée principale en campagne. Malgré ces succès, la guerre se traîne sur le Rhin, où les Français abandonnent Philippsbourg en septembre 1676, mais prennent Fribourg-en-Brisgau un an plus tard.

Monsieur, frère du roi (1640-1701)

Petit, la silhouette ronde, le visage allongé encadré de cheveux très noirs, toujours paré de bagues et de bracelets, Philippe d'Orléans est très différent, au physique comme au moral, de son frère aîné

Louis XIV. Dans sa jeunesse, il aimait s'habiller en fille. Pieux, cultivé, grand collectionneur, il mène la vie oisive d'une altesse inutile à qui l'on évite de donner un rôle politique. Il réside ordinairement au Palais-Royal et à Saint-Cloud, partagé entre ses mignons qui le grugent et ses deux épouses successives qui souffrent de ses mœurs dépravées, Henriette d'Angleterre et Charlotte-Elisabeth de Bavière. A la guerre, il montre du courage et se distingue à la bataille de Cassel où, le 11 avril 1677, il bat Guillaume d'Orange. Le public lui fait une ovation, oubliant qu'il a été puissamment aidé par le maréchal de Luxembourg. De son premier mariage, il a deux filles qui épousent l'une, le rachitique Charles II d'Espagne et l'autre, Victor Amédée de Savoie ; de son second mariage, naît Philippe d'Orléans (1674-1723), futur Régent.

LES LENTEURS DE LA PAIX

Au XVIIe siècle, diplomatie et opérations militaires vont de pair. Dès le mois de septembre 1674, le roi a fait des propositions de paix agrémentées de concessions. Il renoncerait à ses conquêtes dans les Pays-Bas espagnols moyennant des compensations à trouver en Catalogne ou en Sicile. Les discussions se sont poursuivies à Paris tout au long de l'hiver et du printemps de 1675, mais en vain.

Les difficultés de la diplomatie française

Faute d'obtenir des ouvertures de paix, la diplomatie française doit chercher des alliances de revers. En janvier 1676, les Turcs proposent à la France de signer un traité contre l'empereur, mais le Conseil décline l'offre, estimant qu'il ne peut former officiellement une alliance avec la Sublime-Porte contre un prince chrétien. On préfère placer des espoirs dans le roi de Pologne, Jean III Sobieski, qui a épousé une Française, Marie Casimire de La Grange d'Arquien, et montre des sentiments favorables au royaume de Louis XIV. Hélas,

Sobieski ne tient pas ses engagements et signe avec Léopold Ier un traité de neutralité. Les Portugais et les Savoyards adoptent eux aussi une position neutre. Seuls les Hongrois et Transylvains d'Imre Thököly, en rébellion contre Vienne, répondent favorablement à la proposition de Versailles. Leurs entreprises de diversion se révèlent finalement assez peu efficaces.

Les discussions de Nimègue

Commencés en 1676, les pourparlers sont bloqués un an durant par des questions d'étiquette et de préséance. Les marchands et les classes moyennes des Provinces-Unies sont acquis à l'arrêt des hostilités, alors que Guillaume s'y oppose et souhaite entraîner l'Angleterre dans la guerre. L'intervention des alliés de chaque camp, qui veulent être payés de retour, rend les discussions longues et délicates. Pour imposer la paix, Louis XIV est donc obligé de montrer sa force, sans pourtant en abuser, ce qu'il réussit à merveille. En dépit de ses succès, il se retire d'abord de l'aventure sicilienne en évacuant Messine – ce qui rassure ses adversaires sur les ambitions de la France en Méditerranée – et fait porter ses efforts sur la Belgique. En mars 1678, Gand et Ypres capitulent. Les Hollandais sont avertis de ce qui attend Anvers, puis Amsterdam, s'ils persistent dans leur refus de négocier. Sûr de sa position de force face à ses adversaires, le roi fait alors connaître ses conditions.

Les traités

La paix de Nimègue est signée le 10 août 1678 avec les Provinces-Unies qui recouvrent l'intégralité de leur territoire, y compris Maëstricht. Les rapports commerciaux des deux pays sont rétablis sur des bases équitables. L'Espagne fait les frais de la guerre. Elle cède à la France le Cambrésis, la Franche-Comté, la partie du Hainaut comprenant Valenciennes et Maubeuge, celle de la Flandre maritime englobant

Ypres et Cassel, et la partie de l'Artois qui lui manquait, avec Aire et Saint-Omer. En échange, la France restitue certaines de ses conquêtes (Charleroi, Audenarde, Courtrai, Gand...). L'empereur Léopold ne signe la paix que le 5 février 1679. Il cède Fribourg, mais garde Philippsbourg. La France conserve la Lorraine, à titre de gage, dans l'attente d'un règlement définitif, car son duc refuse qu'on l'ampute de Nancy et Longwy. Le Grand Electeur de Brandebourg Frédéric Guillaume est contraint de signer la paix de Saint-Germain, le 29 juin 1679.

Louis le Grand

La France, certes, n'est pas parvenue à mettre à genoux la petite République hollandaise, mais a obtenu des avantages substantiels. Ses frontières, qui atteignent le Rhin et la moyenne Moselle, englobent le Jura et l'Artois et sont plus sûres. Le pré carré prend forme. Vauban ne va pas tarder à le ceinturer de places fortes. Sur la scène internationale, le prestige de la France est au plus haut. Elle semble bien être l'arbitre de l'Europe. La langue française s'est imposée dans la diplomatie des grandes nations. La modération du roi n'est pas étrangère à ce triomphe. C'est alors que la ville de Paris lui donne le titre de Louis le Grand.

Les faiblesses de la grandeur

Malheureusement, le monarque tire un orgueil excessif de ses succès, sans mesurer combien ils sont fragiles. L'empereur a été humilié. Louis a profité d'une conjoncture très exceptionnelle : la lassitude des bourgeois hollandais, la vénalité du roi d'Angleterre, le déclin espagnol, les efforts du pape Innocent IX en faveur de la paix, l'inquiétude de Léopold Ier menacé sur le Danube ont été des éléments essentiels.

A l'intérieur, les finances mises à mal ont sensiblement freiné les efforts commerciaux et industriels. Les grandes compagnies marchandes périclitent. Une guerre dispendieuse et une conjoncture dépressive ont empêché la mutation de l'économie française. La modernisation prend un retard qui finira par peser lourd.

L'inquiétante évolution de l'Angleterre

Les Anglais accueillent avec rage les victoires de Louis XIV en Flandre et en Méditerranée. Leur colère se tourne contre Charles II, que les Communes pressent de se départir de sa neutralité. Les protestants redoutent que, le roi n'ayant pas d'enfant, la couronne ne revienne à son frère Jacques, duc d'York, converti au catholicisme. Ne voulant pas d'un roi papiste et jésuite sur le trône, ils encouragent le mariage de la fille aînée du duc, Marie, très attachée à la foi anglicane, avec Guillaume d'Orange. La cérémonie a lieu en novembre 1677 et, dès janvier 1678, un traité d'alliance unit l'Angleterre et les Provinces-Unies. C'est l'ultime étape avant une entrée en guerre contre la France...

Chapitre VIII

VERSAILLES ET LA COUR
1678-1685

LE PALAIS DU SOLEIL

La décision de fixer à Versailles le gouvernement et la Cour n'est prise qu'en 1677, et l'installation effective n'intervient qu'en mai 1682. Cette éclatante réussite architecturale devient alors l'instrument de la grandeur royale.

La mutation du château

Ce n'est pas, comme d'aucuns l'ont dit, par désir de fuir Paris, dans la crainte – bien tardive – d'une nouvelle Fronde, que Louis XIV a choisi de s'établir en ce lieu sauvage et retiré. Disposant déjà d'un vaste domaine immobilier avec le Louvre, les Tuileries, Saint-Germain, Fontainebleau ou encore Chambord, il veut en réalité faire œuvre créatrice, imprimer sa marque dans la pierre comme dans l'Histoire.

De fait, Versailles est tout au long du règne un perpétuel chantier sur lequel travaillent des milliers d'ouvriers. Il importe de le souligner, c'est à la constance du roi, à sa patience, à sa volonté que l'on doit cette création. C'est lui qui l'a imposée à son entourage rétif et sceptique. Assisté de ses architectes, Louis décide seul, veille « au détail de tout », aux travaux de maçonnerie, à l'avancement de la décoration intérieure, à la pose d'un miroir ou d'une statue. De cette réussite, l'art français tirera un prestige immense. Versailles servira de modèle à toute l'Europe, de Lisbonne à Saint-

Pétersbourg, de Madrid à Stockholm, de Schönbrunn à Hampton Court, de Naples à Copenhague, en passant par Herrenchiemsee, la réplique de Louis II de Bavière.

Le centre du pouvoir

Après la paix de Nimègue, l'agréable château campagnard, où seule une petite élite de grands seigneurs était ordinairement conviée, se transforme progressivement en un immense palais solaire. Pour relier les appartements du roi et ceux de la reine, Jules Hardouin-Mansart entreprend de couvrir la terrasse à l'italienne par la Grande Galerie, notre galerie des Glaces, flanquée des salons de la Paix et de la Guerre. Sa décoration est discutée lors d'un conseil secret tenu par Louis XIV : il y est décidé de remplacer le thème initialement prévu autour d'Apollon par un cycle exaltant le culte personnel du roi et les hauts faits du règne. C'est une révolution. Ayant atteint le sommet de sa gloire, « Louis le Grand » souhaite donner l'impression de n'avoir pas eu de prédécesseurs. Suprême paradoxe pour un roi héréditaire !

En 1678 est édifiée l'aile du Midi et, entre 1682 et 1684, sont construits le Grand Commun et les deux ailes des ministres. Enfin, pour contrebalancer le déséquilibre créé par l'aile du Midi, une aile symétrique est élevée, au nord, entre 1685 et 1689. Le gouvernement et la société de cour se trouvent alors concentrés en un lieu unique.

Malgré leurs imperfections, les *Comptes des Bâtiments du roi* permettent de chiffrer de façon relativement précise les dépenses engagées à Versailles au long du règne. Celles-ci, contrairement à ce que l'on pense ordinairement, ne sont pas excessives, représentant en moyenne 3 à 4 % des dépenses annuelles de l'Etat, à l'exception de l'année 1685 au cours de laquelle sont réalisés de gigantesques travaux d'adduction d'eau, qui seront d'ailleurs interrompus. Au total, la facture ne dépasse pas les 82 millions de livres, soit à peu près l'équivalent de deux ou trois campagnes militaires.

Jules Hardouin-Mansart (1646-1708)

Fils d'un peintre obscur, Raphaël Hardouin, et de la nièce de Mansart, il adopte le nom d'Hardouin-Mansart à la mort de son grand-oncle en 1666. Il construit ou trace les plans de nombreux hôtels, à Paris comme à Versailles, le pavillon du Val à Saint-Germain, l'église de l'hôtel des Invalides, ainsi que les châteaux de Meudon, Clagny, Marly, la place des Victoires et la place Vendôme. A Versailles, on lui doit l'Orangerie, la galerie des Glaces, les ailes du Nord et du Midi, la Grande et la Petite Ecurie, le Grand Trianon, la Chapelle royale... Il devient premier architecte du roi en 1681, puis surintendant des Bâtiments, Arts et Manufactures en 1699.

Renouvellement du système cérémoniel

Dès les premières années du règne personnel de Louis XIV, les formes du système cérémoniel connaissent une mutation sensible. Des rites anciens ont tendance à disparaître, tandis que d'autres apparaissent, qui semblent mieux adaptés au renforcement de l'Etat et à la montée de l'« absolutisme ». C'en est désormais fini des grandes fêtes dans l'esprit du Carrousel, auxquelles toute la population est conviée. Dorénavant, les divertissements se concentrent à la Cour et ils ne s'adressent plus qu'à la noblesse. Disparaît également des traditions le cérémonial des « entrées » dans les villes, par lequel le souverain, vêtu d'un costume d'apparat, s'offrait aux acclamations de ses sujets – la dernière entrée du règne est celle d'août 1660 à Paris. Les funérailles princières elles-mêmes se figent en un rituel froid et rigide, qui décourage la ferveur populaire. Le Parlement, quant à lui, cesse de se réunir en lit de justice de 1673 à 1713.

Le pouvoir coupé du peuple

Tout prouve que le pouvoir n'éprouve plus le même besoin de s'imposer visuellement au peuple et de l'associer aux divers « mystères » de la monarchie. Les voyages du souverain dans les provinces n'ont plus que des buts militaires. Le régime se coupe donc de la masse, privilégiant ses rapports avec l'élite. Ainsi se multiplient les *Te Deum,* grands services religieux qui mobilisent les notables autour du projet royal. Dans les années 1670-1680 se répand l'idée que la période contemporaine est plus riche que le monde antique jusque-là considéré comme insurpassable. La fantaisie mythologique, le merveilleux païen et les thèmes de l'Antiquité perdent ainsi de leur force créatrice. Ils servent de moins en moins à exalter la gloire monarchique. Désormais, point n'est besoin de peindre le monarque en Auguste triomphant pour saisir sa grandeur : elle se suffit à elle-même. Les flatteurs répètent à l'envi que les exploits du « Grand Roi » sont à ce point incomparables que toute médiation par l'Antiquité devient superflue, voire dévalorisante. Le présent surclasse le passé.

Les *Te Deum*

Hymnes d'action de grâces (commençant par : « A Toi Dieu, notre louange »), les *Te Deum* sont chantés à l'occasion des fêtes et solennités religieuses. Au XVIIe siècle, et plus particulièrement sous le règne de Louis XIV, ils deviennent des actes de la vie publique, associant autour du roi les notables des villes et les corps constitués. Servant la liturgie royale et nationale autant que la liturgie chrétienne, ils sont chantés à l'occasion d'une naissance princière, d'un mariage, d'une victoire ou d'un traité. Parmi les compositeurs de tels hymnes figurent Lully, Charpentier, Delalande et Gilles.

La querelle des Anciens et des Modernes

C'est dans ce contexte que se situe la fameuse querelle des Anciens et des Modernes, cette grande bataille culturelle qu'expliquent l'évolution des mentalités et les découvertes scientifiques et qui vise à ramener à de plus justes proportions le savoir antique. Elle éclate le 27 janvier 1687 lorsque

Charles Perrault donne lecture à l'Académie française de son poème, *Le Siècle de Louis le Grand.* Perrault, soutenu, entre autres, par Quinault, Thomas Corneille et Fontenelle, se fait le pourfendeur des thèmes de la mythologie antique qu'il n'hésite pas à dépeindre comme autant de vieilleries dont ni la littérature ni la pensée ne sauraient faire usage. Il proclame sa confiance dans l'évolution contemporaine des lettres et des arts. Dans le camp des Anciens se placent notamment Boileau et La Fontaine ainsi que la ville, tandis que la Cour opte, elle, pour les Modernes. La querelle s'aigrit et les inimitiés personnelles prennent le relais des discussions de fond. Elle se perd, jusqu'à la fin du règne, dans des escarmouches dont ni les Anciens ni les Modernes ne sortent vainqueurs. Le répertoire mythologique ne disparaît pas, mais il perd son statut de référence politique et artistique unique pour ne servir plus que d'objet de décor ou de fantaisie esthétique.

LES JARDINS

Les jardins de Versailles, que dessine et embellit le remarquable paysagiste André Le Nôtre, forment au départ l'essentiel du projet royal. Ils sont agrandis au fil du temps par des acquisitions de terres et de bois avoisinants.

Le parc et les jardins

Le « bonhomme » Le Nôtre, qui a travaillé à Vaux-le-Vicomte chez Fouquet, accomplit à Versailles des travaux gigantesques qui remodèlent entièrement le paysage, tout en conservant la configuration du terrain. A partir d'étangs croupissants et de mares informes, il sculpte de splendides bassins et rondeaux. Du néant des marais, du chaos des forêts, ce magicien sait faire surgir l'ordre, le goût, l'harmonie. Pour façonner de majestueuses perspectives, il n'hésite pas à transplanter des forêts entières d'Ile-de-France ou de Normandie.

Dans cet espace allégorique, riche en symboles, l'esthétique baroque et sa rhétorique grandiose l'emportent au début sur la raideur classique. Outre les longues allées, les immenses perspectives de verdure, les parterres festonnés, le Grand Canal, sillonné de galiotes et de gondoles, on peut admirer l'Orangerie du roi, la curieuse Ménagerie, la Laiterie ou ce Labyrinthe enchanté qui vise à créer le « ravissement » du promeneur en suivant un parcours inspiré des fables d'Esope. Dans les jardins de Trianon, situés au nord-ouest du parc, Le Vau édifie en 1670 le Trianon de porcelaine, une pittoresque folie dédiée à Mme de Montespan, comportant un toit et des murs de faïence bleue dans le style des chinoiseries de l'époque.

La symbolique des jardins

L'ensemble des jardins se présente comme une œuvre à la fois pédagogique et codée, à destination d'une élite cultivée, riche de mythologie païenne et de symbolisme baroque, organisée autour d'Apollon, le dieu solaire, qui jaillit sur son char au milieu des gerbes d'eau et qui personnifie si bien la puissance rayonnante de l'autorité royale. Le parc peut se lire comme un grand discours cosmique célébrant les noces du Soleil (axe est-ouest) et de l'Eau (axe nord-sud), la lutte de la vie contre la mort, de la lumière contre les ténèbres, de l'ordre contre le chaos primitif.

Le roi aime beaucoup se promener en ces lieux, dont il est, avec Le Nôtre, le concepteur. Il attache une telle importance à cette œuvre que, vers 1697, il rédige un opuscule intitulé *Manière de montrer les jardins de Versailles,* visite initiatrice qui révèle le passionné. Cependant, les jardins connaissent des évolutions. Au milieu du règne, l'exubérance apollinienne, le lyrisme délicat et l'enchantement poétique reculent devant la grandeur romaine et la raideur impériale. Les statues antiques, originaux ou copies, arrivent par bateaux entiers. Le Trianon de porcelaine et la grotte de Thétis sont démolis. C'est la fin, en partie, d'un certain esthétisme baroque.

André Le Nôtre

Fils du jardinier en chef des Tuileries, André Le Nôtre, né en 1613, fréquente d'abord l'atelier du peintre Simon Vouet, où il fait la connaissance de Charles Le Brun et de Pierre Mignard. Il étudie le dessin, la peinture et l'architecture. En 1635, il devient « jardinier de Monsieur, frère du roi ». Ayant reçu la survivance de son père, il est désigné en 1643 pour être le « dessinateur des plans et parterres de tous les jardins de Sa Majesté », puis, en 1658, « contrôleur général des bâtiments et jardins du roi ». A partir de cette époque, en s'appuyant sur les travaux de ses prédécesseurs, tels Salomon de Caus, Boyceau de La Barauderie et Claude Mollet, mais en les intégrant dans une conception plus vaste, il renouvelle l'art des jardins à Vaux-le-Vicomte, aux Tuileries, à Versailles, Trianon, Marly, Clagny, Chantilly, Saint-Cloud, Meudon, Sceaux, Dampierre, Fontainebleau, Saint-Germain... Sa réputation s'étend à l'Europe entière – Suède, Prusse, Autriche, Russie, Espagne... –, qui imite ses travaux. Ses goûts vont à l'aménagement de grands espaces dégagés, ornés de parterres en broderie, de miroirs d'eau et de grands canaux. Il utilise les espaces boisés, les bosquets et les charmilles, les jeux hydrauliques, qu'il développe avec l'aide d'artificiers d'eau d'origine florentine, les Francine, pour créer la féerie et la surprise. Le « bonhomme » Le Nôtre, figure honnête, droite, désintéressée – mais fin collectionneur –, est aimé par le roi comme un véritable ami. Anobli en 1675, il choisit pour armes, avec une modestie teintée d'ironie : « De sable à un chevron d'or accompagné de trois limaçons d'argent, les deux du chef adossés et celui de la pointe contourné. »

LA COUR ET SON SYSTÈME

Avec l'installation définitive du gouvernement royal à Versailles disparaît la Cour légère, galante, joyeuse, bohème et un peu folle des années 1660, qui passait une partie de son temps à se déplacer de château en château ou à accompagner le roi à la guerre. Changement d'époque, rupture de style. Désormais l'ordre règne. La Cour apparaît comme une machine aux rouages bien huilés, dans laquelle les fonctions de chacun sont parfaitement définies.

Le lever du roi

Louis est soumis aux contraintes d'un horaire rigoureux. A sept heures et demie, il est réveillé par le premier valet de chambre. Tandis qu'entrent le premier médecin et le premier chirurgien, on ouvre les rideaux, on change sa chemise et on lui présente l'eau bénite. Commence alors la « première entrée » ou « petit lever », réservée au grand chambellan, au premier gentilhomme de la chambre, au grand-maître et au maître de la garde-robe, au premier valet de chambre et aux quelques seigneurs privilégiés. Le roi se lave les mains avec de l'alcool, récite l'office du Saint-Esprit, se lève, enfile une camisole de laine et une ample robe de chambre et s'assied dans son fauteuil. Le barbier lui ajuste une perruque courte « à la brigadière » et, un jour sur deux, lui fait la barbe. En même temps, on lui annonce les dernières nouvelles.

Ce cérémonial est suivi des « secondes entrées » : pénètrent dans la chambre le médecin et le chirurgien ordinaires, puis l'apothicaire en chef, le contrôleur de l'argenterie, les lecteurs de la chambre, les secrétaires de cabinet et les gentilshommes titulaires d'un « brevet d'affaires », lequel les autorise à entrer chez Sa Majesté lorsqu'elle se trouve sur sa chaise percée.

Le « grand lever » débute avec les « entrées de la chambre ». L'assistance peut compter une centaine de personnes : ducs et pairs, cardinaux, ambassadeurs, maréchaux de France, ministres et secrétaires d'Etat. Le roi enfile sa chemise à manches amples, ses bas, sa veste ; on lui agrafe le baudrier ; on lui passe enfin le cordon bleu du Saint-Esprit et son justaucorps. Il s'agenouille un instant sur son prie-Dieu, puis la foule se retire.

La journée du roi

De rares personnes ont le droit de l'accompagner dans son cabinet de travail, où il « donne l'ordre ». Entre neuf et dix heures, il assiste à la messe à la chapelle. A l'aller ou au retour, il est possible de lui dire un mot, à condition d'avertir à l'avance le capitaine des gardes. Puis se tient le Conseil, suivi de la réception des ambassadeurs. A une heure, c'est le dîner. L'après-midi commence par la chasse ou la promenade, ensuite vient le salut du saint-sacrement, à cinq ou six heures selon la saison. Les jours d'« Appartement », le roi se distrait avec les courtisans jusqu'au souper à dix heures. La soirée se passe en famille dans son cabinet et s'achève avec la cérémonie du coucher. Le lendemain, tout recommence de la même manière...

Le rang et l'étiquette

L'étiquette a l'avantage de fixer le rang de chacun, et, tout en introduisant une règle, un code de préséance, de valoriser la position hiérarchique des courtisans, ce qui est essentiel dans une société de corps et d'ordres. Certes, en enserrant la vie du roi dans le rituel et le cérémonial, elle lui impose des contraintes continuelles qui lui procurent pourtant un espace de liberté tout à fait insoupçonné, lui permettant d'écarter les importuns, de résister à la pression des solliciteurs. Par exemple, l'interdiction faite à quiconque de lui adresser la parole le premier lui laisse le choix de l'interlocuteur et l'initiative de la familiarité.

A première vue, les règles de préséance paraissent risibles et dérisoires. Elles obéissent en réalité à des impératifs politiques subtils. Ainsi, n'ont le droit de s'asseoir en présence de Sa Majesté qu'un petit nombre de personnes : les Fils de France (enfants royaux en ligne directe : le Grand Dauphin et ses enfants, Monsieur, frère du roi), les Petits-Fils et Petites-Filles de France (princes nés de Gaston d'Orléans et de Monsieur), les princesses du sang, les princesses et duchesses étrangères. Les princes du sang et les ducs et pairs restent debout. Aux audiences publiques, on ouvre un seul battant des portes ou les deux, suivant le rang de la personne introduite. Chez la reine, les princesses et duchesses ont droit au fameux tabouret. Aux séances solennelles du Parlement, les princes du sang gagnent leurs bancs respectifs en traversant en diagonale le parquet de la Grand-Chambre ; les ducs et pairs, eux, doivent longer les murs...

Courtisanerie

Pour beaucoup de courtisans, il n'est pas de plus grand honneur sur terre que de vivre auprès du roi comme son « domestique ». « Je me ruinerais de bon cœur pour l'être, dit le maréchal de Luxembourg, et j'y vendrais, comme le baron de La Crasse, mon dernier arpent de terre. » Bussy-Rabutin, exilé, souffre comme un damné. « Oui, Sire, écrit-il, je vous aime plus que tout le monde ensemble, et si je n'avais plus aimé Votre Majesté que Dieu même, peut-être n'aurais-je pas eu tous les malheurs qui me sont arrivés. »

Les jalousies de la Cour

L'étiquette avive les jalousies et les vanités, d'autant que rien n'est fixe à la Cour. Les courtisans visent à se rapprocher de ceux qui leur sont immédiatement supérieurs et à se distinguer de leurs inférieurs. Les princes du sang cherchent ainsi à être assimilés aux Enfants de France et combattent les ducs et pairs qui veulent les égaler. Ces minuscules guerres de préséance font oublier les luttes sanglantes de la Fronde.

La politique des « petits riens »

Le roi exerce même sa puissance arbitrale pour apaiser les querelles nées de l'étiquette, réglant les cas imprévus, édictant des règlements. Afin d'asseoir en souplesse sa domination et de contrôler la machine curiale, il octroie des pensions,

. – Françoise de Souvré, gouvernante des enfants de France, Louis XIV et son frère Philippe, utur duc d'Orléans. Châteaux de Versailles et de Trianon. (C) Photo RMN – © Gérard Blot.

2. – Le Premier ministre : le cardinal Jules Mazarin (1602-1661), par Antoine Coysevox. Paris, palais de l'Institut. (C) Photo RMN – © Gérard Blot.

3. – Le prince rebelle : Louis II de Bourbon, dit Grand Condé (1621-1686). Justus Van Egmon Chantilly, musée Condé. (C) Photo RMN – René-Gabriel Ojéda.

4. – Un épisode de la Fronde : le combat du faubourg Saint-Antoine, 2 juillet 1652. Châteaux de Versailles et de Trianon. (C) Photo RMN – © D.R.

5. – Le sacre de Louis XIV à Reims, le 7 juillet 1654. Tapisserie de la *Suite de l'Histoire du Roi*, manufacture des Gobelins. Châteaux de Versailles et de Trianon. (C) Photo RMN – © Christian Jean/Jean Schormans.

6. – L'entrevue de Louis XIV et de Philippe IV d'Espagne dans l'île des Faisans, le 7 juin 1660. L'infante Marie-Thérèse se tient derrière son père. Châteaux de Versailles et de Trianon. (C) Photo RMN – © Gérard Blot.

7. – Le surintendant des Finances Nicolas Fouquet, par Robert Nanteuil. Sa chute en 1661 inaugure le règne personnel de Louis XIV. Châteaux de Versailles et de Trianon. (C) Photo RMN – © Gérard Blot.

8. – Le roi gouverne : Louis XIV présidant le Conseil des parties en 1672. Châteaux de Versailles et de Trianon. (C) Photo RMN – © Christian Jean.

– Colbert présente à Louis XIV les membres de l'Académie royale des sciences, fondée en
67. Henri Testelin. Châteaux de Versailles et de Trianon. (C) Photo RMN – © Gérard Blot.

. – La mythologie au service de gloire royale : Louis XIV en ɔollon dans le char du Soleil. ɔseph Werner. Châteaux de Verlles et de Trianon. (C) Photo ʌIN – © Gérard Blot.

11. – La guerre de Dévoluti
(1667-1668) : le maréchal de Dur
Louis XIV et Turenne au siège
Douai, le 4 juillet 1667. Yvart Ba
doin. Châteaux de Versailles et
Trianon. (C) Photo RMN – © Dan
Arnaudet/Christian Jean.

12. – La guerre de Hollande (1672-1678) : le passage du Rhin par Louis XIV devant Tolhuis, le 12 juin 1672. D'après Adam Frans Van der Meulen. Châteaux de Versailles et de Trianon. (C) Photo RMN – © Gérard Blot.

3. – Françoise-Athénaïs de ochechouart, marquise de Iontespan (1641-1707), entou- ée de ses quatre premiers nfants légitimés. Attribué à harles de La Fosse. Châteaux e Versailles et de Trianon. (C) noto RMN – © Gérard Blot.

14. – Louise-Françoise de La Baume Le Blanc, duchesse de La Vallière (1644-1710), et ses enfants. D'après sir Peter Lely. Rennes, musée des Beaux-Arts. (C) RENNES, Dist. RMN – © Adélaïde Beaudouin.

15. – Le château de Versailles vu de la place d'armes en 1722. Pierre-Denis Martin. Château de Versailles et de Trianon. (C) Photo RMN – © D.R.

6. – La galerie des Glaces reliant les salons de la Guerre et de la Paix, achevée en 1684. Ses afonds dus à Charles Le Brun retraçaient les épisodes glorieux du règne. Châteaux de ersailles et de Trianon. (C) Photo RMN – © J. Derenne.

7. – Une cérémonie dans la chambre du Roi : première promotion des chevaliers de l'ordre Saint-Louis, le 8 mai 1693. François Marot. Châteaux de Versailles et de Trianon. (C) hoto RMN – © Gérard Blot.

18. – Une merveille de marbre dans les jardins : le bosquet de la Colonnade, construit par Jules Hardouin-Mansart en 1684. Châteaux de Versailles et de Trianon. (C) Photo RMN – © Gérard Blot.

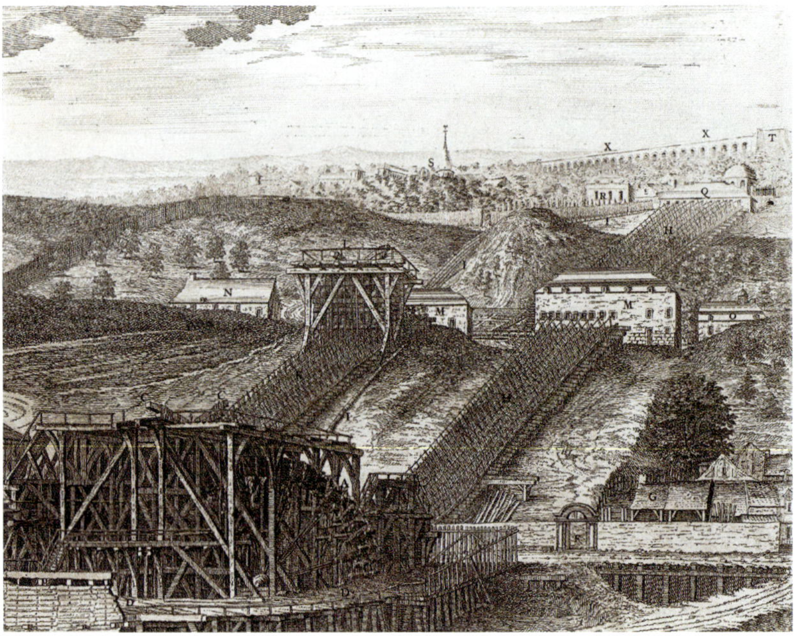

19. – La Machine de Marly, au bord de la Seine, approvisionnait en eau le château de Marly, le réservoir de Louveciennes et le site de Versailles. Châteaux de Versailles et de Trianon. (C) Photo RMN – © Gérard Blot.

0. – Une retraite réservée au souverain et aux courtisans privilégiés : le château de Marly, ici n 1724. Pierre-Denis Martin. Châteaux de Versailles et de Trianon. (C) Photo RMN – © D.R.

21. – L'épouse morgana tique : Françoise d'Au bigné, marquise de Main tenon (1635-1719), pa Pierre Mignard, vers 1694 Châteaux de Versailles et d Trianon. (C) Photo RMN - © Daniel Arnaudet/Gérar Blot.

22. – Allégorie à la révocation de l'édit de Nantes par Louis XIV en 1685. Guy-Louis Vernansal. Châteaux de Versailles et de Trianon. (C) Photo RMN – © Gérard Blot/Christian Jean.

23. – Vauban à l'œuvre : le siège de Mons en 1691. Sauveur Le Conte. Châteaux de Versailles et de Trianon. (C) Photo RMN – © Gérard Blot.

4. – La guerre de la Ligue 'Augsbourg (1688-1697) : ouis XIV couronné par la ictoire devant Namur, en 692. Pierre Mignard. Châ- ɛaux de Versailles et de 'rianon. (C) Photo RMN –) D.R.

25. – Mariage du duc de Bourgogne, petit-fils du roi, avec Marie-Adélaïde de Savoie, le 7 décembre 1697. Antoine Dieu. Châteaux de Versailles et de Trianon. (C) Photo RMN – © Daniel Arnaudet/Gérard Blot.

26. – Un Bourbon sur le trône des Habsbourg : l'Espagne offre sa couronne à Philippe d'Anjou, petit-fils de Louis XIV, le 24 novembre 1700. Henri-Antoine de Favanne. Châteaux de Versailles et de Trianon. (C) Photo RMN – © Franck Raux.

·. – Un grand adversaire : le
ince Eugène de Savoie (1663-
'36), général des armées impé-
·les. Atelier de Jacques Van
huppen. Châteaux de Versailles
de Trianon. (C) Photo RMN – ©
érard Blot.

28. – La bataille de Denain, remportée le 24 juillet 1712 par le maréchal de Villars sur le prince Eugène. Jean Alaux, dit Le Romain (1839). Châteaux de Versailles et de Trianon. (C) Photo RMN – © D.R.

29. – Les plénipotentiaires de la paix réunis autour du maréchal de Villars et du prince Eugène de Savoie, le 7 septembre 1714. Johan Rudolf Huber. Châteaux de Versailles et de Trianon. (C) Photo RMN – © D.R.

30. – Le roi sur son déclin : Louis XIV à la promenade en 1713, devant le bassin d'Apollon. Pierre-Denis Martin. Châteaux de Versailles et de Trianon. (C) Photo RMN – © Philippe Bernard.

des gratifications, des étrennes, donne son agrément à l'achat ou à la vente de charges, nomme aux fonctions administratives, diplomatiques ou militaires, et utilise des « chimères », des « petits riens », comme les appelle Saint-Simon, au moyen desquels il joue subtilement avec l'aiguillon de l'honneur, de la jalousie ou de l'amour-propre : assister au lever, tenir la chemise ou le bougeoir, avoir la permission de pénétrer à l'intérieur de la « balustre » du lit royal, être invité à Marly... Parfois, un sourire du roi, un mot aimable, un regard suffisent.

Saint-Simon, témoin de son temps (1675-1755)

Fils d'un favori de Louis XIII, Louis de Rouvroy, duc de Saint-Simon, fait une brève carrière militaire et se marie en 1695 avec la fille du maréchal de Lorges. Homme de cour à l'intelligence vive, observateur hors pair, très attaché à l'étiquette, il défend les droits des ducs et pairs. Il fait une carrière politique sous la Régence grâce au duc d'Orléans, est membre du Conseil de régence et ambassadeur à Madrid. Utilisant ses notes et le *Journal* de Dangeau, il rédige, dans les dernières années de sa vie, de 1739 à 1750, des *Mémoires* d'une valeur documentaire unique, qui font revivre, en un univers clos et personnel, tous les personnages de la cour de Louis XIV. Maniaque des rangs et des préséances, nostalgique d'une monarchie encadrée par les grands feudataires, il s'y montre injuste envers le roi et les courtisans. Ses haines n'ont d'égales que celles de la Palatine. Mais son témoignage, riche, précis, haut en couleur, est irremplaçable. Son style original et vivant rayonne de fulgurantes trouvailles qui font de lui un génie de la langue française.

Le culte royal

Contrairement à l'Escurial, l'immense palais de Philippe II d'Espagne, Versailles n'est pas construit autour de sa chapelle. Celle-ci change plusieurs fois de place. La dernière en date, réalisée par Jules Hardouin-Mansart, est édifiée entre les années 1689 et 1710. Sous le vernis de bigoterie affectée généralement par les courtisans, la sécularisation du pouvoir est bien entamée. Qui, à la Cour, croit encore au pouvoir « thaumaturge » du roi qui, chaque année, se soumet avec exactitude au toucher des écrouelles ?

On ne peut pour autant parler de reflux du sacré, bien loin de là ! C'est en fait la personne même du roi qui fait l'objet d'un culte ! Il est le grand prêtre du mystère divin, à qui les « fidèles » prodiguent l'encens des flatteries. Louis XIV, maître de toute justice, distribue, tel un dieu tout-puissant, grâces et disgrâces. La divinisation de la monarchie n'a jamais été poussée aussi loin, avec la complicité du clergé, au premier rang duquel se trouve Bossuet. Le lit royal devient comme l'autel d'une église : même en l'absence de son occupant, on s'arrête pour faire la révérence devant lui, comme on s'incline devant le saint sacrement... Tous ces codes et cérémonies sont la manifestation sensible de la grandeur royale.

La récompense-punition

En avril 1702, Saint-Simon, mécontent de ne pas avoir été promu brigadier, démissionne de l'armée, sous prétexte d'ennuis de santé. Louis XIV s'en montre fort mécontent. « Eh bien, Monsieur, dit-il à Chamillart, voilà encore un homme qui nous quitte ! » A son retour à la Cour, le petit duc se rend comme à l'accoutumée au coucher du roi. Celui-ci, pour la première fois, le désigne pour tenir le chandelier. Geste superbe ! Cette faveur, que tout le monde envie, est en réalité un reproche muet...

L'homme de Cour

La vie de courtisan n'est pas une sinécure. Jalousé, surveillé, celui-ci doit constamment lutter pour éviter les chausse-trapes, conserver son rang ou les bienfaits du roi. Dans la jungle du palais, où s'exacerbent rivalités et intrigues, les coups bas sont légion. Pour éviter l'oubli ou la disgrâce, le courtisan mène de savantes stratégies afin de capter un regard de Sa Majesté, de sa favorite ou d'un ministre. Cette émulation l'oblige à être vigilant, à être au fait de tout événement, du moindre bruit de couloir, à s'allier avec les puissances montantes, à éviter avec soin ceux qui tombent en défaveur. « Ne voyez guère M. de Montespan ou M. de Lauzun, écrit la prudente Mme de Maintenon à son frère, on dira que vous recherchez les mécontents. » Le courtisan doit aussi savoir se maîtriser, seul moyen de dominer les autres.

La vie de cour impose des dépenses somptuaires à toute personne qui veut tenir son rang – hôtel particulier, carrosses, chevaux, atours resplendissants, domesticité... – auxquelles celle-ci fait face par l'emprunt, le jeu, la quête incessante des pensions et des gratifications, qui sont autant de raisons supplémentaires d'accroître sa sujétion vis-à-vis du souverain.

La noblesse domestiquée

Le courtisan a tôt fait d'assimiler la règle d'or de la Cour : pour être il faut paraître, pour paraître il faut avoir et pour avoir il faut plaire ! En rendant la position hiérarchique de la noblesse dépendante de son bon vouloir, Louis XIV l'a domestiquée, l'a privée de toute autonomie politique. Sous son règne, la Cour est un efficace système de surveillance des grands. Après son pardon, le prince de Condé se soumet sans difficulté et sert son maître avec une parfaite loyauté. Grand solliciteur, son fils, Henri Jules, fait antichambre comme les autres courtisans. Les Condés entretiennent cependant à Chantilly une cour éclectique, en marge de Versailles, et accordent des grâces à leurs propres commensaux. La haute noblesse se taille d'ailleurs la part du lion dans le capitalisme fiscal, qui sert toujours d'assise financière à la monarchie, et dans la répartition des deniers provenant des provinces.

Bien entendu, la cour de Versailles n'attire pas à elle toute la noblesse. Tenant compte du service par quartiers de certaines charges, elle accueille au mieux huit à dix mille nobles, 4 à 5 % des membres du second ordre. Trois mille sont logés au château, les autres habitent en ville. La noblesse de province comprend qu'il lui faut copier vite les comportements et les modes de vie de la Cour. Lancées du palais du Soleil, les règles du bon goût et du bon ton se diffusent dans le royaume.

L'ENVERS DU DÉCOR

Epoque de contrastes et de clairs-obscurs, le Grand Siècle est loin d'avoir exorcisé les peurs et les superstitions médiévales. En marge du décor brillant de la Cour, de sa société polie et raffinée, vit dans les bas-fonds de Paris une foule de sorciers et d'alchimistes, qui se livrent aux pires impiétés, sacrilèges et meurtres. L'affaire des Poisons révèle curieusement l'interpénétration de ces deux univers.

L'affaire des Poisons

En 1676, le procès de la marquise de Brinvilliers, cette femme avide et perverse qui a empoisonné son père et ses deux frères, tenté de tuer sa sœur, son mari et sa fille, n'est qu'un sinistre prélude. Au moment d'être exécutée en place de Grève, elle révèle, sans citer de noms, que nombreuses sont les personnes compromises « dans ce misérable commerce de poison », y compris « des personnes de condition ».

L'arrestation, trois ans plus tard, de deux devineresses, les femmes Bosse et Vigoureux, puis, peu après, de la femme Monvoisin, dite la Voisin, les aveux et les révélations qu'elles font, témoignent de l'ampleur du drame. Des centaines de sorciers, alchimistes, sages-femmes, prêtres dépravés forment à Paris des bandes criminelles, plus ou moins rivales, aux ramifications complexes, qui s'enracinent dans les provinces où prolifèrent rebouteux et jeteurs de sort.

Le commerce des poisons

C'est, le plus souvent, le fait de petites gens (blanchisseuses, fripières, marchandes de fruits), de marginaux (laquais en fuite, soldats déserteurs, voire gentilshommes en rupture de ban), qui se livrent à toutes sortes de trafics lucratifs : quête de trésors, magie noire, vente d'onguents aux vertus merveilleuses, d'aphrodisiaques, de potions abortives et de poisons subtils (les fameuses « poudres de succession »). Certains charlatans exercent leurs trafics criminels sous couvert de cérémonies magiques, des prêtres, comme les abbés Cotton ou Guibourg, signent des pactes avec le diable, font commerce d'hosties consacrées, récitent à la demande des messes noires, cérémonies lucifériennes au cours desquelles de petits enfants sont offerts parfois en holocauste. Pour juger ces crimes, le roi crée, en avril 1679 à l'Arsenal, une cour extraordinaire dont le principal instructeur n'est autre que le lieutenant général de police La Reynie. En trois ans, cette « chambre ardente » lance trois cents décrets d'arrestation, fait incarcérer près de deux cents personnes et prononce une centaine de jugements dont trente-six condamnations à mort.

La Cour éclaboussée

Devins, sorciers et empoisonneurs recrutent leur clientèle parmi les gens aisés. Les noblesses de robe et d'épée sont bien représentées : ainsi la comtesse de Soissons, la princesse de Tingry, les duchesses de Bouillon et de Vivonne ont recours à ces pratiques... Certaines rêvent de devenir la favorite du roi. Le maréchal de Luxembourg est un moment embastillé, accusé mensongèrement d'avoir signé un pacte avec le diable. Racine est, lui aussi, faussement soupçonné d'avoir empoisonné sa maîtresse, la comédienne Du Parc.

En juillet 1680, la fille de la Voisin révèle que celle-ci avait été chargée de remettre au roi, à Saint-Germain, un placet enduit d'un violent poison. Aidée de deux complices, elle devait également faire disparaître la jeune maîtresse du roi,

Mlle de Fontanges. L'accusatrice laisse entendre que Mme de Montespan était le commanditaire de ces deux projets. Mais la Voisin, exécutée en février, ne peut plus s'expliquer. L'abbé Guibourg, pour sa part, avoue avoir célébré des messes noires sur le corps d'une femme voilée qu'on lui a dit être Mme de Montespan. D'autres sorciers et sorcières répètent de semblables accusations, mais celles-ci sont sujettes à caution.

Les contrecoups de l'affaire

Aujourd'hui, si la plupart des historiens croient que Mme de Montespan s'est procurée des aphrodisiaques (afin de les faire absorber au roi à son insu), peu accordent crédit aux autres aveux des accusés. Sa participation aux messes noires n'est pas établie avec certitude. La double tentative d'empoisonnement du roi et de Mlle de Fontanges serait l'œuvre d'une de ses suivantes, Mlle des Œillets, l'une des nombreuses passades du roi. Louis XIV, atterré par ces révélations, se garde de faire arrêter ou même entendre la fière Mortemart, préférant le doute à la vérité. Mais la mise en cause de la mère de ses enfants légitimés l'oblige à envoyer par lettres de cachet, dans des citadelles de province et pour le reste de leurs jours, ceux qui ont porté de telles accusations.

La terreur du régicide

L'affaire des Poisons met au jour plusieurs complots contre la vie du roi. L'un d'eux est mené par Pinon du Martroy, conseiller au Parlement, ruiné par la chute de Fouquet et qui veut faire mourir le monarque avec la complicité de deux bergers réputés pour leurs décoctions vénéneuses. A la vérité, Louis XIV, tout comme Henri IV, a été constamment menacé d'assassinat. Tuer le roi, lieutenant de Dieu sur la terre, père de ses peuples, pierre angulaire de la cathédrale sociale, est, sous l'Ancien Régime, l'acte abominable par excellence. Ce crime obsède les autorités, provoque leur frayeur, justifie leur implacable sévérité. Au moindre geste ou propos, la police royale jette le suspect dans un cul-de-basse-fosse. On en vient à cadenasser des mythomanes ou des déséquilibrés pour avoir proféré des menaces ou même dénoncé d'imaginaires complots. Cette horreur face à tout ce qui touche au crime de lèse-majesté explique en grande partie l'atmosphère de mystère dont s'entoure la police. Sans doute permet-elle de comprendre en retour la vivacité des critiques contre l'arbitraire, qui se feront jour au XVIIIe siècle.

Jean Cardel

En novembre 1685, peu après la révocation de l'édit de Nantes, un marchand français protestant, installé à Mannheim, Jean Cardel, est accusé, sans preuve, par un de ses coreligionnaires, de complot à l'encontre de la « personne sacrée de Sa Majesté ». Enlevé par des soldats, il est conduit enchaîné à la Bastille. L'Electeur palatin proteste de leur intrusion sur son territoire, mais admet les raisons de Louis XIV : toutes les têtes couronnées sont solidaires face au crime de lèse-majesté. Pour le simple fait qu'il est suspect, Jean Cardel reste trente ans à la Bastille, où il meurt.

Chapitre IX

LES DIVISIONS RELIGIEUSES 1679-1685

L'EXCEPTION FRANÇAISE

L'édit de Fontainebleau du 17 octobre 1685, révoquant l'édit de Nantes et supprimant l'exercice public de la religion protestante (appelée « Religion prétendue réformée » ou R.P.R., selon l'expression de l'époque), a sans aucun doute été une erreur majeure du règne de Louis XIV. Il est important de comprendre comment et dans quelles conditions une telle décision a été prise.

Le dualisme religieux

Notre société moderne, où les idées de liberté de conscience et de culte font partie des droits fondamentaux, a du mal à imaginer – et plus encore à comprendre – l'enthousiasme avec lequel a été accueillie la décision royale non seulement par l'ensemble du clergé catholique, mais aussi par l'immense majorité des Français. Les gens du Grand Siècle, en effet, ne peuvent supporter l'idée de tolérance religieuse. Fortement marqués par le souvenir des guerres de Religion, ils la considèrent comme un facteur de désagrégation sociale. Avec l'édit de Nantes, la France constitue une exception en Europe : elle est le seul Etat à avoir légalisé le dualisme religieux. Sans doute la liberté religieuse y est-elle étroitement encadrée. Limitée au calvinisme et, en Alsace, au luthéranisme, elle ne s'étend pas aux autres cultes. Objets d'un ostracisme marqué, les communautés juives ne sont tolérées que dans certaines villes (Metz, Marseille, Bordeaux...). Il n'en reste pas moins que, partout ailleurs en Europe, s'applique le fameux adage *Cujus regio, ejus religio* (A chaque pays sa religion). Les minorités religieuses sont marginalisées ou persécutées. Dans les Provinces-Unies, les catholiques sont ainsi en butte à maintes discriminations ; en Angleterre, ils sont impitoyablement pourchassés, à la fin de 1678, sous prétexte de « complot papiste ». On comprend que, dans ces conditions, beaucoup de gens en France aient jugé l'édit d'Henri IV comme un compromis bâtard sur lequel il était temps de revenir...

L'état du protestantisme

Après l'édit de grâce d'Alès, qui, en 1629, a enlevé aux huguenots leurs droits politiques et leurs places de sûreté, le protestantisme perd une bonne part de son dynamisme et de son prosélytisme. Il vit replié sur lui-même, sur la défensive, tout en conservant, il est vrai, une indiscutable vitalité sur le plan intellectuel. Avec ses consistoires, ses colloques, ses synodes provinciaux et son synode national, son organisation ecclésiale reste solide. C'est en cela même qu'il paraît menaçant. Il constitue au sein du système monarchique un corps étranger, empreint d'esprit « républicain », qui dirige dangereusement ses regards vers Genève, Amsterdam ou Londres. Le monde de la Réforme garde dans certaines régions – l'Aunis ou le Bas-Languedoc par exemple – des positions dominantes. Dans les fermes et la finance, il occupe des places non négligeables. Tous les protestants ne sont pas d'humbles paysans, tant s'en faut ! De hauts personnages de la Cour, ou proches d'elle, affichent leurs convictions : le duc de La Force, les maréchaux de Turenne et de Schomberg, Duquesne, lieutenant général des armées navales...

Le processus d'étouffement

La révocation de l'édit de Nantes a longtemps été présentée comme la conséquence directe du retour de Louis XIV à la religion. Il est vrai qu'à partir de 1679, sous l'influence de Mme de Maintenon, de Bossuet, du père de La Chaise, le roi devient pieux, et même dévot. Il remplit avec assiduité ses devoirs religieux, assiste aux offices, communie et participe aux cérémonies d'adoration du saint-sacrement. Selon le duc de Saint-Simon et quelques autres témoins, le roi, afin d'expier ses péchés passés, aurait résolu de faire pénitence « sur le dos des huguenots ». Les historiens ne retiennent plus aujourd'hui cette thèse un peu simpliste. Loin d'être une mesure ponctuelle, l'édit de Fontainebleau apparaît en effet comme le point d'orgue d'un long processus d'étouffement, dont le roi n'a d'ailleurs pas été l'élément moteur. L'opinion publique, les organes d'Etat, les parlements, les états provinciaux (ceux du Languedoc notamment), le clergé séculier et régulier, tous souhaitaient l'anéantissement du calvinisme. Tous y ont œuvré avec une constance et un acharnement surprenants.

Un ostracisme omniprésent

Ainsi ont été édictées progressivement de multiples règles discriminatoires tendant à restreindre l'exercice du culte : interdiction de chanter des psaumes dans les rues, limitation des horaires d'enterrement (qui se font hors des cimetières catholiques), destruction des temples édifiés depuis l'édit de Nantes... Les « religionnaires » sont aussi tenus à l'écart de certaines professions : ils ne peuvent plus être membres des cours souveraines, avocats, médecins, imprimeurs ou libraires... Les transfuges, au contraire, reçoivent à foison des gratifications ou des pensions. La conversion de Turenne, en 1668, a sensiblement affaibli la position des protestants à la Cour. A partir de 1676, une caisse des Economats – dite aussi « caisse des conversions » –, alimentée par le clergé et présidée par un huguenot converti, Paul Pellisson, distribue des aides aux protestants les plus pauvres devenus bons catholiques. Ses résultats s'avèrent médiocres.

Le jansénisme à nouveau persécuté

Après la paix de Nimègue, il apparaît que le roi a la ferme volonté d'achever l'unification religieuse du royaume. Les protestants ne sont pas seuls à en faire les frais. Les jansénistes sont également visés. Ils ont été persécutés de 1661 à 1668. Les religieuses de Port-Royal ont été sommées de signer le formulaire, rédigé par l'assemblée générale du clergé de 1657, affirmant que les cinq propositions condamnées doctrinalement se trouvaient bien dans l'*Augustinus* de Jansénius. Elles n'ont accepté de le faire qu'à la seule condition qu'il soit accompagné d'une clause restrictive ôtant en réalité toute validité à leur engagement. Hardouin de Péréfixe, archevêque de Paris, ancien précepteur du roi, s'est alors acharné contre celles qu'il tenait pour des rebelles. En août, quelques-unes ont été dispersées dans des couvents. Mais quatre membres de l'épiscopat ont pris leur parti. La crise a été vive, au point que Rome a redouté un schisme. En 1668, le nouveau pape, Clément IX, est parvenu à apaiser le conflit. C'est ce qu'on a appelé la « paix de l'Eglise » ou « paix clémentine ». Cette paix, qui permet à l'augustinisme sous toutes ses formes de prospérer de façon insidieuse et souterraine, en particulier dans le monde de la robe et les séminaires diocésains, dure dix ans. En mai 1678, Mgr François de Harlay de Champvallon, successeur de Péréfixe, fait expulser de Port-Royal-des-Champs les confesseurs, les novices et les quarante-deux pensionnaires qui s'y trouvent encore, laissant seules les dernières religieuses. Le Grand Arnauld, Le Nain de Tillemont, Lemaistre de Sacy, directeur des religieuses de Port-Royal, s'exilent.

Le sort des protestants

Les « prétendus réformés » ont un représentant officiel à la Cour, qui s'intitule député général des Eglises réformées. A partir de 1668, le roi refusant de recevoir les délégations synodales, toutes les requêtes présentées au Conseil et touchant aux huguenots doivent passer par lui. Cette charge est confiée à un digne et loyal gentilhomme, lieutenant général des armées du roi, Henri de Massué, marquis de Ruvigny. Malheureusement, il est peu écouté et échoue à briser le mur de flatteries dont on entoure le roi. Après la révocation, il trouve refuge en Angleterre, où il meurt quatre ans plus tard.

Les mesures discriminatoires à l'encontre des huguenots reprennent dès les années 1680. Ils sont désormais exclus des offices seigneuriaux ou royaux et des professions libérales. Certains métiers du commerce leur sont interdits, et les pasteurs ne peuvent pas exercer plus de trois ans dans un même lieu.

Le début des dragonnades

En 1681 commencent les premières dragonnades. La méthode en est simple. A l'époque, en l'absence d'un nombre suffisant de casernes, les troupes, on le sait, sont logées chez l'habitant. L'intendant de Poitiers, René de Marillac, obtient donc pour sa généralité l'exemption, pendant deux ans, du logement des gens de guerre pour les nouveaux convertis. Partant de là, il en exonère totalement les catholiques et fait peser sur les maisonnées protestantes la totalité du poids de l'hébergement des dragons. Ceux-ci s'installent, comme en temps de guerre, en pays conquis, pillant les caves et les basses-cours, violentant et molestant les habitants. Les abjurations qui résultent de ce procédé alourdissent encore davantage le fardeau des réfractaires, désormais contraints de répartir entre eux le même nombre de soldats.

L'Angleterre, le Danemark, les Provinces-Unies protestent, tout comme le député général des Eglises réformées, Ruvigny. René de Marillac est plusieurs fois réprimandé et finalement remplacé. Le roi désapprouve ces excès, dont il n'a d'ailleurs qu'un lointain écho, mais reste ferme sur le principe d'« extirper l'hérésie ».

L'affaire de la régale

L'assemblée générale du clergé, qui se réunit tous les cinq ans, pousse inlassablement le roi à mettre un terme à l'édit de Nantes, « cette malheureuse liberté de conscience qui détruit la liberté des enfants de Dieu ». Or, Louis XIV, qui, jusque-là, a résisté aux fortes pressions de l'Eglise de France, a besoin de son appui contre la papauté à propos de la régale, coutume immémoriale qui permet au roi de percevoir les revenus des évêchés vacants jusqu'à la désignation du nouvel évêque, ainsi que de nommer aux canonicats des chapitres. En février 1673, une déclaration royale inspirée par le parlement de Paris a étendu la régale aux évêchés du midi de la France qui n'y étaient pas assujettis. Seuls deux prélats, de sensibilité janséniste, protestent : Mgr Pavillon, évêque d'Alet, et Mgr de Caulet, évêque de Pamiers. Cette vive querelle prend alors un tour paradoxal : les jésuites soutiennent le parti de l'Eglise gallicane contre Rome, et les jansénistes, condamnés tant de fois par le Saint-Siège, en appellent à lui ! Par trois brefs, promulgués entre 1678 et 1680, Innocent XI enjoint au roi de revenir sur sa décision. Mais le clergé de France, tout en ménageant l'autorité pontificale, soutient ce dernier. On se bat à coups d'excommunications. Le ton monte. Une fois encore, on se trouve au bord de la rupture.

L'assemblée du clergé

S'appuyant sur son clergé, le roi est résolu à jouer jusqu'au bout la carte du gallicanisme contre Rome. Au mois de novembre 1681, l'assemblée générale du clergé se réunit en session extraordinaire. Le nouvel évêque de Meaux, Jacques Bénigne Bossuet, y prononce le discours inaugural. En échange de certaines limitations au droit du roi, suggérées par l'archevêque de Reims, Mgr Charles Maurice Le Tellier, cette assemblée approuve l'extension de la régale à tout le royaume. Innocent XI, lui, refuse le compromis. Le 19 mars 1682, l'assemblée adopte à l'unanimité une « déclaration du clergé gallican sur le pouvoir dans l'Eglise ». C'est la fameuse Déclaration des Quatre Articles.

Jacques Bénigne Bossuet
(1627-1704)

Né à Dijon d'une famille de magistrats, il est élève chez les jésuites, puis au collège de Navarre, à Paris. Membre de la Compagnie du Saint-Sacrement, il est ordonné prêtre en 1652, après avoir suivi les conférences spirituelles de Vincent de Paul. Archidiacre à Metz, il se fait remarquer par son enthousiasme missionnaire et la qualité de ses sermons, imprégnés à la fois de solennité oratoire, de simplicité rhétorique et de clarté théologique. A partir de 1660, il prêche devant la Cour plusieurs carêmes et avents. Il excelle dans les oraisons funèbres : parmi ses chefs-d'œuvre, on trouve celles de la reine mère, Anne d'Autriche, d'Henriette d'Angleterre, de la reine Marie-Thérèse, du Grand Condé... En 1669, il est nommé évêque de Condom, puis est choisi pour être le précepteur du dauphin. En 1675, il tente de séparer Louis XIV et Mme de Montespan. Enfin, le 2 mai 1681, il est nommé évêque de Meaux.

La Déclaration des Quatre Articles

Celle-ci limite la puissance du pape au domaine spirituel et affirme l'autonomie de l'Eglise de France. Elle proclame la souveraineté des rois dans les « choses temporelles », tout en reconnaissant la « pleine puissance » des papes dans le domaine spirituel, sous réserve – ce qui est une perfidie – des restrictions posées par le concile de Constance de 1414-1418 (supériorité des conciles œcuméniques sur le pape), rappelle la validité des « règles, coutumes et constitutions admises dans le royaume », affirme enfin que le pape n'est pas infaillible, sauf accord d'un concile œcuménique. Plus que la charte du gallicanisme, cette déclaration est un texte de circonstance, adopté dans un moment de crise. Un édit royal, enregistré au Parlement, l'érige en loi, dont l'enseignement est rendu obligatoire dans les universités, collèges et séminaires. Innocent XI ayant cassé ce manifeste avec colère, certains évêques se déclarent prêts à consommer la rupture avec Rome et à constituer une Eglise nationale sur le modèle anglais. Mais Louis XIV n'ose franchir le pas. On s'en tient donc à une guerre larvée, le pontife se refusant à approuver toutes les nominations de nouveaux évêques choisis par le roi.

LA RÉVOCATION DE L'ÉDIT DE NANTES

Les difficultés avec la papauté et le rapprochement avec le clergé français ne sont pas sans conséquence sur la lutte contre le protestantisme. Ces événements, en effet, incitent Louis à épouser, pour lui faire plaisir, la ligne dure défendue par l'Eglise de France, en particulier par l'archevêque de Paris.

Le « camp de l'Eternel »

Dans les zones de force des huguenots, en Languedoc, en Guyenne, en Dauphiné, l'inquiétude est vive devant les coups de boutoir du pouvoir : les réformés s'arment, tandis que les intendants annoncent des abjurations par milliers, comme autant de bulletins de victoire. Le roi commence à croire que le protestantisme est vraiment en voie de résorption dans son royaume. Comment le détromper ?

Un avocat, Claude Brousson, imagine d'organiser une vaste manifestation près des temples fermés et interdits, en prenant garde d'éviter tout acte violent. Les sept provinces synodales au sud de la Loire donnent leur accord, mais celles du Nord s'y opposent. Qu'importe ! La date de ce rassemblement est fixée au 28 juin, puis reportée au 18 juillet 1683. Hélas, les choses tournent mal, tant est fort l'échauffement des esprits. Les manifestants viennent en armes aux rassemblements. A Nîmes et à Uzès, de violents affrontements éclatent avec les catholiques, qui, à leur tour, se sont alarmés des désordres. Louvois est prompt à réagir. En août, il charge un maréchal de camp, M. de Saint-Ruth, à la tête de mille cinq cents dragons et de deux mille hommes d'infanterie, de disperser les attroupements de religionnaires en Dauphiné. C'est ainsi que l'un de leurs plus importants lieux de réunion, le « camp de l'Eternel », près de Bourdeaux, est attaqué et violemment culbuté. L'agitation s'étend au Vivarais, où le duc de Noailles, commandant en chef du Languedoc, reçoit ordre de mater la rébellion, de détruire les maisons des coupables et de ravager le pays.

Nicolas de Lamoignon de Basville, intendant de Languedoc entre 1685 et 1718, participera par la suite à la répression et aux brutalités commises envers les protestants.

Le nouveau Théodose

A la tête de l'Etat, les partisans de la manière forte paraissent l'emporter. Balthazar Phélypeaux, marquis de Châteauneuf, secrétaire d'Etat chargé de la R.P.R., cherche à se mettre en valeur. Le chancelier Le Tellier, malade et fatigué, sentant venir la mort, rêve de voir l'hérésie éradiquée en France. Malgré les flatteries de son entourage et les informations mensongères ou tronquées provenant des provinces, qui font état d'abjurations toujours plus nombreuses, Louis XIV serait plutôt porté à la modération. Récusant la violence, il pense qu'il faut convertir et non persécuter. Mais il est devenu dévot. Il songe au bien de l'Eglise et, dans un mouvement de naïveté mêlé d'orgueil, il a le sentiment qu'il peut rendre de grands services à Dieu ! « Le roi, dit Saint-Simon, se croyait un apôtre ; il s'imaginait ramener les temps apostoliques où le baptême se donnait à des milliers à la fois, et cette ivresse soutenue par des éloges sans fin, en prose et en vers, en harangues et en toutes sortes de pièces d'éloquence, lui tint les yeux hermétiquement fermés sur l'Evangile... »

Généralisation des dragonnades

Cependant, les dragonnades se multiplient, en Vivarais et en Poitou en particulier. Bien sûr, on recommande de faire des « logements modérés », d'éviter les rapines et les violences ; en réalité, sur place, il en va autrement. Afin d'aller plus vite, l'intendant de Béarn, Foucault, demande à Louvois l'autorisation d'utiliser les troupes d'infanterie chargées de surveiller la frontière espagnole. Le ministre refuse. L'intendant passe outre. Plein de zèle et d'ambition, il veut réussir mieux que les autres en évitant les violences. L'une de ses méthodes préférées est la fermeture puis la destruction des temples. Plus de temples, plus de culte ; plus de culte, plus de protestants ! En l'espace de quelques mois, tous tombent.

Il est aussi à l'origine des conversions par « délibération publique » : la peur du dragon entraîne des conversions massives, et les protestants abjurent en bloc. Le roi félicite Foucault. Mais l'intendant de Montauban, Le Goux de La Berchère, est réprimandé pour ses méthodes trop brutales. Louvois, ravi et convaincu, étend la technique de Foucault aux généralités de Bordeaux et de Montauban, en Aunis et en Saintonge. Sur place, à l'incitation du bas clergé et du petit peuple catholique, les excès se multiplient. En fait, les autorités sont débordées...

L'intendant Foucault

Fils du greffier de la Chambre de justice chargée de juger Nicolas Fouquet, Nicolas Joseph Foucault est un protégé de Colbert. Conseiller d'Etat, maître des requêtes, il est nommé en 1674 intendant de la généralité de Montauban. C'est là que, bien avant l'intendant Marillac, il expérimente les premières dragonnades, en obligeant les partisans de l'évêque janséniste de Pamiers, Etienne de Caulet, à loger des soldats. Lorsqu'il devient intendant de Béarn, il s'en prend aux protestants, avec les mêmes méthodes.

Les conversions par « délibération publique »

Mise en œuvre avant la révocation, la technique est toujours la même. L'intendant se présente dans une ville, accompagné de compagnies d'infanterie. Il convoque les notables protestants, les enferme dans la halle ou la salle municipale, et, pendant plusieurs heures, assisté de l'évêque et des officiers de l'armée, fait assaut de promesses qu'il assortit de menaces. Si, à l'issue de la première séance, le résultat escompté n'est pas obtenu, on recommence. Pendant ce temps, les dragons opèrent quelques visites dans les maisons huguenotes, qu'ils accompagnent parfois de pillages. Cette méthode a raison des dernières résistances. Les huguenots, convaincus par leurs représentants, signent alors en masse les actes d'abjuration.

Une politique réussie

Devant ces conversions, il apparaît au roi que l'édit de son aïeul n'a plus aucune raison d'être. Les structures ecclésiales protestantes ont été démantelées, et les derniers opiniâtres qui refusent d'abjurer sont une infime minorité, sans appui ni moyen de résistance ; la France est redevenue massivement un pays catholique, derrière son roi Très-Chrétien. Louis aurait pu en rester là et laisser subsister formellement l'édit de Nantes. N'est-il pas d'ailleurs dans la tradition de l'Ancien Régime de ne rien abolir, même les institutions les plus désuètes, les lois les plus archaïques ? Il semble que, jusqu'au dernier moment, le roi ait hésité. Son entourage a largement influencé sa décision du 17 octobre 1685.

La responsabilité de l'édit de Fontainebleau

Qui est responsable ? Louis XIV, assurément, qui en tant que souverain assume la totalité des décisions politiques de son règne. Il n'est pas question de l'en excuser. La question est de savoir qui l'a incité à commettre cette lourde erreur. On a longtemps accusé sans preuve Mme de Maintenon, le père de La Chaise ou le nouvel archevêque de Paris, Mgr de Harlay de Champvallon. En réalité, le grand responsable paraît être le chancelier Michel Le Tellier. C'est lui qui inspire directement le texte, Châteauneuf se contentant de tenir la plume. Considérant que la plus grande partie de ses sujets de la R.P.R. ont embrassé la religion catholique, le roi annule en conséquence l'édit de Nantes, interdit totalement le culte réformé, même en privé. Les pasteurs ont quinze jours pour quitter le pays ou changer de religion. Les fidèles, eux, n'ont pas le droit d'émigrer sous peine des galères. Par ailleurs, des considérations pratiques préoccupaient Louvois. Avec le flot incessant des conversions, il se demandait comment continuer les exemptions de tailles et de logement militaire. La fin du calvinisme, en tant que religion reconnue, permet donc de rétablir le droit commun.

Le système d'information

Que le roi ait été abusé par les rapports qu'il lisait, par les chiffres prodigieux d'abjurations qu'on lui présentait ne fait aucun doute. Il a été trompé par son entourage, qui lui a sciemment menti, par complaisance, flagornerie ou ambition. Les ministres, tout particulièrement le clan Le Tellier (le chancelier, Louvois, Le Peletier) – les Colbert (Seignelay et Colbert de Croissy) perdent en effet de leur influence –, ont filtré les informations, cherchant à persuader le roi qu'il ne restait plus qu'une minorité de récalcitrants. Louis XIV, raconte Saint-Simon, « recevait à tous moments des listes d'abjurations et de communions ; il les montrait aux courtisans avec épanouissement ; il nageait dans ces millions de sacrilèges comme étant l'effet de sa piété et de son autorité, sans que personne n'osât témoigner de ce qu'on pensait ».

Les ministres, pour leur part, ne se faisaient aucune illusion quant à la sincérité de ces conversions. Le roi n'a reçu que des échos assourdis des violences et des crimes par les rares canaux d'information indépendants qui subsistaient : les placets désespérés des derniers gentilshommes huguenots, les trop rares interventions du député général des réformés, les rapports des ambassadeurs signalant le vif mécontentement des gouvernements étrangers. La révocation de l'édit de Nantes est le premier drame de renfermement monarchique.

L'accueil de l'édit

Au reste, comment s'opposer au violent désir de tout un peuple ? L'opinion générale se réjouit de l'acte royal. « Vous avez su sans doute l'édit par lequel le roi révoque l'édit de Nantes », écrit le 28 octobre une catholique ordinaire qui ne passe pas pour une « fanatique », Mme de Sévigné. « Rien n'est si beau que tout ce qu'il contient, et jamais aucun roi n'a fait et ne fera rien de plus mémorable. » C'est également l'avis de La Bruyère, de La Fontaine, de Racine, de Quinault, de Bussy-Rabutin, du Grand Arnauld, du père Quesnel, de Mlle de Scudéry. L'Académie française félicite le roi d'avoir « étouffé l'hydre ». Des odes, sonnets, rondeaux, médailles célèbrent cet événement sans pareil. Le 30 octobre meurt Michel Le Tellier, enchanté d'avoir apposé sa dernière signature sur un acte de si haute importance dans l'histoire de la chrétienté, convaincu d'avoir gagné son ciel. En prononçant son oraison funèbre, Bossuet exalte la piété du roi, nouveau Constantin, nouveau Théodose, nouveau Charlemagne...

La réaction du peuple

Avec les milieux cultivés se félicite aussi, folle de joie, cette populace qui, dès l'annonce de la révocation, s'est ruée au temple de Charenton pour en abattre les murs et au cimetière protestant pour arracher les stèles... L'édit correspond à l'esprit d'une époque, passionnément attachée à l'unité religieuse, même si çà et là quelques esprits lucides – comme Innocent XI – ont pu déplorer dragonnades et violences.

LES CONSÉQUENCES

La suprême injustice de la décision royale réside moins dans l'application du principe d'unité religieuse, très largement répandu en Europe et que les protestants français auraient été capables d'admettre, que dans l'interdiction qui leur était faite d'émigrer. Là se trouve l'atteinte inadmissible à leur liberté de conscience.

Les nouveaux catholiques

La France ne comptant plus, officiellement, que des catholiques, les derniers îlots de résistance huguenote sont traités comme des zones de rébellion. Les dragonnades s'étendent au nord de la Loire : en Anjou, en Touraine, en Normandie, en Picardie, en Champagne, en Lorraine... On prévoit même que les enfants de cinq ans et plus seront arrachés à leurs parents opiniâtres, monstruosité qui, par bonheur, restera lettre morte. Poussés par la force ou par la peur vers les lieux de culte catholiques, beaucoup de « nouveaux convertis », comme on les appelle, torturés de remords, se perdent dans les restrictions mentales. Ceux qui se sont laissé convaincre par les avantages matériels qu'on leur a fait miroiter, tels que les moratoires de dettes ou les exonérations de tailles, sont cruellement déçus, car, avec la révocation, est supprimée toute distinction entre anciens et nouveaux catholiques. De ce point de vue, il n'y a même plus de privilèges.

Les troubles de conscience de Jean Migault

Jean Migault, protestant du Poitou, conte dans son *Journal* les souffrances qu'il a éprouvées après son abjuration : « Je connaissais mon péché, et jamais criminel n'a eu tant d'accusateurs que j'en trouvais chez moi pour me reprocher mon crime et mon péché. Je fus quelque temps sans oser prier Dieu, et quand parfois je voulais commencer à élever mes yeux au ciel, une frayeur me saisissait et me faisait demeurer dans une grande consternation. J'ai souvent pensé à ce que Dieu dit au méchant au psaume 50. »

La propagande catholique

Encouragée par le roi, l'Eglise fait un effort considérable pour catéchiser les ralliés. On compte par dizaines de milliers les exemplaires du Nouveau Testament, de l'*Imitation de Jésus-Christ,* les missels, les recueils de prières ou d'histoire de l'Eglise, qui sont imprimés et diffusés. Des missions animées par les jésuites, les récollets ou les capucins parcourent les terres autrefois huguenotes. Comme le dit Mme de Sévigné : « Les dragons ont été de très bons missionnaires jusqu'ici : les prédicateurs qu'on envoie présentement rendront l'ouvrage parfait. » A la vérité, on ne cherche pas tant à convertir par la raison qu'à créer de nouvelles habitudes de pratique religieuse, lesquelles avec le temps, pense-t-on, entraîneront l'adhésion des cœurs. Mais beaucoup résistent en leur for intérieur. Dans le Midi, les persécutions continuent : on contraint les récalcitrants à assister à la messe, voire à y communier. Bossuet et les évêques du Nord protestent, et seul un ordre du roi mettra fin à ces pratiques insensées. Trois mille protestants sont condamnés à la chiourme. La moitié d'entre eux restera à terre, l'autre sera enchaînée aux rames, représentant 4 % des galériens.

L'émigration

Bravant les interdits, environ deux cent mille protestants (1 % de la population) s'exilent clandestinement, de 1679 à 1730, en Suisse, en Angleterre, en Irlande, aux Provinces-Unies, dans le Palatinat, le Wurtemberg, le Brandebourg, la Poméranie. Peu gagnent l'Amérique ou l'Afrique du Sud. Cette émigration entraîne la perte d'hommes souvent de grande qualité : notaires, professeurs, médecins, chirurgiens, apothicaires, armateurs, marins, joailliers, orfèvres, bijoutiers, horlogers, fabricants de toiles ou de draps... L'exode se double d'une fuite de capitaux que les émigrés, grâce à divers subterfuges, réussissent à passer à l'étranger. Ce mouvement enrichit les ennemis de la France. On crée des manufactures de draps à Magdebourg. Par un édit de

1684, les Hohenzollern offrent à tous les protestants français qui s'établiraient en Brandebourg des avantages fiscaux, renforçant ainsi leur puissance tout comme l'armée prussienne. Pour Saint-Simon, la révocation « dépeupla le royaume et transporta nos manufactures et presque tout notre commerce chez nos voisins et plus loin encore ». Mais, tout compte fait, les crises agraires de la fin du siècle et les deux dernières guerres de Louis XIV ont pesé bien davantage sur l'économie et la société.

Les *Lettres pastorales* de Pierre Jurieu

Ancien pasteur de Rouen, Pierre Jurieu est un polémiste ardent qui dénonce sans relâche la politique religieuse de Louis XIV. Réfugié à Rotterdam, où il devient pasteur de l'Eglise wallonne, il entretient la flamme de la résistance en faisant diffuser à des milliers d'exemplaires ses *Lettres pastorales aux fidèles qui gémissent sous la captivité de Babylone* (1686-1689), qui appellent à la guerre à outrance contre la France. Ses attaques très vives, d'un ton apocalyptique, n'épargnent pas les modérés du parti calviniste qui, tel Pierre Bayle, restent malgré tout fidèles au roi de France.

L'échec

Après la révocation, une union étroite s'établit entre l'Eglise gallicane et l'Etat royal, entre foi catholique et dévouement monarchique, entre l'autel et le trône. Dès lors, l'Eglise sert plus que jamais de relais à l'Etat, prêchant la soumission au pouvoir temporel et l'entente sociale. La monarchie en est renforcée. L'appui du petit peuple catholique des campagnes lui permettra d'affronter les difficultés de la guerre de Succession d'Espagne. Mais l'unité n'est pas profonde. Tous les protestants ne se sont pas convertis et certains tentent de concilier leur foi, qui reste relativement modérée, et leur fidélité au roi. Ceux qui sont ancrés dans leur foi se réunissent en secret en l'absence de leurs pasteurs, prient et chantent des psaumes à la gloire de Dieu. Ce « culte du Désert », qui se développe très tôt dans les Cévennes, est réprimé sans pitié par Lamoignon de Basville, qui ne fait d'ailleurs qu'exécuter les instructions reçues d'en haut. Ailleurs, l'esprit de résistance, loin de disparaître, alimente un anticléricalisme virulent qui resurgira au XVIIIe siècle.

Chapitre X

FACE À L'EUROPE
1679-1698

LA POLITIQUE DES RÉUNIONS

Après la paix de Nimègue, Louis XIV s'est gardé de licencier la majeure partie de ses troupes, comme l'a fait l'empereur. Profitant du prestige de ses armes et de son hégémonie militaire, il entreprend alors une politique d'annexion en pleine paix, ce qu'on a appelé les « réunions ».

Le droit au service de la force

Cette politique se fonde sur une interprétation extensive des traités de Münster et de Nimègue, qui ont accordé à la France la souveraineté sur certains territoires et « leurs dépendances » sans autre précision. Partant de là, le roi s'efforce de mettre la main sur toutes les terres, seigneuries et châtellenies ayant relevé, à un moment donné, de la suzeraineté des villes et des régions annexées. Usant des arcanes du droit féodal et des multiples obscurités des traités, l'opération prend une apparence de légalité : des juridictions royales recensent les fiefs illégalement ou frauduleusement détachés et, recourant parfois à des chicanes et des procédures discutables, rendent une sentence d'annexion immédiatement exécutoire. En dépit de ces procédés brutaux, ni impérialisme agressif, ni soif inextinguible de conquêtes ne se manifestent. Louis cherche tout bonnement à consolider son pré carré, en particulier au nord-est, où la frontière, trouée d'enclaves, particulièrement festonnée, est peu sûre. Cette politique, déjà entreprise par Richelieu, est l'œuvre collective de Colbert de Croissy, de Louvois, de Vauban et, bien sûr, du roi lui-même. Elle vise les princes germaniques, qui ne sont d'ailleurs pas dépossédés de leurs terres, mais simplement invités à jurer foi et hommage au roi de France. Elle est menée par des Chambres de réunions, en Franche-Comté, en Lorraine et en Alsace. En cas de refus d'annexion, une compagnie de dragons occupe le fief contesté. D'âpres contestations internationales se font entendre car certains territoires relèvent de l'Electeur palatin, du duc de Lorraine ou du roi d'Espagne, nullement disposés à se soumettre.

Strasbourg et Casal

Strasbourg, ville libre de l'Empire, est le verrou de l'Alsace. A plusieurs reprises elle a joué avec tartuferie la neutralité sélective, laissant pénétrer la cavalerie impériale. C'est encore le cas à l'été de 1681 et, cette fois-ci, les Français redoutent l'installation d'une garnison permanente. Le roi, jusque-là hésitant par crainte des répercussions en Allemagne, décide de réagir. Le 28 septembre, la ville est encerclée par trente mille hommes. La population tient à ses chères libertés et à son statut de ville libre, alors que les édiles et les bourgeois préfèrent leur tranquillité. Ils dépêchent à Louvois, installé à Altkirch, une députation. Un accord est conclu : Strasbourg se rend, mais garde ses privilèges et ses institutions. Louis XIV y fait son entrée solennelle le 24 octobre. Une médaille, frappée en cet honneur, porte en légende la célèbre formule *Clausa Germanis Gallia* (La Gaule fermée aux Germains). Le jour de la capitulation, les Français entrent dans Casal, capitale du Montferrat, en Italie du Nord, une position stratégique de première importance qui permet de surveiller le Milanais espagnol. Un traité avec le duc de Mantoue autorise l'installation d'une garnison. Le Rhin et le Pô soumis en un jour ! Quel triomphe ! Quelle gloire ! clament les thuriféraires du Grand Roi.

Le blocus de Luxembourg

Cependant, la tension s'accroît avec l'Espagne, qui a refusé de reconnaître la suzeraineté française sur le comté de Chiny, antique dépendance de l'évêché de Metz, et sur une partie du Luxembourg. Sans désemparer, Louvois fait entreprendre le blocus de la place de Luxembourg. L'Allemagne est gagnée par l'inquiétude ; la diète impériale lève des troupes ; le roi de Suède, Charles XI, dont la famille s'est vu contester la souveraineté sur le duché de Deux-Ponts par la chambre de Metz, s'allie aux Provinces-Unies. Ceci n'empêche pas les négociations de s'ouvrir. A Francfort, Louis XIV propose de restituer Fribourg-en-Brisgau, mais de garder le reste des réunions ainsi que Strasbourg. Léopold Ier, indigné, refuse et s'allie à l'Espagne et à la ligue suédo-néerlandaise. La tension monte. On s'achemine vers la guerre. Louis XIV s'assure du concours de Frédéric Guillaume de Brandebourg contre subsides, mais accepte de faire un geste pacifique en levant le siège de Luxembourg en mars 1682.

La guerre avec l'Espagne

La conjoncture européenne est favorable aux ambitions de la France. Les Ottomans, qui ont établi leur suzeraineté sur la Hongrie en pleine révolte contre l'Autriche, menacent Vienne. Le roi mène envers eux une politique ambiguë et assez hypocrite. D'une part, il fait une guerre sans merci aux barbaresques alliés du Grand Seigneur – en août 1681, l'escadre de Duquesne a bombardé Chio –, de l'autre, il laisse les commerçants français s'implanter en Orient, concluant avec le grand vizir Kara Mustafa une alliance de revers contre l'empereur. Le 12 juillet 1683, les armées turques, au sommet de leur puissance, parviennent sous les murs de Vienne, d'où l'empereur s'est enfui. Les Impériaux neutralisés, le roi élève le ton avec l'Espagne et entre aux Pays-Bas. L'Espagne réplique en déclarant la guerre, mais ne peut guère se battre. Courtrai et Dixmude tombent ; le pays bruxellois est mis à rançon ; les villes de Luxembourg et Audenarde sont bombardées.

Le bombardement de Gênes

Gênes, allié de l'Espagne, est aussi durement frappé. Malgré les injonctions de la France, la ville continuait en effet à construire des galères pour le roi espagnol et traitait avec mépris l'ambassadeur de Louis XIV. En mai 1684, une flotte, conduite par Seignelay et Duquesne, tire sur la ville, six jours de suite, quatorze mille bombes et boulets, détruisant le palais des Doges, l'arsenal, le palais Saint-Georges et de nombreuses maisons. Les soldats pillent le faubourg de San Pier d'Arena. Menacé d'une seconde expédition, le doge Lercaro gagne Versailles pour s'incliner devant le roi, en mai 1685.

La trêve de Ratisbonne

Le 12 septembre 1683, à Kahlenberg, près de Vienne, les armées allemande et polonaise de Charles V de Lorraine et Jean Sobieski écrasent les Turcs de Kara Mustafa. Mauvaise nouvelle pour la France : la victoire impériale trop rapide risque de libérer le front de l'Est dans un avenir de deux ou trois ans, une fois conjuré le péril turc et la révolte magyare écrasée. De plus, la Hollande laisse planer une menace militaire qui inquiète Louis XIV. Ce dernier n'a pas intérêt à trop tarder. A l'été de 1684 il adresse un ultimatum à la conférence de Ratisbonne, où les négociations stagnent. Léopold Ier et le roi d'Espagne cèdent. Une trêve de vingt ans est signée. La France se voit reconnaître la possession de Strasbourg, de Kehl, des places acquises avant le 1er août 1681, ainsi que de Luxembourg, Chimay, Beaumont et Bouvines. Louis a fort bien joué, au meilleur moment.

LES COLONIES

Destinée à limiter les importations et à constituer des débouchés pour les produits manufacturés de la métropole, la colonisation constitue, au XVIIe siècle, un aspect essentiel du mercantilisme et de la « guerre d'argent » qu'il entretient. Après l'Espagne, le Portugal, les Provinces-Unies et l'Angleterre, la France se lance dans cette voie.

L'Amérique

Colbert et ses successeurs encouragent la formation de grandes compagnies de commerce : la Compagnie des Indes occidentales, des Indes orientales, la Compagnie du Nord, celles du Levant, du Sénégal, de Guinée, d'Afrique, de Chine, du Canada, de la mer du Sud... Mais la plupart échouent. Seule la Compagnie des Indes orientales connaît un relatif succès. Dans les Antilles, les Français possèdent les îles de Sainte-Lucie, de la Martinique, de la Guadeloupe, de la Grenade, de Saint-Barthélemy, de Sainte-Croix et la partie occidentale de Saint-Domingue. Ils s'installent aussi sur la côte guyanaise, fondant Cayenne en 1643. En Amérique du Nord, la France détient, jusqu'au traité d'Utrecht en 1713, les îles de l'estuaire du Saint-Laurent (Saint-Jean, l'île Royale, Terre-Neuve) et l'Acadie. La colonisation s'étend surtout le long de la vallée du Saint-Laurent, avec les villes de Québec, Trois-Rivières et Montréal. Le gouverneur du Canada français, le comte de Frontenac, cherche à étendre la colonisation en direction des Grands Lacs et de la baie d'Hudson. En 1682, un négociant de Rouen, hardi explorateur, Robert Cavelier de La Salle, descend le Mississippi, offrant ainsi à Louis XIV un immense territoire, la Louisiane. A la fin du siècle, Pierre Le Moyne d'Iberville reconnaît l'embouchure du grand fleuve, et les premiers fortins sont construits.

L'Afrique et l'océan Indien

Au même moment, l'implantation des Français au Sénégal, commencée sous le ministériat de Richelieu, se poursuit. En 1659 est fondé Saint-Louis et, en 1677, l'île de Gorée et Rufisque sont enlevés aux Hollandais. En 1689, le directeur de la Compagnie du Sénégal, Moreau de Chambonneau, remonte le fleuve Sénégal. Son successeur, André Brüe, administrateur hors pair, étend vers l'est la colonie, créant comptoirs et forts. Dans l'océan Indien, la France, qui occupe l'île Bourbon (île de la Réunion) et l'île de France (Maurice), fait quelques incursions malheureuses dans l'île Dauphine (Madagascar). François Martin, le directeur de Surate, qui représente la Compagnie des Indes orientales, édifie les comptoirs de Pondichéry, Chandernagor et Calicut. Jouant des rivalités entre les princes hindous et le Grand Moghol, il ouvre de nouveaux débouchés. La Compagnie étend même son commerce au Tonkin, en Chine, et jusqu'au Siam, où le roi Phra Narai recherche l'amitié de la France.

Le commerce colonial

Ainsi, pour la première fois, la France dispose d'un empire colonial prometteur, aux ressources diversifiées. Pourtant, les avantages économiques qu'elle en tire sont inégaux. En effet, le commerce, inexistant avec la Guyane et la Louisiane, est faible avec les établissements de l'océan Indien, d'où arrivent les épices. Au Canada, il se limite aux pelleteries. Il est, en revanche, très actif avec les « isles », qui écoulent ainsi leur production de coton, de cacao, de tabac et de canne à sucre et reçoivent en contrepartie vivres et objets manufacturés. Devant le manque de main-d'œuvre dans ces colonies pour exploiter les grandes plantations, on intensifie la « traite » des esclaves africains pratiquée avec les « Maures ». Le « code noir », promulgué en 1685, est certes rigoureux, mais il tient les Noirs pour des hommes. Pour misérable qu'elle soit, leur condition est plus enviable dans les colonies françaises que dans celles des Hollandais et des Anglais.

Jean Chardin
(1643-1713)

Ce fils d'un joaillier huguenot de Paris se rend d'abord en 1664 à Surate en Inde afin d'y acquérir à bas prix des diamants. A son retour, il se fixe à Ispahan. Il s'insère dans la société persane et devient marchand attitré du chah Abbas II. Il y reste six ans, retourne à Paris, mais repart à nouveau pour la Perse et l'Inde. Au bout de sept ans, il revient en France par le cap de Bonne-Espérance. Ayant émigré en Angleterre, il travaille pour la Compagnie anglaise des Indes, est fait chevalier par Charles II et sert comme plénipotentiaire auprès des états de Hollande. Son *Journal,* publié à partir de 1686, rencontre un grand succès en raison de son sens de la narration et de la qualité de ses réflexions.

Insuffisances et limites

Par goût de l'exotisme, un public de plus en plus large se passionne pour les récits de voyages lointains : le joaillier Jean Chardin et le marchand Jean-Baptiste Tavernier lui font connaître la Perse et l'Inde, le médecin François Bernier, la cour du terrible Aurangzeb, le Grand Moghol, tandis que les missionnaires jésuites le captivent avec les terres d'Amérique et d'Extrême-Orient. Au début du XVIIIe siècle, le baron de La Hontan, lui aussi grand voyageur, invente le mythe du bon sauvage. Les Français ne s'ouvrent pas pour autant à l'aventure coloniale et au grand commerce maritime. Fuyant les placements à risques, ils préfèrent investir dans les « affaires du roi » et dans les offices qui leur rapportent des gages, mais aussi considération ou honneur. En 1715, il n'y a que 19 000 colons en Nouvelle-France (contre 300 000 au Canada anglais !) et 95 000 habitants dans les Antilles françaises (dont 70 000 esclaves). Même si à cette époque l'horizon du commerce français s'élargit sensiblement et si les ports et les grandes places (Rouen, Saint-Malo, Nantes, La Rochelle, Bordeaux, Lyon, Marseille) connaissent un remarquable essor, le grand large n'a pas accru significativement les débouchés des produits manufacturés. Seuls quelques négociants ont fait fortune avec les colonies. Les compagnies à monopole se sont heurtées à l'individualisme des marchands et au manque de fonds propres.

LA GUERRE DE SUCCESSION PALATINE

La trêve de Ratisbonne, qui laisse insatisfaits les protagonistes européens, ne ramène pas une paix durable. La question de la succession de l'Electeur palatin, mort en mai 1685, fournit un prétexte à la reprise des hostilités : la France se heurte une nouvelle fois aux princes allemands, à l'empereur et à Guillaume d'Orange.

L'isolement français

Au moment même de la révocation de l'édit de Nantes, Louis XIV, superbe et triomphant, mesure mal l'exaspération de l'Europe envers lui. Une quantité d'ouvrages polémistes, de pamphlets protestants tels que les *Lettres pastorales* du pasteur Jurieu, dénoncent sa politique et le dépeignent comme un démon venu de l'enfer, l'Antéchrist qui impose à son pays un régime tyrannique. Imprimés et fort largement diffusés dans les contrées acquises à la Réforme, ces écrits incendiaires entrent illégalement dans le royaume.

Tandis que Léopold consolide patiemment ses marches de l'Est et lutte contre les Hongrois, rêvant de rabattre ses armées sur le Rhin, Louis XIV commet plusieurs maladresses envers ses derniers alliés. Il traite en vassal le jeune Victor Amédée de Savoie, prince ambitieux et retors, qui supporte en silence ces vexations en attendant sa revanche. Sous la contrainte, ses troupes participent à la répression des vaudois, ou barbets, hérétiques du XIIe siècle qui ont adhéré à la Réforme.

Dans les vallées alpestres de Luzerne, d'Angrogne et de Saint-Martin, les vaudois accueillent en effet les huguenots du Briançonnais. Louis XIV avertit le duc de Savoie que, s'il refuse de s'associer à son entreprise d'éradication, ses troupes assumeront seules la besogne. La mort dans l'âme, Victor Amédée doit placer plusieurs unités de son armée sous les ordres du maréchal de camp Catinat. La campagne est courte et violente et donne lieu à des cruautés dans les deux camps. En quelques semaines, entre avril et mai 1686, Catinat débarrasse les vallées des barbets.

La succession palatine

La crise européenne éclate au sujet de la succession palatine. Au mois de mai 1685, Louis XIV, toujours soucieux de la sécurité de ses frontières, a vu avec préoccupation Philippe Guillaume de Neubourg, neveu de l'empereur, s'installer à Heidelberg, capitale du Palatinat, après le décès de l'Electeur palatin Charles. Le roi fait donc valoir les droits successoraux de sa belle-sœur, Charlotte Elisabeth d'Orléans, princesse Palatine, sœur du défunt. Il réclame en son nom une grande partie du Palatinat. Craignant une nouvelle réunion, les princes allemands s'allient. En juillet 1686 se forme la ligue d'Augsbourg entre l'empereur, le roi de Suède, le roi d'Espagne ainsi que les Electeurs bavarois et palatins.

Les nuages s'amoncellent. Dans le même temps, les relations de la France et de la papauté s'aggravent. Après l'affaire de la régale, resurgit une vieille querelle touchant aux prérogatives des diplomates. Le pape Innocent XI excommunie alors le nouvel ambassadeur du roi, le hautain et cassant marquis de Lavardin. On est au bord du schisme. L'année suivante, le pape, fortement germanophile, expédie les bulles d'investiture au candidat impérial au siège d'archevêque électeur de Cologne, Joseph Clément de Bavière, âgé de dix-sept ans, au détriment du candidat français, le cardinal de Fürstenberg.

Le siège de Philippsbourg

Après la défaite infligée aux Turcs à Belgrade à la fin de l'été 1688, il devient évident que les armées impériales vont refluer vers l'ouest. Louvois conseille de frapper un grand coup pendant qu'il est encore temps. Le manifeste du roi, publié le 24 septembre, dénonce l'agressivité de l'empereur, son refus de transformer la trêve de Ratisbonne en une paix définitive, le rejet des prétentions légitimes de la duchesse d'Orléans sur sa part d'héritage et la formation de la ligue d'Augsbourg, menaçante envers la France. Ses propositions de compromis sont relativement modérées. Il donne trois mois aux alliés pour les accepter. En attendant, il décide de prendre des gages : ses troupes entrent en Avignon, dans les électorats de Cologne et de Liège, et mettent le siège devant Philippsbourg, dernière place permettant une invasion de la France par l'est. La ville, investie par le Grand Dauphin et par Vauban, est prise le 29 octobre 1688.

Le sac du Palatinat

Après cette victoire, les Français s'illustreront surtout par leur cruauté dans le Palatinat, par exemple lors du sac de Mannheim. Une fois de plus, en effet, Louis XIV a été contraint d'agir au plus vite. Au printemps de 1689, les armées royales se trouvent dans cette contrée. En vertu de la politique de la terre brûlée, la soldatesque française saccage les cultures, pille les demeures, déplace les populations, met à mal les villages et incendie les villes (Mannheim, Spire, Worms, Heidelberg...), s'en donnant à cœur joie. Ces pratiques, admises par les chefs militaires, sont hélas monnaie courante dans l'Europe du Grand Siècle. Loin de paralyser de frayeur les princes germaniques, l'inhumaine « barbarie française » les jette dans les bras de l'empereur.

Le « brûlement » de Heidelberg

Lettre du comte de Tessé, en charge des opérations, à Louvois, en date du 4 mars 1689 : « Je ne crois pas que de huit jours mon cœur se retrouve dans sa situation ordinaire. Je prends la liberté de vous parler naturellement, mais je ne prévoyais pas qu'il en coûtât autant pour faire exécuter soi-même le brûlement d'une ville peuplée à proportion de ce qu'elle est comme Orléans. Vous pouvez compter que rien du tout n'est resté du superbe château de Heidelberg. Il y avait hier à midi, outre le château, 432 maisons brûlées ; le feu y était encore. Le pont est si détruit qu'il ne le pourrait être davantage ; et les trois plus grands et plus beaux moulins que j'ai vus ont été consumés, et les meules mises en pièces, tout le grain emporté, le fourrage totalement consumé, et fort peu de vin resté... »

La guerre européenne

Dans le même temps, en Angleterre, est apparue une violente opposition anglicane à la politique du nouveau roi, le très catholique Jacques II, qui a succédé à son frère en 1685. Les protestants anglais font appel à son gendre, Guillaume d'Orange, qui débarque le 11 novembre 1688 sur la plage de Torbay, dans le Devon, et marche triomphalement jusqu'à Londres. Jacques II, fuyant l'Angleterre, se réfugie à Saint-Germain auprès de Louis XIV. La *Glorious Revolution* se termine donc dans le calme. Le 23 juin 1689, le prince d'Orange et son épouse Marie sont proclamés roi et reine d'Angleterre. Ils acceptent la Déclaration des Droits, pacte institutionnel qui instaure une monarchie contractuelle.

Peu auparavant, Charles II d'Espagne a autorisé les troupes impériales à traverser ses Pays-Bas pour attaquer la France. Le 15 avril 1689, Louis XIV lui déclare la guerre. Moins d'un mois plus tard, le 12 mai, les Provinces-Unies s'allient à Léopold Ier. Le 17, l'Angleterre se jette dans le conflit, sous prétexte de l'aide apportée par Louis XIV à Jacques II, parti à la reconquête de l'Irlande. Après la bataille navale de Bantry contre l'escadre anglaise d'Herbert, Château-Renault a en effet débarqué sur la côte irlandaise des hommes, des armes et du matériel pour aider le roi déchu à reconquérir son trône contre sa fille et son gendre. Madrid, Vienne, Amsterdam, Londres, Berlin, Munich, bientôt Turin – Victor Amédée changeant de camp –, presque toutes les grandes capitales européennes s'unissent contre Louis XIV.

La France face à l'Europe

Face à cette impressionnante coalition, la France possède une cohésion et une unité de direction qui font défaut à ses adversaires. Ses ressources économiques et financières sont suffisantes pour lui permettre de soutenir la guerre pendant au moins deux ans. Son armée de plus de cent cinquante mille hommes peut être rapidement renforcée et elle dispose de généraux de valeur, tels Luxembourg et Catinat. La coalition n'a pas d'effectifs supérieurs à lui opposer. Quant à la flotte encore jeune durant la guerre de Hollande, elle semble aguerrie et prête à se mesurer à la redoutable Navy.

VICTOIRES ET DÉFAITES

La guerre de succession palatine, également appelée guerre de Neuf Ans, ou encore guerre de la ligue d'Augsbourg, se déroule sur quatre fronts : les Pays-Bas espagnols, la zone rhénane, les Alpes et les Pyrénées, sans compter les mers, où les affrontements franco-anglais qui se préparent s'annoncent très violents. Louvois et Seignelay, de concert avec Louis XIV, déterminent les plans d'opération.

Les premiers engagements

Les Français subissent d'abord plusieurs revers. Le maréchal d'Humières est battu à Valcourt en août 1689 ; Mayence et Bonn capitulent devant le généralissime impérial, le brillant duc Charles V de Lorraine (septembre-octobre). Celui-ci a été élevé à la cour de France. Mais il a rompu tout rapport avec Louis XIV lorsque ce dernier, au mépris des droits de la famille ducale, a acheté à son oncle Charles IV les états de Lorraine, en 1662. Brillant tacticien, il est à la tête des armées impériales, qu'il conduit à la victoire à plusieurs reprises.

L'étoile de Louvois pâlit. Seignelay, qui veut occuper Guillaume d'Orange en Irlande, incite le roi à porter secours à Jacques II, en envoyant sept mille hommes sous la direction de Lauzun. Les Français remportent alors plusieurs victoires. Le 1er juillet 1690, près de Fleurus, dans le Hainaut, le maréchal de Luxembourg taille en pièces l'armée du prince de Waldeck. Le 10, à la tête d'une escadre de soixante-dix-huit vaisseaux, Tourville disperse la flotte anglo-hollandaise au cap Béveziers, mais, trop prudent, n'exploite pas sa victoire, alors qu'une vraie panique s'est emparée de Londres. En août, Catinat bat le duc de Savoie à Staffarde.

Une seule défaite a lieu en Irlande : Jacques II et Lauzun sont vaincus sur la rive méridionale de la Boyne, le 11 juillet 1690, face à Guillaume III d'Orange. Trois régiments composés de huguenots français combattent dans les rangs anglais. Les hommes de Lauzun, mal équipés par Louvois, sont entraînés dans la débandade peu glorieuse des troupes irlandaises de Jacques II, qui, vaincu, s'enfuit à Waterford, d'où il s'embarque à nouveau pour la France. Il y mourra en 1701.

Les grandes batailles

L'année suivante, à La Haye, l'alliance contre la France se renforce. Louis XIV met le siège devant Mons, payant de sa personne. La ville capitule le 8 avril. Le 13 septembre, à Leuze, près de Tournai, le corps militaire de la maison du roi, conduit par Luxembourg, charge. Malgré son infériorité numérique, il repousse toute la cavalerie des coalisés, forte pourtant de soixante-douze escadrons face à ses dix-neuf. En mai 1692, ayant assisté à la plus grande revue du siècle (cent vingt mille hommes), le roi entreprend avec succès le siège de Namur. Sur mer, c'est le désastre. Le 29 mai 1692, Tourville rencontre à Barfleur les Anglo-Hollandais, bien mieux armés que lui avec sept mille cinq cents canons contre trois mille trois cents. Vaillamment, il tient tête. Malheureusement, dans les rades de Cherbourg et de Saint-Vaast-la-Hougue, les brûlots anglais détruisent une partie de sa flotte. A partir de ce revers, la France s'oriente progressivement vers la guerre de course, au détriment de la guerre d'escadre.

Encore des victoires

Le 3 août, près de Steinkerque, le maréchal de Luxembourg bat l'armée de Guillaume d'Orange. Tout Paris acclame les exploits de sa jeune « troupe dorée » et porte des cravates « à la Steinkerque ». Mais au sud, l'armée de Victor Amédée envahit le Dauphiné, occupe Embrun et Gap et met à sac la région. En juillet 1693, Luxembourg remporte une nouvelle victoire contre le roi d'Angleterre entre Liège et Louvain, au village de Neerwinden. Cette bataille coûte trente mille hommes. Dans le Piémont, la France inflige une sérieuse défaite à Victor Amédée, à La Marsaille.

Le convoi de Smyrne

La guerre se porte aussi dans des régions plus éloignées, où elle met en cause des intérêts économiques. Les flottes françaises du Levant et du Ponant réunies attaquent, près de Lagos au Portugal, un convoi de près de cent trente navires marchands anglais et hollandais allant à Smyrne, protégé par les escadres de l'amiral britannique Rooke et du Néerlandais Van der Goes. Tourville, maréchal de France depuis peu, prend deux vaisseaux de ligne, trente-deux navires marchands et en brûle vingt-sept autres (27 juin 1693). Les pertes anglaises s'élèvent à soixante millions de livres, entraînant une cascade de faillites à Londres.

La grande crise de 1693-1694

En 1693 et 1694, la France connaît de terribles dérèglements climatiques. C'est probablement la plus grande catastrophe météorologique de son histoire. Cela commence avec les pluies diluviennes de l'été de 1692. Les récoltes céréalières et les semailles sont gâchées. Le mauvais temps se poursuit l'année suivante. Lorsque les stocks sont épuisés, la famine, qui rôde toujours, éclate ; des bandes de loups refont leur apparition dans les campagnes ; des armées de vagabonds et de mendiants traînent sur les routes ; le nombre des enfants abandonnés s'accroît ; vols et pillages se multiplient, de même que les émeutes, les séditions contre les autorités locales. Les impôts, naturellement, ne rentrent plus. Ce n'est seulement qu'à partir de 1695 que les récoltes s'améliorent. Ces deux « années de misère » ont fait environ un million trois cent mille victimes : presque « autant de morts que la guerre de 1914-1918, mais en deux ans au lieu de quatre et dans une France moitié moins peuplée », comme le remarque l'historien Marcel Lachiver.

Jean Bart et la guerre sur mer

Un personnage nouveau va bientôt faire une apparition dans la guerre navale. Fils d'un marin de Dunkerque, Jean Bart (1650-1702) se forge à vingt-cinq ans une réputation de corsaire habile et valeureux. Lieutenant de vaisseau dans la marine royale en 1679, il est capitaine de frégate en 1686 et, trois ans plus tard, capitaine de vaisseau. Tombé aux mains des Anglais, il s'évade et regagne la France en barque. Sa participation à la guerre sur mer dans le courant des années 1690 est tout à fait essentielle et significative.

En 1692, avec sept frégates, il force le blocus de Dunkerque, brûle quatre-vingt-six navires marchands ennemis, fait une descente près de Newcastle, puis libère une flotte marchande qu'il conduit à Dunkerque. En 1693, à la bataille de Lagos, avec le bâtiment qu'il commande, *Le Glorieux,* il détruit six vaisseaux de guerre. En 1694, il reprend un convoi de blé au Texel. Le roi lui accorde des lettres de noblesse. En 1696, il tient tête à trois escadres et sera promu chef d'escadre en 1697. Il meurt à Dunkerque en 1702, célébré par tous comme un très grand marin, courageux, téméraire, doué d'un sens tactique inégalé.

L'enlisement

Malgré les difficultés intérieures du royaume, les hostilités se poursuivent. S'il a commis au début des erreurs à l'égard des princes allemands, dont il a froissé l'amour-propre, Louis XIV n'a désormais de cesse d'établir un accord que lui refusent les coalisés. La guerre s'enlise donc, aucun des deux camps ne parvenant à faire une percée définitive et déterminante. En juin 1694, une tentative de débarquement anglais en baie de Camaret échoue. En représailles aux entreprises des corsaires français, les Anglo-Hollandais bombardent Dieppe, Le Havre, Dunkerque et Calais. Les Français répondent en jetant un déluge de bombes sur Bruxelles. D'autres raids alliés ont lieu en 1695 sur Saint-Malo et Dunkerque, et, en 1696, sur l'île de Ré et Les Sables-d'Olonne. Jean Bart continue la guerre de course et remporte la victoire de Dogger Bank. En 1697, Pointis, aidé des flibustiers de Ducasse, dévaste Carthagène. Outre-Atlantique, les expéditions lancées par Frontenac contre New York et la baie d'Hudson sont des succès.

La paix de Ryswick

Parallèlement aux combats, les négociations se poursuivent. Par un accord signé en juin 1696 avec Louis XIV, le cynique duc de Savoie change de camp une fois encore et combat aux côtés de Catinat, ce qui oblige l'Espagne et l'empereur à conclure une suspension d'armes en Italie. Cette volte-face accélère aussitôt les discussions de paix. Celle-ci est signée aux mois de septembre et octobre 1697 à Ryswick, petit bourg proche de La Haye, par les représentants de l'Espagne, de l'Angleterre, des Provinces-Unies et de l'empereur. Fruit de compromis, elle consacre l'équilibre européen sans faire ni vainqueur ni vaincu.

La modération française

Louis XIV reconnaît Guillaume pour roi d'Angleterre et consent des avantages commerciaux aux Pays-Bas. Il rend Barcelone, Luxembourg, le Palatinat, Kehl, Philippsbourg, Fribourg, Vieux-Brisach, le duché de Deux-Ponts ainsi que la Lorraine (à l'exception de Marsal, Sarrelouis et Longwy), mais garde Strasbourg et se voit confirmer par l'Espagne la possession de la partie occidentale de Saint-Domingue. La princesse Palatine obtient une indemnité de trois cent mille écus. L'extrême modération du roi, qui a victorieusement résisté à une formidable coalition, rencontre en France un vif mécontentement. Mais Louis se montre soucieux de ne pas humilier excessivement l'Espagne, dans l'attente de la succession de Charles II dont l'état de santé s'est aggravé.

Chapitre XI

L'ABSOLUTISME ET SA CONTESTATION 1685-1700

LOUIS XIV PREND LE POUVOIR

C'est en mars 1661 que commence le gouvernement personnel de Louis XIV. N'ayant pas à sa disposition une administration centralisée, efficace et à son entière dévotion, il s'était jusque-là appuyé sur des clans ministériels rivaux. Il gouvernait, certes, mais principalement par arbitrage. Trente ans plus tard, ce système disparaît, et Louis XIV prend en main les rênes du pouvoir !

La mort de Louvois

Le 16 juillet 1691, à Versailles, le marquis de Louvois meurt foudroyé par une attaque d'apoplexie, à l'âge de cinquante ans. Le roi supportait avec de plus en plus de difficulté le caractère rude de cet homme présomptueux et brutal et songeait à le renvoyer. Soulagé de sa disparition, Louis XIV décide de démembrer son ministère tentaculaire.

Le fils du défunt, le marquis de Barbezieux, alors âgé de vingt-trois ans, lui succède au secrétariat d'Etat à la Guerre, mais assisté de deux solides mentors, le marquis de Chamlay, rappelé d'Allemagne, et Gilbert Colbert de Saint-Pouange. L'intendant des Finances Michel Le Peletier de Souzy se voit attribuer la direction générale des Fortifications, et son frère, le ministre d'Etat Claude Le Peletier, la surintendance des Postes. A Louis de Ponchartrain, contrôleur général des Finances, échoient les Haras et Manufactures, et la surintendance des Bâtiments revient à Edouard Colbert, marquis de Villacerf.

Le marquis de Barbezieux
(1668-1701)

Louis François Marie Le Tellier de Louvois, marquis de Barbezieux, est le quatrième enfant de Louvois. C'est un garçon doué, intelligent, organisé et observateur. A seize ans, son père lui fait obtenir la survivance de son secrétariat d'Etat à la Guerre et l'associe à son travail. A sa mort, Barbezieux dirige un ministère restreint, mais se comporte en bon administrateur et poursuit avec succès l'œuvre de son grand-père et de son père, sans jouir de leur autorité. Le roi, qui veut avoir la mainmise sur la direction de l'Etat, ne l'admet pas au Conseil d'en haut. Amateur de plaisirs et de débauches, Barbezieux meurt à trente-deux ans.

Louis XIV, premier ministre

A partir de cette époque, Louis XIV, qui atteint cinquante-trois ans, cumule en quelque sorte les fonctions de chef de l'Etat et celles de chef de gouvernement. C'en est fini du pouvoir à deux ou trois têtes. Le roi prend en main l'administration, passe huit à neuf heures par jour à donner des audiences, écrire des instructions, travailler avec ses ministres.

Ses lettres aux généraux comportent en moyenne quinze à vingt pages. Elles sont, comme celles qu'écrivait Louvois, précises et détaillées, mais leur ton est beaucoup moins rogue, plus familier, plus simple. Afin de montrer qu'il est bien le maître, il organise en personne, au cours du printemps de 1692, la gigantesque parade du camp de Givry, avant d'aller diriger le siège de Namur, tout en s'arrangeant pour être à Paris le 16 juillet, jour anniversaire de la mort de Louvois.

La disparition de ce ministre a changé fondamentalement la structure du pouvoir. C'est la fin du règne des grands vizirs omnipotents, des proconsuls rutilants. Si les attributions ministérielles restent encore floues et les cumuls, nombreux, le roi, plus tatillon et méticuleux que jamais, ne laisse désormais plus aucune autonomie à ses ministres, qu'il s'agisse du contrôleur général des Finances, Louis de Pontchartrain – qui hérite en 1690, à la mort de Seignelay, du secrétariat d'Etat à la Marine et à la Maison du roi –, ou de Chamillart, qui reprend la charge de Pontchartrain et celle de secrétaire d'Etat à la Guerre lors de la disparition de Barbezieux. Le roi cherche si peu désormais à attiser la rivalité de ses ministres qu'il organise des mariages entre clans et familles : ainsi la fille d'Arnauld de Pomponne épouse-t-elle, selon le désir du monarque, le fils de Charles Colbert de Croissy, Jean-Baptiste, marquis de Torcy ; de même, la fille du duc d'Uzès s'unit-elle à Barbezieux, ou encore la fille de Louvois au fils du maréchal de Villeroy.

Les Pontchartrain

Louis de Phélypeaux, comte de Pontchartrain (1643-1727), est le petit-fils d'un secrétaire d'Etat d'Henri IV. Conseiller au Parlement, il est nommé premier président du parlement de Bretagne en 1677, intendant des Finances, puis contrôleur général en 1689, poste qu'il cumule en 1690 avec celui de secrétaire d'Etat à la Marine et à la Maison du roi. Il entre au Conseil d'en haut et devient l'un des principaux conseillers politiques du roi. Bon serviteur de l'administration, il est chancelier de France en 1699, au décès de Louis Boucherat. En 1714, il se retire à l'Oratoire. Son fils, Jérôme (1674-1747), lui succède au secrétariat d'Etat à la Marine et à la Maison du roi. C'est un homme ambitieux, autoritaire, mais grand travailleur, que Saint-Simon critique vivement. Son œuvre d'expansion commerciale et d'implantation coloniale est mieux évaluée aujourd'hui.

Le « travail du roi »

Louis a donc cessé d'être l'arbitre entre les clans : il est devenu l'unique gestionnaire de son royaume. Le rôle du Conseil d'en haut diminue significativement, ne retrouvant son importance qu'à l'occasion de certains grands événements, tels que l'acceptation du testament de Charles II ou l'engagement de la France dans la guerre de Succession d'Espagne. Habituellement, le roi travaille en particulier avec ses ministres et ses secrétaires d'Etat. Ces séances portent le nom de « liasse » ou de « travail du roi ». Les conseils ont pour fonction d'entériner pour la forme les décisions prises en tête-à-tête. Ainsi, pour régler un problème spécifique, le monarque peut-il aussi bien convoquer un maréchal de France, un intendant de Marine, un intendant des Finances ou le lieutenant général de police.

Par ailleurs, Louis XIV s'appuie sur deux conseillers politiques secrets dont il apprécie les avis : Charles Honoré d'Albert de Luynes, duc de Chevreuse, pair de France, capitaine-lieutenant des chevau-légers, gendre de Colbert et ami de Fénelon, et Paul de Beauvillier, duc de Saint-Aignan, pair de France, premier gentilhomme de la Chambre du roi, chef du Conseil des finances en 1685.

Nicolas Desmarets
(1648-1721)

Neveu du grand Colbert, cet homme très énergique mais quelque peu brutal, au caractère ombrageux, s'initie aux affaires financières sous la conduite de son oncle. Rapidement, il gravit les échelons : maître des requêtes, conseiller d'Etat, intendant des Finances. En 1683, après la mort de Colbert, il est compromis dans une affaire de fausse monnaie et renvoyé. Cependant, cet excellent technicien, héritier des idées de son oncle, parvient bientôt à rentrer en grâce et à devenir conseiller de Pontchartrain et de son successeur dans leur politique financière. En 1703, il est nommé directeur des Finances et, en 1708, succède au médiocre Chamillart au contrôle général des Finances, poste qu'il conserve jusqu'à la mort du roi.

L'âge d'or des intendants

Des changements ont aussi lieu à l'échelon régional. En 1681, meurt le duc de Lesdiguières, dernier gouverneur de province à la mode féodale. La puissance politique des gouverneurs et de leurs adjoints, les lieutenants généraux, entre alors dans une phase de déclin. Ils perdent la plupart de leurs prérogatives au profit des intendants, garants du patronage royal et qui dépendent pour une grande majorité d'entre eux du Contrôle général.

Un autre facteur explique le processus de centralisation, c'est l'homogénéisation progressive des élites administratives issues de la robe, qui s'allient à la noblesse d'épée et adoptent des stratégies patrimoniales ou matrimoniales identiques. De grandes dynasties de serviteurs de l'Etat se forment, qui domineront le XVIIIe siècle. Elles ont pour nom Lamoignon, La Bourdonnaye, Bouville, Turgot, Bignon, Béchameil...

Les transformations politiques et sociales

Ainsi, l'histoire administrative du Grand Siècle détermine-t-elle trois grandes époques : l'âge du ministériat, dans lequel le monarque agit par l'intermédiaire d'un ministre principal (le cardinal de Richelieu puis Mazarin), qui dispose lui-même d'une clientèle personnelle s'enracinant jusque dans les plus lointaines provinces ; l'âge des clans, qui, à partir de 1661, élargit l'espace politique du monarque, grâce à des rivalités sciemment organisées au sommet de l'Etat, avec pourtant le maintien du clientélisme ministériel ; enfin, ultime étape du système louis-quatorzien, à partir de 1691, la monarchie administrative. Le roi, véritable chef du gouvernement, dirige en maître le royaume, entouré de ministres et de commis. L'irrésistible aimantation des clientèles vers le roi a pour corollaire l'inéluctable déclin des maisons particulières des grands, qui, au milieu du XVIIe siècle, se comptaient encore en centaines d'individus. Leurs descendants, à la fin du siècle, ne disposent plus que de quelques dizaines de domestiques. Les jeunes seigneurs ont cessé de faire leur apprentissage comme pages à leur service. Ils préfèrent aller au collège ou entrer chez les mousquetaires. La haute aristocratie, qui dépense son argent à Versailles, réduit par là même son train de vie en province, où son influence politique régresse.

La noblesse d'Etat

Plus que jamais, le roi cherche à remodeler le comportement des élites dans le sens du service de l'Etat. Les commissions de recherche d'usurpateurs de noblesse ordonnées par le roi fiscalisent tous ceux qui se sont frauduleusement glissés dans les rangs du second ordre, tout en « estampillant » du sceau de l'Etat la noblesse authentique, qui jusque-là ne ressentait nullement le besoin de cette garantie royale pour exister. L'évolution est d'importance. Désormais, il ne peut y avoir de nobles que ceux reconnus par le pouvoir central.

Les ordres de chevalerie

Le prestige des ordres de chevalerie joue un rôle presque identique dans le renforcement des fidélités : l'ordre de Saint-Michel, fondé par Louis XI, l'ordre du Saint-Esprit, créé par Henri III (il demeure le plus prestigieux de tous), les ordres de Saint-Lazare et du Mont-Carmel, réunis sous Henri IV. Réservés aux membres de la noblesse héréditaire, ils sont des moyens de gouvernement. Les promotions du cordon bleu (Saint-Esprit) font l'objet d'attentes impatientes à la Cour. En avril 1693, Louis XIV crée un nouvel ordre destiné à récompenser le mérite des soldats les plus valeureux : l'ordre royal et militaire de Saint-Louis. Il est structuré selon une hiérarchie stricte qui le divise en quatre grades (grand-croix, commandeur, officier et chevalier) et peut – c'est une importante innovation ! – être attribué à des roturiers, à condition qu'ils soient catholiques et aient servi un certain nombre d'années dans l'armée ou la marine. C'est le roi lui-même qui en est le grand maître.

L'armorial général

D'autres dispositions vont dans le même sens. Un édit de 1696 anoblit cinq cents personnes moyennant finance. La même année, l'édit constitutif de l'Armorial général permet l'enregistrement de plus de cent vingt mille blasons. Le tarif de la capitation de 1695, répartissant les Français en vingt-deux classes de contribuables et taxant les rangs sociaux, a déjà mêlé bourgeois et gentilshommes, titulaires d'offices et vieux aristocrates. Cette fois, ce sont des bataillons entiers de la bourgeoisie qui font leur entrée par le biais de l'héraldique dans le système des rangs et des honneurs. Sous Louis XIV, l'Etat royal se donne ainsi la possibilité de remodeler à sa convenance les représentations sociales nées de la féodalité.

LE POUVOIR CRITIQUÉ

Le poids de la guerre, la terrible crise économique et sociale faisant suite aux dérèglements climatiques des années 1693-1694, les bouleversements apparus dans la hiérarchie sociale, mal vécus par certaines catégories de gens, entraînent la multiplication des critiques à l'encontre de la monarchie absolutiste. A compter de ces années, celle-ci doit faire face à une opposition diffuse.

Le quiétisme

Cela commence par une crise religieuse d'une forme toute particulière. Vers 1685, une veuve native de Montargis, Mme Guyon, prêche de diocèse en diocèse une nouvelle doctrine mystique, le quiétisme, voisine de celle du prêtre espagnol Miguel de Molinos. C'est une femme sincère et désintéressée, d'une très grande élévation spirituelle, mais exaltée. Le quiétisme prône un abandon total de l'âme à Dieu – « l'amour pur » –, un état continu de contemplation – au point de ne plus souhaiter le bonheur céleste – et le mépris des prières à haute voix ainsi que des actes de vertu ou de pénitence... En 1687, la doctrine de Molinos est condamnée par le pape. Les autorités du clergé français s'inquiètent de plus en plus des agissements de Mme Guyon.

Son directeur spirituel, le père La Combe, est emprisonné. Elle-même est reléguée chez les visitandines. L'affaire prend un tour politique quand celle-ci s'insinue parmi les dévots de la Cour, convertissant les filles de Colbert, les duchesses de Beauvillier, de Chevreuse et de Mortemart, et la duchesse de Béthune-Charost, fille de Nicolas Fouquet. Mme Guyon marie d'ailleurs sa fille au fils de ce dernier.

Bientôt, elle entre en contact avec un jeune et brillant abbé, François de Salignac de La Mothe-Fénelon, issu d'une grande famille de l'aristocratie périgourdine. Cet homme doux et plein de charme a une âme chimérique et tourmentée, d'une profonde piété mais taraudée par l'orgueil et l'ambition. Il a participé à des missions en Saintonge pour convertir les huguenots. Mme Guyon subjugue le délicat abbé et fonde avec lui la confrérie des « Michelins », dont il sera le général.

Miguel de Molinos
(1628-1696)

Prêtre espagnol, auteur d'un *Guide spirituel* (1675), Miguel de Molinos développe une doctrine mystique et illuministe, le quiétisme (du latin *quietus,* paisible), condamnée en 1687 par le pape Innocent XI. Selon lui, l'âme, en s'abandonnant passivement à Dieu, devient indifférente à son propre salut, sans avoir à rechercher la vertu ou la perfection, et en négligeant les œuvres. Ces déviations et ces excès connaîtront un contrecoup au début du XVIIIe siècle avec l'apparition au sein de l'Eglise d'un profond soupçon à l'égard de la mystique.

Fénelon l'ambitieux

La fulgurante ascension de Fénelon sert les desseins politico-mystiques de Mme Guyon. En 1689, il est en effet nommé précepteur du duc de Bourgogne et, quatre ans plus tard, est élu à l'Académie française. Une bonne partie des dévots de la Cour entre dans sa confrérie. Mme de Maintenon, à son tour, se sent enivrée par les effluves du « pur amour ». Elle prend Fénelon pour directeur de conscience et confie à Mme Guyon la responsabilité de l'instruction religieuse des deux cent cinquante jeunes filles nobles et pauvres élevées dans sa fondation de Saint-Cyr.

Fénelon, hostile à la politique absolutiste du roi, se croit investi de la mission de réformer l'Etat dans le sens de la morale chrétienne. L'idée n'a rien de bien neuf : c'est celle de l'aristocratie féodale, à laquelle se mêlent, au nom d'une charité évangélique mal comprise, quelques considérations pacifistes, voire défaitistes.

Madame Guyon (1648-1717)

Fille d'un procureur du roi, Jeanne Marie Bouvier de La Motte épouse un riche seigneur de Montargis, Jacques Guyon du Chesnay, son aîné de vingt-deux ans. Marquée par la spiritualité salésienne, elle se lance dans une vie de prière et de pénitence, se livrant à des mortifications que réprouve son confesseur. Veuve, elle prend pour directeur de conscience un barnabite de Thonon, le père La Combe, avec qui elle parcourt la France et la Savoie, prêchant et exerçant ses dons de guérisseuse. Elle expose sa méthode dans le *Moyen court et très facile de faire oraison* et *Les Torrents spirituels,* ouvrages sincères, mais marqués d'un lyrisme confus et de formules malheureuses au regard de la doctrine catholique.

La critique politique

Vers décembre 1693, Fénelon rédige une lettre anonyme et très véhémente au roi, dans laquelle il accuse Louis XIV d'avoir renversé toutes les « anciennes maximes de l'Etat », condamne la guerre en général, et tout particulièrement celle de Hollande, considère qu'il faut rendre les nouvelles acquisitions de provinces et revenir aux frontières de 1659. Il conclut par ces mots : « Vous avez passé votre vie entière hors du chemin de la vérité et de la justice, et par conséquent, hors de l'Evangile. » On ne sait si le roi a pris connaissance de ce pamphlet haineux. S'il l'a fait, il en a toujours ignoré l'auteur.

Madame Guyon condamnée

En mai 1693, l'évêque de Chartres, Mgr Godet des Marais, directeur spirituel de Saint-Cyr, découvre avec effarement les ravages produits sur ces demoiselles par la doctrine de Mme Guyon. Il est le premier à donner l'alerte. Le roi s'alarme à son tour et ordonne à Mme de Maintenon de rompre tout lien avec celle-ci. Une commission composée de Bossuet, de Mgr de Noailles, évêque de Châlons, et de l'abbé Tronson, supérieur de Saint-Sulpice, se réunit dans le plus grand secret à Issy entre les mois de juillet 1694 et de mars 1695. Les idées de Mme Guyon y sont condamnées. Mais Fénelon qui a eu, entre-temps, la déception de se voir nommer archevêque du lointain diocèse de Cambrai – et non de Paris comme il l'espérait –, s'efforce d'atténuer les effets de la sentence, qui ne concerne que les expressions outrancières de la dame. Celle-ci, qui commet l'imprudence de poursuivre ses correspondances avec le père La Combe, emprisonné à Lourdes, aggrave son cas. Elle est arrêtée et enfermée à Vincennes. Louis XIV décharge alors sa colère sur Mme de Maintenon, qui a introduit Fénelon à la Cour, l'a protégé et a réussi à le faire nommer précepteur du duc de Bourgogne, charge lourde de responsabilités, puisqu'il assume l'instruction religieuse et morale du futur roi.

Fénelon et Bossuet

Tout le monde, dès lors, s'acharne sur le nouvel archevêque de Cambrai, Mme de Maintenon en tête. En janvier 1697, il publie l'*Explication des maximes des saints sur la vie intérieure,* qui défend la saine tradition mystique contre la doctrine des quiétistes. Bossuet crie néanmoins à l'hérésie. Commence alors une lutte impitoyable entre ces deux puissances de l'Eglise, l'Aigle de Meaux et le Cygne de Cambrai, qui suscite un raz de marée de polémiques et de diffamations. Les gallicans soutiennent le premier tandis que les Jésuites se rapprochent du second par ultramontanisme. Louis XIV renvoie Fénelon à Cambrai et demande à Innocent XII de condamner l'*Explication des maximes des saints*. Par un bref pontifical, celui-ci se contente de réprouver quelques propositions contenues dans le livre, mais, par ailleurs, songe à élever son auteur au cardinalat. La parution en 1699 des *Aventures de Télémaque* n'arrange rien. Le roi fait saisir l'ouvrage, critique implicite de sa manière de gouverner. « M. l'archevêque de Cambrai, dit-il, est le plus chimérique des beaux esprits de mon royaume. »

Le feu des critiques

En cette période de troubles, les critiques économiques et politiques du gouvernement royal s'ajoutent aux difficultés liées à la querelle du quiétisme. A la Cour resurgit l'ancien courant aristocratique. Sur le plan économique, on commence à remettre en cause le mercantilisme colbertien. Ainsi l'évêque d'Avranches, Daniel Huet, s'attaque-t-il avec une certaine virulence au dirigisme, proposant comme modèle la réussite hollandaise dans son ouvrage *Le Grand Trésor historique et politique du florissant commerce des Hollandais* (1694). Le marquis de Belébat, lui, défend la liberté du commerce, tandis que l'Ecossais John Law suggère, dès 1707, la création d'une monnaie fondée non pas sur l'or mais sur la richesse terrienne, afin d'éteindre la dette publique. Un véritable esprit libéral anime Pierre Le Pesant de Boisguilbert, lieutenant général de police au bailliage de Rouen, dans son *Détail de la France* (1695). Critiquant le poids des impôts indirects et la lourdeur du système corporatiste, qu'il juge nuisibles aux échanges, il prône la libre concurrence et le libre commerce des grains, se faisant le précurseur des thèses soutenues au XVIIIe siècle par les physiocrates.

Vauban

Travailleur infatigable, à la fois homme d'action et de réflexion, Sébastien Le Prestre de Vauban est de ceux qui connaissent le mieux le royaume. Cet homme d'expérience a gardé son franc-parler. En 1689, il critique ouvertement l'édit de Fontainebleau et réclame le retour à l'édit de Nantes. Comme Fénelon, il s'afflige de l'avilissement de la noblesse par l'argent, mais refuse de lui conférer tout rôle politique. Lui aussi réprouve la dérive des institutions depuis la mort de Louvois. Partisan de frontières sûres, il est gallican et volontiers anticlérical. On lui doit la restauration de cent dix-huit places fortes et citadelles, la construction de trente-trois autres et la direction de cinquante-trois sièges. En 1703, le roi le fait maréchal de France et, en 1705, chevalier du Saint-Esprit. Ce remarquable ingénieur, grand spécialiste de la guerre de siège, est aussi architecte, économiste, statisticien, agronome réputé, auteur de nombreux mémoires. C'est un esprit moderne, qui aspire à une organisation rationnelle de l'Etat et de la société, en restant très sensible à la détresse du peuple. En un sens, les idées de Vauban annoncent le despotisme éclairé. Son *Projet d'une dîme royale,* publié anonymement en 1707, peu avant sa mort, est condamné par le Conseil privé, qui y voit « plusieurs choses contraires à l'ordre et à l'usage du royaume ».

Le « projet d'une dîme royale »

Inspiré par les travaux de l'économiste Boisguilbert et du père Le Comte sur la Chine, Vauban insiste dans ce livre sur la misère qui règne dans le « menu peuple ». Négligeant les causes climatiques ou les grandes crises de subsistances, il en rend responsable le système fiscal : injustice de l'impôt de répartition (la taille), poids écrasant de la fiscalité indirecte, archaïsme des gabelles et des douanes intérieures. Il faudrait, selon lui, remplacer la plupart des taxes fiscales par un impôt unique, la dîme royale, qui frapperait proportionnellement tous les revenus (rentes, gages, pensions, revenus fonciers...) et serait prélevé en nature sur les ressources de la terre. Mais ce plan intelligent, audacieux et rationnel, heurte beaucoup trop d'intérêts établis pour avoir la moindre chance d'être étudié, et encore moins adopté, menaçant notamment le capitalisme fiscal des traitants, partisans et fermiers généraux.

L'INTIMITÉ DU ROI

On considère souvent que Louis XIV n'a vécu qu'en représentation, sans vraie vie privée. C'est méconnaître le tempérament profond, secret et distant, de cet homme qui a toujours su se ménager un espace d'intimité.

Le mariage secret

Le 30 juillet 1683, de retour d'un voyage, la reine Marie-Thérèse meurt d'un abcès sous le bras gauche. Plus attendri qu'affligé, le roi s'écrit : « Voilà le premier chagrin qu'elle m'ait donné ! » Son cœur est déposé au Val-de-Grâce et son corps, inhumé dans la crypte de Saint-Denis. Vite oubliée, cette petite Espagnole sans relief, confite en dévotion, bonne, mais timide, insignifiante, et qui n'a pas su tenir son rang à la Cour ! Pourquoi ne pas la remplacer par cette discrète dame d'atour de la Dauphine, Mme de Maintenon, avec laquelle le roi entretient de longue date une liaison ! Bien sûr, ce mariage serait privé et secret, car cette femme est de petite noblesse et, de plus, veuve d'un poète burlesque et libidineux. Bossuet, le père de La Chaise, confesseur du roi, Mgr de Harlay de Champvallon, archevêque de Paris, arrivent vite à cette solution, d'autant que la dame montre des dispositions pour devenir dévote. La pieuse conspiration se met en place. Louis hésite, puis accepte. Il épouse en secret Mme de Maintenon, à Versailles, sans doute dans la nuit du 9 au 10 octobre 1683.

La santé du roi

Le temps passe. Le roi vieillit. Agé de 57 ans, il « se laisse aller, écrit la princesse Palatine, il s'affaisse. Il paraît gros et vieux. C'est comme si Sa Majesté était devenue plus petite. Le visage est changé ; à peine est-il reconnaissable ; de jour en jour, il se ride davantage ». Sous l'apparence d'une constitution robuste, il a une mauvaise santé, comme en font foi les journaux de trois de ses médecins, Antoine Vallot, Antoine d'Aquin et Guy-Crescent Fagon. Dans sa jeunesse, il a eu la petite vérole, la scarlatine, la rougeole, une blennorragie, la gale, de l'eczéma... Mais ces maux sont oubliés. Dès l'âge de vingt-cinq ans, son appareil digestif se détraque. Le roi raffole des petits pois et des artichauts, cultivés dans le potager de Versailles, il se délecte de poissons, viandes et volailles, langues de canard et ris de veau, potages, légumes épicés. Il fait des excès de fruits, de biscuits, de confitures, de pâtisseries et autres friandises... Glouton, il s'empiffre sans retenue. Faiblesse, gourmandise ? Sans doute, mais aussi manière très royale de montrer sa force et de braver la nature. Celle-ci se venge. Il a des « flux de ventre » – il lui arrive d'aller sept ou huit fois par jour à la garde-robe –, des vapeurs, des vertiges, des bouffées de chaleur, des cauchemars, de violentes migraines et des crises de goutte.

Le courage physique

L'état physique du roi se délabre. En 1685, il ne lui reste plus qu'une dent à la mâchoire supérieure, celles de la mâchoire inférieure sont gâtées. Les praticiens, dans leur maladresse, lui arrachent une partie du palais, de sorte qu'il ne peut boire sans que le liquide lui coule du nez ! Il faut vite cautériser la plaie, qui a provoqué une nécrose de l'os, dégageant des odeurs « cadavéreuses ». Louis supporte stoïquement la pointe de feu que lui applique à quatorze reprises son premier chirurgien. Le souverain tente de dissimuler ses faiblesses. Le prestige du « plus grand roi du monde », sa stature de héros lui interdisent de donner le spectacle d'un homme diminué par la souffrance. Opéré d'une fistule à l'anus en 1686, il supporte l'intolérable douleur, soupirant seulement : « Mon Dieu ! Mon Dieu ! »

Le besoin d'évasion

En petit comité, le roi a gardé sa grande simplicité. Il parle sans affectation, et l'on peut s'adresser librement à lui. Il donne son amitié à quelques-uns, sans tenir compte des différences de rangs : ses valets de chambre, Bontemps, Blouin et Nyert, le président de Périgny, son secrétaire de la main Toussaint Rose, qui est chargé d'imiter sa signature, l'architecte Jules Hardouin-Mansart, le duc de La Rochefoucauld (fils du mémorialiste frondeur)... Il aime aussi les artistes et les gens de lettres, tels Lully, Pellisson, Racine, Molière, et sait se montrer attentif à leurs préoccupations. Sa fidélité en amitié ne lui évite pas d'être parfois mesquin et rancunier. S'il reste sensible, émotif et timide – les visages nouveaux l'inquiètent un peu –, il est parvenu depuis longtemps à cette remarquable maîtrise de soi qui fait l'admiration de tous.

Le jardin secret du roi

Malgré le poids écrasant de sa charge, malgré sa passion pour son métier de roi, il tient à préserver sa vie privée. C'est son jardin secret ! A Versailles, il s'est fait aménager un petit appartement intérieur, où il a rassemblé ses collections personnelles d'objets d'art, dessins, estampes, présents, médailles, tableaux (il admire tout particulièrement les œuvres de Francesco Albani, dit l'Albane). Seul un petit nombre de privilégiés y ont accès. Contrairement à une idée reçue, Louis n'apprécie pas outre mesure la vie en représentation. Il aime échapper à la cohue versaillaise et se réfugie alors à Marly, près de Louveciennes, ou au Grand Trianon, et s'adonne au billard, l'un de ses jeux favoris. L'âge venant, Louis se déplace moins fréquemment, s'enferme dans ses appartements avec Mme de Maintenon, bref, s'installe dans une vie routinière.

Marly

« Le roi, écrit Saint-Simon, lassé du beau et de la foule, se persuada qu'il voulait quelquefois du petit et de la solitude. » Petitesse et solitude : deux notions à relativiser chez le Grand Roi ! Construit de 1679 à 1686 par Jules Hardouin-Mansart dans un écrin de verdure, le pavillon royal a l'allure d'un élégant château, encadré de parterres de broderie, faisant face à une suite de pièces d'eau et de cascades, elles-mêmes entourées de douze pavillons de trois ou quatre pièces, attribués à douze divinités, symboles des mois de l'année. Là, le cérémonial est assoupli, on n'y vient que sur invitation personnelle. Cela devient un privilège. « Sire, Marly ! » implorent les courtisans avides de partager l'intimité du roi... Le château sera démoli durant la Révolution.

LA FAMILLE ROYALE

Louis XIV attache une grande importance à ses deux familles, la légitime et l'illégitime (les enfants qu'il a eus de Mlle de La Vallière et de Mme de Montespan). Il aime ses proches, s'efforce de ne point trop afficher ses préférences et se comporte en vrai *pater familias,* protecteur, dominateur et vigilant. Rien ne peut se faire en dehors de lui. De tous, il exige une stricte allégeance.

Le Grand Dauphin

Ainsi, il s'est attaché à donner une éducation parfaite et très complète à son fils, le Grand Dauphin, né à Fontainebleau le 1er novembre 1661, le seul de ses enfants légitimes à atteindre l'âge adulte. Le duc de Montausier, gentilhomme à la fois austère et lettré, en reçoit la responsabilité, secondé par un précepteur, le président de Périgny (remplacé, à sa mort, par Bossuet, alors évêque de Condom), par un sous-précepteur, Daniel Huet, futur évêque d'Avranches, et par un lecteur, le père Esprit Fléchier. Ces estimables éducateurs ont composé, selon l'usage, des ouvrages et traités *ad usum delphini* : Les *Réflexions chrétiennes et politiques pour la conduite d'un prince* (Montausier), le *Discours sur l'histoire universelle* (Bossuet), L'*Histoire de Théodose* (Fléchier)... Et Louis XIV lui-même s'est mis à écrire ses *Mémoires,* afin de transmettre à son fils le goût et l'art de régner. Pourtant, cette éducation réfléchie, austère, s'est révélée un pitoyable échec. Ayant reçu carte blanche du roi, Montausier a multiplié les punitions corporelles. A la moindre faute, au moindre mot oublié dans une leçon, l'enfant recevait des coups de férule, des claques et des bourrades. Monseigneur a donc pris en aversion les études. D'un naturel gai et simple, l'héritier du trône a été à la fois écrasé par cette éducation et paralysé dans la crainte révérencielle de l'image de son père.

Dans l'ombre du père

Doué d'une robuste constitution, capable de passer des heures à cheval sans fatigue, Louis de France se détend à la chasse, en particulier la chasse au loup, dont il raffole. Saint-Simon le juge avec sévérité, le trouvant mou et apathique, noyé dans la graisse. En vérité, bien que le prince ne soit ni brillant, ni spirituel, il ne manque pas de bon sens. C'est aussi un homme de goût, un amateur avisé de spectacles, d'opéras notamment, et un remarquable collectionneur de porcelaines, de vases rares, de tableaux, de bijoux... A la guerre, il se fait aimer des soldats et montre un grand courage. Les rares fois où il est consulté, il révèle un vrai sens de l'Etat et des responsabilités. En 1680, il épouse Marie-Anne Christine de Wittelsbach, sœur de l'Electeur de Bavière Maximilien Emmanuel. Femme dévote et passablement grincheuse, elle est aussi effacée que sa belle-mère Marie-Thérèse. Ayant donné à son mari trois héritiers, Louis, duc de Bourgogne (1682-1712), Philippe, duc d'Anjou, futur Philippe V d'Espagne (1683-1746), et Charles, duc de Berry (1686-1714), elle meurt en 1690. En 1695, Monseigneur se fait aménager avec magnificence une retraite au château de Meudon. Il y vit en compagnie de sa « Maintenon », Emilie de Choin, obscure fille d'un gouverneur de Bourg-en-Bresse, plutôt forte et laide, mais gaie, qu'il a épousée secrètement vers 1694. Ils y reçoivent une petite société de gens raffinés et cultivés, où se rendent souvent ses demi-sœurs, la duchesse de Bourbon et la princesse de Conti.

Monsieur, frère du roi

Louis XIV a pour son frère Philippe beaucoup d'affection, mais il n'ignore pas ses limites et ses insuffisances. Léger et vaniteux, grand amateur de fêtes et de plaisirs, Monsieur est très attaché à la forme et aux honneurs. Il connaît toutes les règles de l'étiquette et de la bienséance, n'ignore rien des généalogies des grandes familles européennes et pousse le plaisir du commérage jusqu'à la médisance. Le roi blâme son goût du « vice italien » et abhorre ses mignons. Si Monsieur n'est pas comme Monseigneur grand chasseur, il est, comme lui, fin collectionneur et amateur d'art avisé. A la bataille de Cassel, en 1677, il a montré sa bravoure militaire. L'ombre de jalousie qui, à cette occasion, a obscurci le front du roi s'est vite évanouie. Louis XIV peut se rassurer : ce frère-là ne lui causera pas les mêmes difficultés qu'à son père le turbulent Gaston d'Orléans. Monsieur réside au Palais-Royal, à Paris, qu'il a agréablement décoré. Il dispose aussi du château de Saint-Cloud comme « maison des champs ».

Madame Palatine

Devenu veuf d'Henriette d'Angleterre, Monsieur convole le 21 novembre 1671 avec la fille de l'Electeur palatin Charles Louis, Charlotte Elisabeth de Bavière. Liselotte, comme on la surnomme, n'est pas une femme timide, ni soumise. Orgueilleuse, colérique, toujours bougonne, elle a été élevée dans une petite cour princière, rustique et sans étiquette. Aussi détonne-t-elle dans le milieu raffiné de la cour de France. Grande chasseresse devant l'Eternel, coiffée d'une éternelle perruque d'homme, elle forme avec Monsieur, ce frivole pantin enrubanné, un étonnant contraste, celui d'une amazone unie à un hermaphrodite. Du reste, elle le méprise trop pour l'aimer, ce Philippe qui la trompe honteusement avec ses gitons. Mais le roi, qui lui a offert son amitié et pour lequel elle éprouve une sorte d'amour refoulé, la fascine.

Avec l'âge, elle s'épaissit, devient hommasse. Elle vit retirée dans ses appartements, rédigeant à l'intention de ses parents et amis étrangers une correspondance pléthorique, dans laquelle elle étale ses humeurs violentes, ses nostalgies germaniques, son « petit religion à part soi » (*sic*) (protestante, elle a dû se convertir au catholicisme), mais aussi sa nature honnête, vertueuse, franche et sensible. Madame n'a pas joué de rôle politique de premier plan, mais, infatigable échotière, elle est un témoin exceptionnel de la Cour et de son temps.

Autoportrait de Madame

Dans une lettre du 22 août 1698, Madame Palatine se décrit ainsi : « Ma taille est monstrueuse de grosseur, je suis carrée comme un dé, la peau est d'un rouge mélangé de jaune, je commence à grisonner, j'ai les cheveux poivre et sel, le front et le pourtour des yeux sont ridés, le nez est de travers comme jadis, mais festonné par la petite vérole, de même que les joues ; je les ai pendantes, de grandes mâchoires, les dents délabrées ; la bouche est un peu changée, car elle est devenue plus grande et les rides sont aux coins : voilà la belle figure que j'ai ! »

UNE NOUVELLE GÉNÉRATION

Monsieur meurt d'apoplexie le 9 juin 1701, après une vive altercation avec le roi. Celui-ci en éprouve des remords profonds et traite avec beaucoup de bonté son neveu, Philippe, duc de Chartres, qui hérite de l'immense apanage de son père et de son titre de duc d'Orléans. Avec lui, c'est une nouvelle génération de princes qui éclot à l'ombre du Grand Roi...

Philippe II d'Orléans

Né en 1674, le nouveau duc d'Orléans et futur Régent a reçu une excellente éducation de son précepteur l'abbé Dubois, à la fois traditionnelle et moderne. Elève appliqué et doué, Philippe joint à une vaste culture une immense curiosité. Il s'intéresse à la politique, aux finances, aux sciences physiques, aux arts et aux lettres. Ses occupations sont peu courantes pour un prince. Au Palais-Royal, il s'est fait construire un laboratoire, où il effectue des recherches de chimie avec le savant hollandais Homberg. Il monte sur scène, peint à merveille tableaux ou miniatures, compose plusieurs opéras – *Philomèle, Penthée, La Suite d'Armide* – avec ses maîtres, Charpentier, Gervais et Bernier. Sur les champs de bataille, à Steinkerque, à Nerwinden, il a donné la preuve des grandes qualités de soldat qui sont les siennes. Dans la guerre de Succession d'Espagne, il révélera aussi de véritables talents de stratège et de chef d'armée.

Il a le caractère bon et indulgent d'un homme sans rancune ; c'est aussi un grand timide introverti. Sceptique devant la religion, il joue à l'esprit fort, aime scandaliser les tartufes de la Cour mais, en vérité, fluctue. Influençable, il est soumis à de mauvaises fréquentations : la sorcellerie, l'ésotérisme, la démonologie et l'alchimie le tentent un moment. Comme son oncle Louis XIV, il jouit d'un tempérament sensuel. Grand coureur de cotillons, il fréquente les comédiennes, les filles d'opéra, avec lesquelles il aime s'enivrer jusqu'au petit matin et dont il aura plusieurs enfants naturels.

Un « fanfaron de crimes »

Louis XIV a des sentiments mitigés pour son neveu Philippe : d'un côté, il est agacé par ce prince trop brillant, qui semble dérober la gloire réservée à son bâtard chéri, le duc du Maine ; de l'autre, malgré ses frasques et son goût insatiable pour les plaisirs, il conserve envers lui une certaine indulgence. Mais, à partir de 1696, quand il apprend qu'il a frayé avec des sorciers, il le tient à distance. Il l'appelle « le docteur de la famille », en rappelant sa passion des expériences scientifiques, et le qualifie de « fanfaron de crimes » pour ses débordements libertins et son penchant pour la provocation.

Les Condés...

Après la mort de Louis II, le Grand Condé, en 1686, la branche des Condés, qui appartient à la maison de Bourbon, est représentée par son fils Henri Jules, qui se fait appeler également Monsieur le Prince (1643-1709). Cultivé, aimant les arts et les sciences, il est d'un caractère très difficile, avare, brutal, hypocondriaque, cruel, qui a reçu de sa mère, Claire Clémence de Maillé-Brézé, l'hérédité (ô combien lourde !) des Richelieu, laquelle prédispose à la folie. Il épouse Anne de Bavière, fille du comte palatin du Rhin. Son fils Louis III, prince de Condé, duc de Bourbon, dit Monsieur le Duc (1668-1710), a pour précepteur La Bruyère. Comme son père, il est féroce, jaloux, redouté de tous. Louis Henri de Bourbon (1692-1740), fils aîné de Louis III, sera le Premier ministre de Louis XV, après la mort du Régent.

... Et les Conti

Le frère du Grand Condé, Armand de Bourbon, prince de Conti (1629-1666), fait souche de la branche des Conti. De sa femme, Anne Marie Martinozzi, nièce de Mazarin, il a deux fils, Louis Armand de Bourbon, prince de Conti (1661-1685) et François Louis, prince de La Roche-sur-Yon, devenu prince de Conti à la mort de son aîné (1664-1709). Contrairement à leurs cousins Condés, désormais assagis, ces deux princes donnent au roi bien des tracas. Désobéissant aux ordres, ils partent en mars 1685 combattre les Turcs dans l'armée du roi de Pologne, Jean Sobieski. Rassemblant autour d'eux les mécontents de la Cour, ils échangent avec leurs amis une correspondance pleine d'impertinence, où ils traitent Louis XIV de « gentilhomme campagnard affainéanti auprès de sa vieille maîtresse » et de « roi de théâtre pour représenter et roi d'échec quand il faut se battre ». Informé de cet irrespect, le roi leur en gardera rancune.

Le duc de Bourgogne

Après le Grand Dauphin, l'espoir de la dynastie réside dans son fils aîné, Louis de France, duc de Bourgogne, né en 1682. De grande taille, offrant un beau visage fin, le petit-fils du roi est légèrement bossu et boiteux. Dans sa jeunesse, il a manifesté un caractère dissipé, emporté et railleur, que le duc de Beauvillier, son gouverneur, et Fénelon, son précepteur, se sont chargés de mettre promptement au pas. En quelques mois, la métamorphose est éclatante. Il devient un prince affable, sérieux, confit en dévotion, passionné par les études et la lecture. Afin de lui donner une parfaite connaissance du royaume, son gouverneur demande à chacun des trente-deux intendants de rédiger un mémoire sur sa généralité. Mais ses éducateurs, en brisant son caractère, ignorent qu'ils en ont fait un prince mélancolique qu'effrayent les responsabilités.

MARIAGES ET POLITIQUE

Le roi veille à ce que sa famille ne se mêle pas des affaires de l'Etat. Les princes sont toujours écartés du Conseil. Seuls Monseigneur et le duc de Bourgogne y seront admis, pour faire leur éducation politique. Louis XIV use aussi avec ses proches de ce que nous avons appelé son pouvoir trifonctionnel, de rassembleur, diviseur et niveleur.

Marie-Adélaïde de Savoie

Le 27 décembre 1697, le duc de Bourgogne épouse la fille du duc Victor Amédée II, la princesse Marie-Adélaïde, dont l'union scellera la réconciliation de la France et de la Savoie. Des fêtes somptueuses sont organisées à Versailles. Elle a douze ans, les joues flasques, les lèvres épaisses, le front trop bombé, le « nez qui ne disait rien », elle n'est point d'une grande beauté, mais il est difficile d'avoir plus de charme.

Moqueuse, babillarde et délicieuse, elle a la gaieté vive et sauvage d'un petit lutin décidé à faire la fête. Elle saute d'un fauteuil à l'autre, sur les genoux du roi ou de Mme de Maintenon. Elle « les embrassait, les baisait, les caressait, les chiffonnait, leur tirait le dessous du menton, les tourmentait, fouillait leurs tables, leurs papiers, leurs lettres, les décachetait, les lisait quelquefois malgré eux... », nous rapporte Saint-Simon. A table, elle grimace, déchire de ses mains les poulets, trempe les doigts dans les sauces et tutoie son beau-père. Riant de ces familiarités qui le sortent de son lugubre quotidien, le roi lui passe tous ses caprices.

Le patriarche

Dans son rôle de rassembleur, il cherche à souder autour de sa personne et du trône ses proches, à apaiser les tensions vives qui naissent entre eux. Rude tâche ! Il doit imposer Mme de Maintenon, cette reine sans couronne qui occupe un rang indéfini mais unique par sa puissance d'épouse secrète. Monsieur ne l'aime guère. Madame la hait. Le Grand Dauphin est distant avec son fils Bourgogne et n'est aimé ni de Mme de Maintenon, ni de Madame Palatine, ni de la duchesse de Bourgogne. Mme de Maintenon a horreur du duc de Chartres, le libertin fils de Monsieur. Sous ses airs candides et primesautiers, la petite duchesse de Bourgogne est jalouse des filles naturelles du roi : Marie-Anne, la princesse douairière de Conti, et Louise Françoise, Madame la Duchesse. La première mène une vie débridée, la seconde est cruelle et moqueuse. Le roi doit souvent les morigéner. Mais la plus délurée, la plus folle, la plus dangereuse est sa petite-fille, Marie-Louise Elisabeth, Mademoiselle, née en 1695, fille du futur Régent et de la seconde Mlle de Blois. A quinze ans à peine, on la marie au naïf duc de Berry, dernier fils de Monseigneur. Cette jeune personne mal élevée multiplie les incartades. Gloutonne et alcoolique, elle est d'une insolence rare avec tout le monde, y compris avec son père et sa mère (à laquelle elle reproche publiquement sa bâtardise).

Les mariages étrangers

S'il ferme la porte de la haute politique aux membres de sa famille, Louis se sert d'eux pour sa politique matrimoniale et dynastique, qui a pour objet de rehausser la puissance de la France. Pour attirer la Bavière dans son orbite, en 1680 il organise l'union de Monseigneur et de la princesse Marie-Anne Christine Victoire de Wittelsbach (1660-1690), fille de l'Electeur Ferdinand Marie. Pour se rapprocher de l'Espagne, il marie sa nièce Marie-Louise d'Orléans, fille de Monsieur, au roi Charles II. La douce jeune fille, effrayée à l'idée d'épouser cet être laid et malingre, supplie son oncle de lui épargner cette épreuve. Celui-ci, inexorable, lui répond qu'elle est « fille de l'Etat ». Elle doit s'exiler dans une cour hostile où elle mourra, dix ans plus tard, d'une maladie qui peut laisser suspecter un empoisonnement. Pour les mêmes raisons diplomatiques, sa sœur Marie-Anne épouse le duc Victor Amédée II de Savoie, et sa demi-sœur, Elisabeth Charlotte, fille de Madame Palatine, se marie avec le duc Léopold Joseph de Lorraine...

Légitimes et légitimés

Faute de prétendants étrangers, Louis XIV unit par des mariages ses deux familles, la légitime et l'illégitime, au grand scandale de la princesse Palatine et du duc de Saint-Simon, horrifiés par les souillures de la bâtardise sur le sang de France. Il dote largement sa fille Marie-Anne, dite la première demoiselle de Blois, née de ses amours avec la belle Louise de La Vallière, afin qu'elle épouse Louis Armand, prince de Conti. Il fait de même avec Louise Françoise, demoiselle de Nantes, mariée au duc de Bourbon. Le duc du Maine épouse la petite-fille du Grand Condé, la menue et exubérante Anne Louise Bénédicte de Bourbon, tandis que le propre fils du duc d'Orléans, Philippe, duc de Chartres, s'est vu contraint d'accueillir dans son lit Françoise Marie, seconde demoiselle de Blois, autre bâtarde de Madame de Montespan, qui lui donnera plusieurs enfants.

Le soufflet de Madame

Le projet de marier le duc de Chartres (futur Régent) à la seconde Mlle de Blois, sa fille naturelle, a germé dans l'esprit du roi dès 1688. Mais la princesse Palatine s'y est opposée. Elle a fait jurer à son fils qu'il refuserait toujours d'épouser cette bâtarde issue d'un double adultère. Avec l'aide de son précepteur, l'abbé Dubois, Louis XIV parvient à faire céder Philippe. Madame en est courroucée. Saint-Simon raconte qu'il la vit dans la galerie des Glaces, « pleurant sans contrainte, parlant haut, gesticulant et représentant fort bien Cérès après l'enlèvement de sa fille Proserpine, la cherchant et la redemandant à Jupiter ». Le lendemain, le duc de Chartres, l'air penaud, s'approche de sa mère pour lui baiser la main. La robuste Allemande « lui appliqua un soufflet si sonore qu'il fut entendu de quelques pas et qui, en présence de toute la Cour, couvrit de confusion ce pauvre prince et combla les infinis spectateurs, dont j'étais, d'un prodigieux étonnement... ».

Maine et Toulouse

Louis comble ses bâtards de bienfaits et les élève en rang et en dignité, provoquant de terribles jalousies. C'est ainsi qu'il joue son rôle de diviseur. Son fils chéri, Louis Auguste, qui a reçu le titre de duc du Maine, a été légitimé le 20 décembre 1673. Affligé d'une coxalgie qui l'a rendu boiteux, il est de santé délicate. Doux et timide, il est intelligent et porté à l'étude, sans pour autant figurer le petit prodige que la veuve Scarron a voulu dépeindre. A quatre ans, il reçoit la charge de colonel des Suisses et Grisons. En 1681, la Grande Mademoiselle lui cède la souveraineté de Dombes et le comté d'Eu. En 1682, il est gouverneur du Languedoc et, en 1686, reçoit le cordon du Saint-Esprit. Général des galères deux ans plus tard, le roi le nomme lieutenant général en 1692, puis grand maître de l'artillerie. Il participe aux campagnes, où il ne fait pas preuve de qualités militaires. Son frère cadet, Louis Alexandre, titré comte de Toulouse, légitimé en novembre 1681, est un homme honnête et de grande valeur. Il reçoit successivement les charges d'amiral de France (1683), de gouverneur de Guyenne (1689), de Bretagne (1695) et de lieutenant général (1697). Il jouera un grand rôle lors de la guerre de Succession d'Espagne, à la tête des armées navales de Méditerranée. En mai 1694, Louis XIV, par une déclaration enregistrée au Parlement, crée pour ses fils bâtards un rang intermédiaire entre celui de prince du sang et celui de duc et pair. Il ira plus loin encore en 1714 en leur conférant la qualité de prince du sang.

Méfiance politique

Louis XIV se méfie de l'ambition politique de ses proches, voire de leur simple popularité. Toutes les maisons des princes sont sous haute surveillance, et un « cabinet noir » ouvre sans complaisance les courriers de la Cour. Le roi est dans son rôle de niveleur. Il empêche ses proches de trop s'élever. Ainsi, en 1666, refuse-t-il à son frère le gouvernement du Languedoc qu'a autrefois possédé son oncle Gaston. « Je ne crus pas lui devoir accorder, note-t-il dans ses *Mémoires,* étant persuadé qu'après les désordres que nous avons vus si souvent dans le royaume, c'était manquer de prévoyance et de raison que de mettre les grands gouvernements entre les mains des fils de France, lesquels, pour le bien de l'Etat, ne doivent jamais avoir d'autre retraite que la Cour, ni d'autre place de sûreté que dans le cœur de leur frère. » Au nom des mêmes principes, il refuse au duc de Chartres le gouvernement de la Flandre. En effet, cette dernière est une province trop importante pour être confiée à un prince du sang. Les souvenirs de la Fronde l'habitent en permanence... Le bien de l'Etat passe avant tout.

Chapitre XII

LA SUCCESSION D'ESPAGNE 1700-1709

L'HÉRITAGE ESPAGNOL

Fiévreux, malade depuis des années, le rachitique et mélancolique souverain de Madrid, Charles II, glisse lentement vers la folie et la mort. Toute l'Europe retient son souffle. Sa succession a, depuis trente-cinq ans, attisé toutes les convoitises. Cette fois, l'heure approche...

Les candidats

Le malheureux souverain n'a eu d'enfant ni de sa première femme, Marie-Louise d'Orléans, ni de la seconde, Marie-Anne de Neubourg. Or l'empereur Léopold Ier, descendant de Philippe III d'Espagne, a épousé en premières noces une sœur de Charles II, Marguerite Thérèse, et il revendique à ce titre pour son fils cadet, l'archiduc Charles, né de cette union, l'intégralité de la succession.

Louis XIV, de son côté, soutient que les renonciations de sa mère Anne d'Autriche, fille de Philippe III, et de sa femme Marie-Thérèse, fille de Philippe IV et demi-sœur aînée de Charles II, ont été prononcées sans leur consentement et allègue, du reste, que la dot de sa femme n'a pas été versée – selon le calcul fait par Mazarin lors du traité des Pyrénées, on s'en souvient. Mais d'autres candidats au trône sont en lice : Monsieur, second fils d'Anne d'Autriche, le jeune Joseph Ferdinand, petit-fils de l'empereur et de Marguerite Thérèse, prince électeur de Bavière, Victor Amédée II de Savoie, descendant de Philippe II, Pierre II de Portugal...

Les projets de partage

Pour éviter le cumul des deux couronnes, inacceptable pour les perdants, Louis XIV propose la candidature de l'un de ses petits-enfants, le duc d'Anjou ou le duc de Berry. Plutôt que de tout perdre cependant, il préférerait trouver avec ses compétiteurs un accord de partage. Léopold Ier, lui, ne veut pas en entendre parler, car le traité signé en 1668 ne l'engage pas suffisamment. Louis conclut alors, en octobre 1698, avec les Provinces-Unies et l'Angleterre, un traité donnant l'Espagne, les Pays-Bas catholiques et l'empire d'Outre-mer au petit prince de Bavière, le Milanais à l'archiduc Charles, les Deux-Siciles, la Toscane et le Guipúzcoa, l'une des provinces du pays basque, au Grand Dauphin.

Poussé par les patriotes castillans attachés à l'unité de leur empire, Charles II désigne dans son testament pour unique successeur son petit-neveu, Joseph Ferdinand de Bavière.

Malheureusement, cet enfant de sept ans meurt trois mois plus tard. Aux Anglais et aux Néerlandais Louis XIV fait de nouvelles propositions qui sont discutées. Le traité de 1700 attribue à l'archiduc d'Autriche l'Espagne, les Pays-Bas espagnols ainsi que les Indes ; outre ses autres possessions, le Grand Dauphin recevrait la Savoie et la Lorraine. En contrepartie, le duc de Savoie se verrait attribuer le Milanais.

Les dernières volontés de Charles II

Sitôt connu, le nouveau traité met en fureur l'empereur et surtout le roi d'Espagne. La reine Marie-Anne de Neubourg anime avec passion le parti impérial à Madrid. Mais les grands et les principaux ministres madrilènes s'inquiètent, dans l'hypothèse où tout l'héritage passerait à l'archiduc Charles, des effets ravageurs de la coalition entre la France, l'Angleterre et les Pays-Bas. Ils passent alors de la coterie autrichienne à la coterie française. Après avoir longuement hésité et connu de terribles angoisses, le 2 octobre 1700, Charles II cède à la pression du cardinal de Portocarrero, archevêque de Tolède et primat d'Espagne, et institue pour légataire universel son petit-neveu, le duc d'Anjou, petit-fils de Louis XIV et deuxième fils du Grand Dauphin, âgé de dix-sept ans. S'il ne monte pas sur le trône espagnol, celui-ci reviendra au duc de Berry. Un mois plus tard, le 1er novembre, Charles II expire.

Louis XIV accepte le testament

Le roi apprend la mort du roi espagnol et le contenu de son dernier testament le 9 novembre, à Fontainebleau. Que faire ? S'en tenir au traité de partage ou accepter ce testament inespéré ? Le Conseil est divisé. Certes, la première solution prouverait la modération du souverain. Mais la guerre risque d'être déclarée à la France par l'empire et l'Espagne, où l'archiduc se sera installé. Or, le roi doute, avec raison, de la fidélité de l'Angleterre et des Provinces-Unies.

La seconde solution n'agrandira pas territorialement la France mais donnera la prééminence aux Bourbons, qui siégeront sur deux trônes alliés, tout en offrant d'immenses perspectives au négoce français. La guerre avec l'empire est sûre, mais peut-être pas avec les puissances maritimes, très attachées à la paix. Le lendemain de la nouvelle, 10 novembre, après mûre réflexion, le roi se décide à accepter le testament de Charles II.

Pour son petit-fils, Louis XIV rédige des *Instructions* sur la manière de se comporter dans son nouveau pays, dans lesquelles il écrit : « Soyez le maître ; n'ayez jamais de favori ni de Premier ministre ; écoutez, consultez votre Conseil, mais décidez : Dieu, qui vous a fait roi, vous donnera les lumières qui vous sont nécessaires tant que vous aurez de bonnes intentions. »

Le 16 novembre 1700

Mardi 16 novembre 1700 à Versailles : « Ce fut ce jour-là, écrit le marquis de Sourches, que se passa la plus grande et la plus extraordinaire scène qui se fût jamais passée dans l'Europe. » A son lever, le roi présente son petit-fils : « Messieurs, dit-il, voilà le roi d'Espagne ! La naissance l'appelait à cette couronne, le feu roi aussi par son testament ; toute la nation l'a souhaité et me l'a demandé instamment, ce que je leur ai accordé avec plaisir ; c'était l'ordre du Ciel ! » Puis, se tournant vers son petit-fils, il ajoute : « Soyez bon Espagnol, c'est précisément votre premier devoir ; mais souvenez-vous que vous êtes né Français pour entretenir l'union entre les deux nations ; c'est le moyen de les rendre heureuses et de conserver la paix en Europe. »

ERREURS ET IMPRUDENCES

Dans la conjoncture européenne, accepter le testament était sans doute la solution la plus sage. Ce n'est pas directement cette décision qui a déclenché la terrible et désastreuse guerre qui s'ensuit ; ce sont plutôt les fautes tactiques et les erreurs d'appréciation du roi.

Philippe V

Pour Louis XIV, l'installation de son petit-fils à Madrid est un triomphe inouï, inespéré. L'ennemi héréditaire devient subitement le meilleur allié ! C'est une révolution culturelle que toute la France va devoir opérer. Triomphe du droit dynastique sur la logique de l'Etat-nation, la décision prise le 10 novembre s'insère dans la nouvelle orientation procatholique que le souverain entend donner à sa politique. Après la mort d'Innocent XI, le roi, en effet, s'est réconcilié avec la papauté. Devenu dévot, il a mis une sourdine aux thèmes gallicans et rêve désormais de devenir en Europe le champion de la chrétienté et de la Contre-Réforme. De Bourbon, il s'est fait Habsbourg ! Colbert de Torcy, le ministre des Affaires étrangères, s'efforce d'apaiser les craintes qui naissent dans les Etats européens, en précisant bien que les couronnes de France et d'Espagne demeureront séparées. A l'exception de l'empereur et de ses alliés – l'Electeur palatin, les Electeurs de Hanovre et de Brandebourg –, toute l'Europe reconnaît le nouveau roi, le duc d'Anjou devenu Philippe V. Celui-ci quitte Versailles le 4 décembre 1700 et arrive à Madrid, sous les vivats du peuple, le 19 février 1701.

L'Espagne sous tutelle

Hormis Léopold Ier, qui s'obstine à réclamer l'intégralité de l'héritage, Guillaume d'Orange et son ami Heinsius, grand pensionnaire de Hollande, qui rêvent de revanche, personne ne souhaite réellement la guerre avec la France. D'ailleurs, l'Anglais et le Hollandais se heurtent aux réactions de leurs propres Etats : le premier, au pacifisme des marchands londoniens, le second, à la méfiance des républicains d'Amsterdam à l'égard des orangistes.

Louis XIV éclate de joie et, en février 1701, maintient les droits du roi d'Espagne à la couronne de France, jetant un doute sur la séparation des deux pays. Par crainte que les Pays-Bas espagnols ne se proclament indépendants, il fait occuper les places dites de la Barrière – Namur, Charleroi, Mons, Courtrai... –, où les Hollandais tiennent garnison en vertu d'une convention passée avec l'Espagne en 1698. Guillaume III, furieux, rappelle ses troupes. Louis, qui se considère comme le tuteur de son petit-fils Philippe V, place à Madrid des Français aux postes clés : finances, politique, guerre, affaires religieuses. L'ambassadeur de France siège au Conseil. Pour amadouer Victor Amédée, Louis XIV marie le roi d'Espagne à une princesse de Savoie, Marie-Louise Gabrielle, sœur de la duchesse de Bourgogne, et donne à ce couple inexpérimenté un mentor en la personne d'une amie de Mme de Maintenon, la princesse des Ursins. L'accession d'un Français au trône d'Espagne a des répercussions économiques : les commerçants de Nantes, Saint-Malo et Bordeaux prennent pied dans le commerce colonial de l'empire espagnol. La Compagnie française de Guinée, créée par Jérôme de Pontchartrain, obtient en 1702 le monopole de la traite des Noirs en Amérique espagnole, l'*asiento*. Les fonds viennent de France et d'Espagne, du groupe financier Crozat et de Samuel Bernard.

Bruits de guerre

L'Europe s'inquiète de voir la monarchie ibérique devenir un protectorat français, des régiments s'installer dans le Milanais et des escadres à bannière fleurdelisée croiser au large de la Floride et de l'Amérique du Sud. Aux Hollandais, qui ont décidé de réarmer, Louis XIV offre de confirmer les engagements de Ryswick, mais, par précaution, fait fortifier les places de la Barrière et creuser des lignes de retranchement. Chacun s'inquiète et commence à prendre peur. Habilement, Guillaume III réussit à convaincre la Chambre des communes que Louis XIV cherche réellement la guerre. Heinsius l'aide en ce sens. De grands intérêts sont en effet en jeu : la défaite des Franco-Espagnols ouvrirait aux négociants anglais et hollandais des perspectives immenses en Amérique du Sud. C'est bien ce que reflète la « Grande alliance de La Haye », traité secret signé le 7 septembre 1701 entre les deux puissances maritimes et l'empereur.

Jacques III et L'Angleterre

Le 16 septembre 1701, Jacques II d'Angleterre s'éteint à Saint-Germain-en-Laye, où il vivait en exil depuis 1688. En dépit de l'avis contraire du Conseil d'en haut, Louis XIV décide de reconnaître le fils du défunt roi, Jacques Edouard, prince de Galles, sous le nom de Jacques III. Pour Guillaume d'Orange, c'est une violation de l'esprit, sinon de la lettre du traité de Ryswick. Ce geste correspond à la volonté du roi de soutenir la branche légitime des Stuarts, mais également à son projet d'exalter partout la catholicité. Désormais, le Très-Chrétien est déterminé à s'imposer à tous comme le champion de la cause romaine en Europe.

La mort de Guillaume III, le 19 mars 1702, et l'avènement de sa belle-sœur, Anne Stuart, n'arrêtent pas le processus de guerre. Dès le 15 mai, l'Angleterre, les Provinces-Unies et l'empereur déclenchent les hostilités. Ils sont soutenus par le Danemark, la Prusse, la plupart des Electeurs et des princes protestants d'Allemagne.

Les généraux ennemis

La coalition anglo-impériale dispose de deux chefs de guerre exceptionnels, le duc de Marlborough et le prince Eugène de Savoie. François Eugène de Savoie est le fils du comte de Savoie-Carignan, Eugène Maurice, et d'Olympe Mancini, l'une des nièces de Mazarin. Souffrant de la disgrâce de sa mère, compromise dans l'affaire des Poisons, éconduit lui-même de la Cour, Eugène hait Louis XIV. Ce prince orgueilleux, grand bâtisseur, collectionneur enragé, animé au combat d'un courage indomptable, est le meilleur général de l'empereur, « l'Atlas de la monarchie des Habsbourg », dira plus tard de lui le roi de Prusse, Frédéric le Grand.

Intrigant et ambitieux, assoiffé d'honneurs et d'argent, John Churchill, duc de Marlborough, doit son duché et son titre de capitaine général des armées anglaises à l'amitié de la reine Anne pour sa femme, lady Churchill. S'il est moins brillant qu'Eugène, c'est cependant un excellent soldat, courageux et jovial, et un redoutable tacticien.

L'état-major français

Face à eux, la France oppose quelques bons généraux, tels que le duc de Vendôme, arrière-petit-fils d'Henri IV et de Gabrielle d'Estrées, Claude Louis Hector, marquis de Villars, le duc de Boufflers, le duc de Berwick, bâtard de Charles II et neveu de Marlborough, le lieutenant général Pierre d'Artagnan, futur maréchal de Montesquiou. Mais quatre officiers accumulent les défaites : Villeroy, Tallard, Marsin et La Feuillade. Sur mer, la France a d'excellents marins : Duguay-Trouin, Coëtlogon, Forbin, Château-Renault, Saint-Pol-Hécourt...

LES PREMIERS COMBATS

Les deux coalitions alignent des forces à peu près égales, et les premières années sont difficiles pour tous. Dans les deux camps, l'alternance des victoires et des défaites ne donne à personne la prépondérance. En France, Louis XIV doit en outre faire face à la révolte des camisards.

L'Italie et l'Allemagne

En Italie, au cours de l'année 1701, une armée de trente mille impériaux, conduite par le prince Eugène, repousse à Carpi le maréchal Catinat. Villeroy, lui, est battu à Chiari. En août 1702, Vendôme affronte Eugène à Luzzara, mais l'issue du combat reste incertaine. Les impériaux sont chassés du Parmesan et du Mantouan, alors que Philippe V se rend dans ses Etats napolitains pour s'assurer de leur fidélité.

Cette même année, les Français reculent en Allemagne : Cologne, la Gueldre espagnole, Landau tombent aux mains des impériaux. Heureusement l'allié de la France, Maximilien Emmanuel de Bavière, prend Ulm. Le 14 octobre 1702, Villars triomphe du margrave de Bade, près de Friedlingen et, le 3 décembre, Tallard, qui a pris Trèves et Traerbasch, entre dans Nancy. Sur mer, ce sont les mêmes incertitudes : en août, une attaque anglo-hollandaise sur Cadix échoue ; en septembre, Ducasse repousse les Anglais à Carthagène, mais Château-Renault, convoyant une flotte chargée d'or, est battu par eux dans la baie de Vigo, le 22 octobre 1702. La guerre gagne aussi le Nouveau Monde. La Floride espagnole et les Antilles font l'objet d'attaques répétées des colons britanniques.

L'enlèvement de Villeroy à Crémone

En février 1702, lors d'une opération habilement menée, les impériaux s'emparent à Crémone du chef de l'armée française, le maréchal de Villeroy, en passant par un aqueduc désaffecté. Cet épisode burlesque divertit la Cour et l'armée, où l'on tient le favori du roi pour incapable. Se sentant personnellement visé, Louis XIV réagit, persuadé, selon le marquis de Dangeau, « que l'amitié dont il l'honorait lui attirait une partie de la haine que l'on avait contre lui ». L'inconvénient du système politique mis en place après la mort de Louvois apparaît ici : le ministériat dyarchique des Colbert et Le Tellier ayant disparu, le roi focalise directement les mécontentements.

Sur tous les fronts

En 1703, Maximilien Emmanuel de Bavière rencontre un échec au Tyrol. En revanche, en septembre, Villars remporte la victoire de Höchstädt, sur le Danube, tandis que Tallard écrase les armées impériales à Spire et reprend Landau.

Cependant, la situation s'aggrave pour la France : deux alliés, le Portugal et la Savoie, changent de camp. Les coalisés, qui ont reconnu l'archiduc Charles comme unique roi d'Espagne, sont décidés à imposer leur loi à Philippe V et à le chasser de Madrid. En août, le port de Gibraltar tombe aux mains des Anglais. Le comte de Toulouse tente une contre-offensive – un violent combat naval s'engage à Velez-Malaga –, mais il échoue. En Allemagne, l'inconstant Maximilien Emmanuel et le fougueux Villars ne parviennent pas à s'entendre. Louis XIV se bat sur tous les fronts : dans les Pays-Bas, sur le Danube, en Italie, en Castille et en France même, où éclate une révolte des huguenots dans les Cévennes.

La révolte des camisards

Les communautés protestantes du Bas-Languedoc et des Cévennes, très profondément affectées par la révocation de l'édit de Nantes et la mise à mal des structures de l'Eglise réformée, ont tenté de survivre autour des « assemblées du Désert », où des prédicants clandestins accueillent les nouveaux catholiques repentants.

Mais la répression menée par l'intendant Basville brise ces essais. De la dérive spirituelle qui suit naît le mouvement prophétique qui voit surgir des bandes bruyantes de jeunes gens, souvent frustes et illettrés, qui se prétendent habités par l'Esprit et nourrissent leurs discours apocalyptiques et millénaristes d'appels à une guerre sainte. De ce mouvement révolutionnaire, qui n'est pas sans inquiéter les calvinistes du Refuge, surgissent des meneurs qui se révèlent bientôt redoutables : Jean Cavalier, apprenti boulanger de Ribaute, Gédéon Laporte, ancien maréchal des logis, Pierre Laporte dit le chevalier Roland, châtreur de moutons, Abdial Maurel dit Catinat, ancien soldat, Abraham Mazel, peigneur de laine... La révolte naît le 24 juillet 1702 avec l'assassinat au Pont-de-Monvert de l'abbé François du Chayla, haï des huguenots. L'insurrection s'étend. L'exercice du culte protestant est rétabli dans les « régions libérées ».

De Montrevel à Villars

D'abord molle, la réaction des autorités devient brutale. A la tête de troupes régulières, le comte de Broglie mène une impitoyable répression, pillant, brûlant, exécutant, poussant par la violence les populations locales dans les bras des « camisards » (ce nom viendrait de la camisole qu'ils portent, ou bien de la pratique de la « camisade » ou attaque de nuit). Malgré les rudes coups portés à la rébellion par des troupes de plusieurs milliers de soldats, bien plus nombreux que les insurgés, le maréchal de Montrevel, commandant général du Languedoc, échoue à rétablir l'ordre. En avril 1704, ce « brûleur de maisons » est rappelé. Louis XIV le remplace par le maréchal de Villars. Celui-ci, souhaitant l'apaisement, rassure la population et négocie la reddition de Jean Cavalier, isolant les chefs intransigeants, tels Roland ou Catinat, qui seront exécutés. Vers l'été de 1704, le calme revient et les tentatives de relancer le mouvement, financées par l'Angleterre, échouent.

Jean Cavalier
(1681-1740)

A vingt ans, ce fils d'un paysan des Cévennes se révèle un remarquable chef militaire dans la terrible guerre de partisans qui éclate après l'assassinat de l'abbé du Chayla. Sous sa direction, les camisards, aux effectifs peu nombreux mais soumis à une discipline de fer, tiennent tête aux troupes royales du comte de Broglie et du maréchal de Montrevel. En mai 1704, il négocie sa soumission avec Villars, reçoit un brevet de colonel et une pension de 1 200 livres. Louis XIV, qui a eu écho de ses prouesses, lui accorde une audience à Versailles, tandis que ses coreligionnaires l'accusent de trahison. Craignant les représailles de ceux-ci, il passe en Suisse avec ses hommes. Il sert alors le duc de Savoie, puis l'Angleterre, est grièvement blessé à la bataille d'Almanza et achève sa carrière comme lieutenant gouverneur de Jersey et major général des armées britanniques.

LES DÉFAITES

Les difficultés intérieures s'ajoutent à celles de la guerre, affaiblissant le royaume. A partir de 1704, la France connaît de graves défaites devant la supériorité tactique et numérique des alliés, en faveur de qui, indiscutablement, l'équilibre se rompt...

Blenheim et Ramillies

Le 13 août 1704, à Blenheim sur le Danube, près du village de Höchstädt où Villars a été vainqueur un an auparavant, une armée franco-bavaroise commandée par Maximilien Emmanuel et par les maréchaux de Tallard et de Marsin, est battue par une puissante armée aux ordres de Marlborough et du prince Eugène. C'est une éprouvante défaite ! Les Français perdent trente mille hommes, tués, noyés dans le Danube, blessés ou prisonniers, toute leur artillerie et cent soixante-douze étendards. Neuf lieutenants généraux trouvent la mort, et Tallard, victime de sa faible vue et de son incompétence, est fait prisonnier. Le désastre est tel que personne n'ose l'avouer au roi : c'est Mme de Maintenon qui se dévoue. Au cours de l'année 1705, les défaites se succèdent. Les troupes franco-espagnoles ne parviennent pas à libérer Gibraltar. La Catalogne se soulève contre Philippe V ; Barcelone tombe en octobre. Le royaume de Valence et la Murcie sont perdus. Heureusement, Villars parvient à contenir Marlborough sur la Moselle, tandis que Vendôme en Italie arrête le prince Eugène à Cassano d'Adda. La mort en mai de l'empereur Léopold Ier, le vieil adversaire de Louis XIV, ne change en rien la donne. Son fils aîné lui succède sous le nom de Joseph Ier. Plus encore que son père, il est décidé à poursuivre la guerre.

Le 23 mai 1706, les armées françaises subissent une nouvelle et terrible défaite. A Ramillies, en Belgique, près du village de Waterloo, Villeroy connaît un cuisant échec devant Marlborough. La faute lui en incombe : malgré des ordres répétés, il a refusé d'attendre l'armée de secours de Marsin. Mauvais tacticien, il a disposé son aile gauche devant un marais infranchissable : son adversaire en a aussitôt tiré profit.

Morne plaine

Une fois de plus, le roi ne comprend pas la situation et doit envoyer sur place son ministre Chamillart. Villeroy, sûr de l'amitié de son maître, refuse de démissionner. Au lieu de le sanctionner, comme il l'aurait fait quelques années plus tôt, Louis XIV, dont l'énergie s'émousse avec l'âge, le traite avec indulgence, malgré son incompétence et sa vanité : il a non seulement perdu la bataille, mais, pris de panique, il a reculé jusqu'à la frontière, abandonnant dans le plus grand désordre Louvain, Gand, Bruxelles, Bruges, Audenarde et Anvers.

Turin

Pour rendre le moral à l'armée du Nord, le roi fait revenir d'Italie le duc de Vendôme, au moment même où le prince Eugène s'avance dans la plaine du Pô, vers Turin, assiégée par les Français. Il confie le commandement à son neveu, Philippe d'Orléans, avec pour mentor le médiocre Marsin. Le fils de Monsieur, qui se révèle bon tacticien et courageux soldat, insiste pour que l'on attende les impériaux sur une position défensive solide, au bord du Tanaro. Marsin refuse. Philippe propose alors que l'on sorte des lignes du siège de Turin et que l'on marche à l'ennemi, qui a commencé à envelopper la place. Marsin refuse à nouveau et exhibe un ordre du roi lui accordant les pleins pouvoirs. Le 7 octobre 1706, la bataille sous les murs de Turin se déroule dans les pires conditions. Marsin est tué et Philippe d'Orléans, blessé après s'être battu en héros. Les troupes françaises se débandent piteusement, abandonnant canons, carrosses et vaisselles d'argent. Après les Pays-Bas espagnols et l'Allemagne, l'Italie du Nord est perdue.

« Nos affaires vont bien ! »

En Espagne, la situation reste très chaotique. En mai 1706, Philippe V tente de reprendre Barcelone, mais, secourue par la flotte anglaise, la ville résiste. Cet échec marque le reflux des troupes loyalistes. Bientôt les alliés entrent dans Madrid, où l'archiduc est proclamé roi, sous le nom de Charles III. Le pays tout entier va-t-il tomber en leurs mains ? C'est bien peu probable, car le peuple castillan reste fidèle au petit-fils de Louis XIV. La résistance s'organise. L'armée des coalisés, commandée par lord Galloway, se heurte à une éprouvante guerre de partisans, faite d'embuscades et de coups de main. En octobre, elle doit abandonner Madrid, que Philippe V regagne en triomphe.

L'optimisme revient. Mais est-ce suffisant pour déclarer comme le fait Louis XIV, le 1er janvier 1707, à l'ambassadeur espagnol en présence du corps diplomatique : « Monsieur, nos affaires vont bien ! » ? Il est vrai que les Espagnols, avec l'aide des Français, font de gros efforts militaires pour poursuivre leur offensive contre les Anglo-Autrichiens. Ainsi, le 25 avril 1707, le maréchal de Berwick défait lord Galloway à Almanza. Philippe d'Orléans, dont on a enfin reconnu les qualités militaires, reçoit carte blanche en Espagne. Ayant reconquis le royaume de Valence, il prend Saragosse, capitale de l'Aragon, et s'empare de l'importante place de Lérida.

LE RISQUE D'EFFONDREMENT

Sur le front espagnol, la situation paraît en bonne voie, mais il n'en est pas de même ailleurs. Financièrement épuisée, la France, qui voit ses frontières attaquées, doit faire face à la coalition de ses adversaires.

Le siège de Toulon

A la tête de l'armée d'Allemagne, Villars a réussi à pénétrer très avant dans les territoires impériaux, mal défendus, où il mène une campagne triomphale. Son plan est de se rendre en Bavière et, de là, en coordination avec les Malcontents hongrois, de marcher sur Vienne. Mais il reçoit l'ordre, au mois de juin 1707, de se replier et d'envoyer immédiatement des renforts en Provence, où les Austro-Piémontais ont ouvert un nouveau front. Le 4 décembre précédent, en effet, le duc Victor Amédée de Savoie et le prince Eugène, à la tête d'une armée de quarante-cinq mille hommes, ont franchi le col de Tende. Cette puissante troupe ravage la Provence, franchit l'Esterel et les Maures et entreprend le siège de Toulon, dont une flotte anglo-hollandaise bloque la rade. C'est une manœuvre habile, car l'arsenal du port contient près de cinq mille pièces de canons : l'escadre française, forte d'environ vingt navires, ne peut que se saborder... Cherchant à tirer profit de son avantage, Marlborough veut pousser jusqu'à Lyon, mais la dureté de la guérilla des paysans provençaux le fait renoncer ; il regagne l'Italie à la fin du mois d'août, après avoir perdu dix mille hommes.

L'épuisement des finances

La situation financière est catastrophique. Les dépenses de guerre se sont accrues de façon prodigieuse et les revenus de l'Etat ne comblent pas ce gouffre. En 1706, par exemple, les dépenses s'élèvent à près de 200 millions de livres, dont les deux tiers sont destinés à l'armée, à la marine, aux galères et aux fortifications, tandis que les recettes dépassent à peine 50 millions de livres. La solde des troupes n'est plus payée. Une partie importante de l'activité économique se trouve paralysée par le conflit. Les recrutements, la levée de la milice, les réquisitions qui s'ajoutent à l'émigration huguenote désorganisent la vie de certaines régions et entraînent la baisse de la consommation, le chômage et même le départ pour l'étranger d'ouvriers catholiques. Contrôleur général des Finances depuis 1699, l'honnête mais peu compétent Michel de Chamillart allège la dette par des manipulations monétaires et des dévaluations de la monnaie de compte, la livre. Confronté à la pénurie de numéraire, il cherche maladroitement à développer la monnaie fiduciaire, les « billets de monnoye ». Comme ses prédécesseurs, il recourt naturellement aux expédients habituels : création et vente d'offices et de lettres d'anoblissement, réduction des rentes de l'Hôtel de Ville, taxation des financiers et des titulaires d'offices. Il met également à contribution la Caisse des emprunts, une annexe des fermes générales, qui est priée de faire des avances de trésorerie. Les puissances d'argent sont sollicitées et flattées comme jamais elles ne l'ont été. Louis XIV promène dans ses jardins de Marly le banquier protestant Samuel Bernard, un ancien marchand drapier reconverti dans les activités maritimes et la haute finance internationale, qu'il a anobli.

Les « billets de monnoye »

La première expérience de monnaie fiduciaire à grande échelle a lieu en 1701, bien avant le « système de Law » sous la Régence. Le roi ayant résolu une refonte des monnaies, il est décidé qu'en attendant la frappe et la remise des nouvelles espèces, les particuliers recevront des reçus signés par le directeur de la Monnaie, dits « billets de monnoye ». Répétée plusieurs fois au moment des mutations monétaires, l'expérience aurait pu aboutir à la généralisation du papier-monnaie en France, pour peu que les autorités aient assuré la convertibilité totale desdits billets. En fait, pour soutenir les cours de ces papiers, qui se dépréciaient, on les transforma en titres portant intérêt. Ce fut le prélude à une inflation d'émissions de toute sorte : quittances des trésoriers-payeurs, billets des commis de l'extraordinaire des guerres, des trésoriers de la marine, qui tous très vite perdirent de leur valeur et alimentèrent la spéculation.

La débandade d'Audenarde

Et les revers militaires continuent. En mars 1708, la tentative de débarquement jacobite en Ecosse, financée par la France, échoue lamentablement. Durant l'automne, la flotte anglaise s'empare de Minorque. Dans les Flandres, le duc de Vendôme, négligent et débauché, ne s'entend pas avec le scrupuleux et pieux duc de Bourgogne. Leurs querelles et leurs différends stratégiques fréquents ont pour résultat de paralyser l'armée, qui laisse stupidement les troupes du prince Eugène et du duc de Marlborough, pourtant inférieures en nombre, faire leur jonction du côté d'Audenarde. Le 11 juillet 1708, la bataille s'engage dans la confusion la plus grande, les deux chefs donnant des ordres contradictoires sans s'être concertés. L'artillerie reste en arrière, empêchant les colonnes françaises de se ranger en ordre de bataille. Des détachements se perdent bientôt dans la campagne tandis que le gros de l'armée regarde l'action se dérouler « comme on regarde l'opéra des troisièmes loges ». Les deux chefs continuant de se quereller, Eugène et Marlborough en profitent pour mettre le siège devant Lille, le 13 août. La ville peut être secourue. Vendôme veut attaquer hardiment. Le duc de Bourgogne, mou et irrésolu, retarde la décision. Trop tard ! La ville se rend le 22 octobre. Seul le brave Boufflers sauve l'honneur des Français en résistant héroïquement dans la citadelle jusqu'au 8 décembre. Malgré ses qualités militaires, Vendôme, qui a gravement injurié l'héritier du trône, se voit contraint à l'exil.

Les deux Philippe

Les armées françaises ne sont pourtant pas vaincues partout. Ce même 11 juillet, alors qu'ils sont défaits à Audenarde, les Français, sous les ordres du duc d'Orléans, enlèvent Tortosa, l'une des dernières positions clés des Anglo-impériaux en Catalogne. Malheureusement, celui-ci se comporte trop ostensiblement en général vainqueur, distribuant selon sa fantaisie pardons et gouvernements, prenant la défense des *fueros* – les libertés des Aragonais – et paraissant aux yeux de tous comme le seul homme fort du royaume. S'il ne se pose pas en rival face à son cousin Philippe V, il caresse le rêve, au cas où celui-ci échouerait, d'être un candidat de compromis au trône d'Espagne acceptable par tous, puisqu'il a, lui aussi, par sa grand-mère Anne d'Autriche, des droits dynastiques.

A Madrid, il suscite jalousies et rancœurs, et, à Versailles, Mme de Maintenon ne lui pardonne pas des propos un peu lestes sur elle et sur sa vieille amie, la *camarera mayor.* Aussi, l'année suivante, prête-t-elle une oreille fort attentive aux accusations de haute trahison que ses ennemis font courir à son sujet. Philippe V demande à son grand-père son rappel, et celui-ci est obligé de lui donner satisfaction.

La cabale de Meudon

La situation à la cour de France est tendue, des conflits ont éclaté entre les princes, qui se lancent dans des cabales et des coteries. Autour du Grand Dauphin, qui méprise son fils aîné Bourgogne, s'est formée la cabale de Meudon, à la suite de trois enfants naturels du roi, Mme la Duchesse, la princesse douairière de Conti et le duc du Maine. Elle soutient très activement le duc de Vendôme dans la querelle qui l'oppose au duc de Bourgogne depuis la défaite d'Audenarde.

Cabales des ministres et des seigneurs

Bourgogne a lui aussi sa coterie, la cabale des ministres. Outre sa femme, la duchesse de Bourgogne, elle rassemble les ducs de Chevreuse et de Beauvillier, ainsi que la duchesse d'Orléans. On y trouve également, à côté des dévots et des amis de Fénelon, les survivants du clan Colbert, Desmarets et Jean-Baptiste Colbert de Torcy.

Enfin, la dernière cabale, celle des seigneurs, coalise autour des Pontchartrain et des membres de l'ancien clan Le Tellier les principaux maréchaux : Boufflers, Harcourt, Huxelles et Villeroy. Cette coterie, conservatrice, attachée à la défense du pré carré, de l'absolutisme et du gallicanisme, soutient Louis XIV et Mme de Maintenon. A l'écart de ces groupes, mais fortement critiqué par eux, se tient le duc d'Orléans, observateur attentif et cynique de ces petites sociétés de cour.

Chapitre XIII

LA MARCHE VERS LA PAIX 1709-1714

L'ANNEE TERRIBLE

La France est accablée de malheurs. Après les défaites, les difficultés économiques, les déchirements de la Cour, voici les calamités naturelles. En effet, au début de l'année 1709, un terrible hiver s'abat sur tout le pays.

Le « gros hyver »

Dans la nuit du 5 au 6 janvier – la nuit des Rois ! – une vague de froid faisant brutalement chuter la température d'une vingtaine de degrés s'abat du nord au sud et dure dix-huit jours. Dans certaines régions, on estime même qu'il a fait jusqu'à – 25° . Les grands fleuves sont saisis par les glaces. Tout gèle, y compris, à table, l'eau et le vin. On ne peut couper son pain qu'à la hache. Dans les chaumières, le feu même ne réchauffe pas. Le dégel est de courte durée. Trois autres vagues de froid se succèdent jusqu'à la mi-mars. Les inondations qui accompagnent le printemps ravagent le peu qui reste. Les semis, les vignobles, les vergers pourrissent.

S'enclenche alors naturellement le cycle ô combien connu de la hausse vertigineuse du prix des blés, de la disette et de la famine. Des loups rôdent aux abords des villages et s'attaquent aux hommes. Les pauvres affamés menacent de se soulever et pillent les boulangeries. Les riches doivent faire escorter leur pain. Selon l'historien Marcel Lachiver, les intempéries font près de six cent trente mille victimes.

Les offres de paix

A la Cour, les rivalités s'exaspèrent. Des altercations éclatent entre le duc de Beauvillier et Pontchartrain. Chamillart, secrétaire d'Etat à la Guerre, focalise les mécontentements. Les dévots, défaitistes et pacifistes, gagnent du terrain. Mme de Maintenon, qui protège la « cabale des seigneurs » et qui n'aime guère Chevreuse et Beauvillier, trop soumis à l'influence de Fénelon, se rapproche d'eux, vu l'urgence de la paix. Devant le découragement général, le roi hésite. Il se résout finalement à négocier en position de faiblesse, en demandant une suspension d'armes et l'ouverture d'une conférence de paix. Les alliés anglo-hollandais saisissent l'occasion de faire monter les enchères. Ils exigent l'abandon de l'Espagne et de son empire par les Bourbons, la cession des grandes places du Nord (Lille, Maubeuge, Tournai, Ypres), le rattachement à la Lorraine de l'Alsace et de la Franche-Comté, le rétablissement du culte protestant dans le royaume...

L'humiliation de La Haye

Le 28 avril 1709 se tient à Versailles une réunion dramatique du Conseil, qui rassemble autour du roi le Grand Dauphin, le duc de Bourgogne, Pontchartrain, Beauvillier, Chamillart, Desmarets et Torcy. Le Conseil est prêt à accepter ces dures conditions, car la France n'a plus les moyens de financer une nouvelle campagne militaire. Torcy propose de se rendre lui-même à La Haye. Le grand pensionnaire, Hensius, exulte de voir un ministre du roi venir mendier la paix. De concert avec le prince Eugène et le duc de Marlborough, il augmente ses exigences. Louis XIV reconnaîtra en Charles III l'unique roi d'Espagne, il s'engagera à faire la guerre à son petit-fils, si celui-ci refuse de quitter le trône...

Le roi accepte les clauses des « préliminaires de La Haye », sauf cette dernière. Son honneur de souverain, sa dignité d'homme le lui interdisent.

La révolte gronde

La famine a suscité partout en France des mouvements de révolte. Des bateliers attaquent des charrettes de grain. A Paris, la voiture du Grand Dauphin, qui se rendait à l'Opéra, est arrêtée par une foule hurlant : « Du pain ! Du pain ! » Pour assurer la sécurité des marchés, des compagnies de gardes sont appelées. Mais quelques semaines plus tard, éclatent des émeutes rue Saint-Denis et au faubourg Saint-Antoine, ainsi qu'à Rouen, aux cris de : « Vive Marlborough ! » Les ventres creux font bientôt preuve d'impertinence. Mme de Maintenon, que l'on surnomme la « vieille guenon », est accusée de spéculer sur les blés. Placards, libelles et chansons s'en prennent au roi, dont on souille les statues. On placarde cette prière sur les portes des églises : « Notre Père, qui êtes à Versailles, donnez-nous notre pain qui nous manque de tous côtés. Pardonnez à nos ennemis qui nous ont battus, mais non à vos généraux qui les ont laissé faire. Ne succombez pas à toutes les tentations de la Maintenon, mais délivrez-nous de Chamillart. »

Le marquis d'Argenson,
lieutenant général de police
(1652-1721)

Marc René de Voyer de Paulmy, marquis d'Argenson, commence sa carrière comme avocat. Il hérite de son grand-père la charge de lieutenant général à Angoulême, mais il doit surtout son élévation à son épouse, Marguerite Le Fèvre de Caumartin, qui le présente au contrôleur général Pontchartrain. Après avoir été nommé maître des requêtes puis procureur général de la commission des francs-fiefs et des faux nobles, il est promu, le 22 janvier 1697, lieutenant général de police, après la mort de La Reynie. Cet homme à l'allure sévère, austère, effrayante même (Saint-Simon ne le compare-t-il pas à Rhadamante, l'un des juges des enfers !), supervise durant vingt ans les activités de police de la capitale, veillant à étouffer les débuts d'émeutes, surveillant les boulangers aussi bien que les libraires, fermant les maisons de jeu et les lieux de prostitution, embastillant les libellistes... Sous la Régence, il est garde des Sceaux et préside le Conseil des finances.

Chamillart congédié

Les attaques se poursuivent de plus belle contre Chamillart, accusé de désorganiser les finances et de laisser les armées dans un tragique état de dénuement. La cabale de Meudon et celle des ministres s'unissent pour demander son renvoi. On crie, on se déchaîne contre lui, en présence même du roi qui se tait. Le maréchal d'Harcourt rêve de prendre sa place. Sous la pression de l'opinion, Louis XIV se résigne à le renvoyer. Un commis assez terne, protégé par Mme de Maintenon, Daniel Voysin, lui succède avec rang de ministre. Le roi cède encore à son entourage en rapatriant une bonne partie des troupes françaises d'Espagne. Abandonnant peu glorieusement son petit-fils Philippe V, Louis, critiqué par certains (tels Philippe d'Orléans et le clan des seigneurs), veut montrer sa bonne volonté aux ennemis. Jamais le gouvernement du royaume n'a paru aussi désemparé, aussi influençable.

Message aux Français

Le roi va plus loin. Il ressent la nécessité d'expliquer à ses sujets les efforts qu'il a poursuivis pour signer la paix, et de démontrer qu'en cas d'échec la faute en sera aux ennemis. Tel est le sens de l'appel qu'il lance aux Français le 12 juin : appel au patriotisme et à l'unité nationale en vue d'un ultime sursaut pour défendre le pays. Il connaît un succès éclatant. Réédité plusieurs fois en de nombreux exemplaires, il déclenche une profonde vague de fidélité monarchique. Le maréchal de Villars galvanise ses officiers et ses soldats en le leur lisant. Le peuple fait bloc derrière son vieux roi, prêt à venger son honneur bafoué, à défendre la patrie en danger, à résister par les armes à l'invasion... La lettre royale atteint son but : au début du mois de septembre, M. de Surville, assiégé dans Tournai, se défend héroïquement, et, le 11, la terrible et meurtrière rencontre de Malplaquet, non loin de Mons, donne un coup d'arrêt à l'offensive alliée.

La bataille de Malplaquet

La bataille oppose 70 000 Français, aux ordres de Villars, à 110 000 Anglo-Hollandais et impériaux que commandent Marlborough et Eugène. Elle se déroule comme une suite d'offensives et de contre-offensives non coordonnées. Villars, blessé, abandonne le commandement au maréchal de Boufflers. Les Français, qui ont épuisé leur réserve de boulets, se retirent en bon ordre sur Le Quesnoy et Valenciennes, les ennemis, eux, se replient devant Mons. Les pertes sont très importantes : entre 15 000 et 20 000 hommes du côté des alliés et 10 000 du côté français. Cette bataille indécise, considérée comme une victoire par les alliés, donne en fait un coup d'arrêt décisif à l'offensive. Le maréchal Foch la comparait à la première victoire de la Marne.

Watteau, peintre des armées

Né en 1684 dans le Hainaut et mort en 1721, Watteau a connu la guerre presque toute sa vie. Réputé surtout pour ses gracieuses scènes de genre, il peint au début de sa carrière des sujets sur la vie militaire, tels que les *Fatigues de la guerre,* les *Délassements de la guerre...,* sans doute inspirés par le spectacle quasi incessant des armées autour de sa ville natale, Valenciennes. L'atmosphère calme et poétique qui caractérise son œuvre transparaît dans ces scènes et contraste avec la vision traditionnelle des batailles du règne de Louis XIV, à la manière de Van der Meulen.

L'ÉPUISEMENT DES BELLIGÉRANTS

Louis XIV hésite sur la politique à tenir. Comment pourrait-il se résigner à une paix honteuse ? Mais, s'il résiste, ne risque-t-il pas le démantèlement de son royaume ? Il décide d'envoyer en Hollande deux nouveaux représentants, le maréchal d'Huxelles et l'abbé de Polignac.

L'échec de Gertruydenberg

Les négociations ont lieu à Gertruydenberg. Les diplomates français cherchent à obtenir une compensation à la perte de la couronne d'Espagne par Philippe V : Naples et la Sicile ou les présides de Toscane, à la rigueur la Sardaigne. Ignorant qu'une convention anglo-hollandaise sur une barrière de places à constituer à la frontière nord de la France a été signée le 29 octobre 1709 à La Haye, ils espèrent amadouer les représentants hollandais, Buys et Van der Dussen, et détacher leur pays de la coalition. Ils se heurtent à une intransigeance sans faille. Rien ne sera signé tant que Louis XIV ne se sera pas engagé à combattre son petit-fils *manu militari.* C'est la pierre d'achoppement. Le 11 mai, le Conseil du roi offre même des subsides – un demi-million – pour permettre aux alliés d'équiper eux-mêmes une armée chargée d'expulser Philippe V. C'est un nouveau refus. Et un refus encore lorsque le monarque renonce à tout dédommagement territorial pour son petit-fils, à condition qu'on ne l'oblige pas à lui faire la guerre. Louis a deux mois pour se décider ! Cette fois, trop, c'est trop ! Le vieux monarque se raidit et rompt les négociations. La situation est dramatique, mais mieux vaut encore « faire la guerre à ses ennemis qu'à ses enfants ».

L'Angleterre change de politique

Alors que la France s'apprêtait à sombrer sous le coup des armées alliées, une embellie soudaine vient d'Angleterre.

Une banale affaire d'amitié à la cour de Londres lézarde le front des coalisés. La reine Anne, qui supporte de plus en plus mal le caractère tempétueux et violent de sa vieille amie Sarah Jennings, épouse du duc de Marlborough, se sépare d'elle. Sa nouvelle confidente et conseillère Abigaïl Hill, épouse de lord Masham, pousse au ministère un chaud partisan de la négociation, le *tory* Robert Harley. En août, le gouvernement *whig,* acquis à la guerre, est destitué. Peu après, les élections au Parlement donnent la majorité aux *tories,* favorables à une politique modérée de recentrage britannique. Nouveau secrétaire d'Etat aux Affaires étrangères, Henry Saint-John, futur lord Bolingbroke, sait qu'il vaut mieux négocier avec la France et l'Espagne et obtenir des avantages commerciaux que de s'entêter à défendre les intérêts dynastiques des Habsbourg. C'est un renversement politique capital.

Un impôt nouveau

La situation financière française connaît de graves tensions. Les riches ne prêtent plus et n'achètent plus d'offices ; des financiers lyonnais ont fait faillite ; les fermiers généraux, et Samuel Bernard lui-même, sont sans argent. Pourtant rien n'est perdu : les escadres rapportent de la mer du Sud (l'océan Pacifique) des millions de livres d'or et d'argent. Des espèces nouvelles irriguent les économies française et espagnole, enrichissant de nouveaux financiers (Crozat et les armateurs malouins) ; elles évitent aux finances publiques de s'effondrer, et Desmarets peut entreprendre une réforme monétaire. La capitation, supprimée en 1697 et rétablie en 1701, n'est pas d'un très bon rendement, beaucoup de contribuables ayant été exemptés. Louis XIV crée donc un nouvel impôt inspiré de la dîme royale de Vauban, le dixième, qui ne tient pas compte des distinctions de rang, frappant tous les sujets du royaume, nobles ou roturiers, contraints de fournir l'état de leurs biens et de verser au Trésor royal un dixième de leurs revenus fonciers, mobiliers ou commerciaux. Pour les gages, les pensions ou les rentes, le prélèvement se fera à la source. C'est un impôt moderne qui, dans la pratique, sera gâché par le système des « rachats » et des « abonnements ».

Le redressement espagnol

Philippe V, qui a vu les troupes françaises quitter en partie la péninsule, a du mal à tenir face aux armées austro-anglaises. Battu près de Lérida et sous les murs de Saragosse, il doit abandonner l'Aragon. Quittant Madrid, il trouve refuge à Valladolid, d'où il organise la résistance. La guérilla fait des ravages chez les envahisseurs. Les Castillans soutiennent leur roi et sa vaillante épouse Marie-Louise, la « Savoyana ». Cette dernière les galvanise. Après Gertruydenberg, des renforts français arrivent avec les ducs de Noailles et de Vendôme. Le général autrichien Starhemberg évacue Madrid où Philippe V fait un retour triomphal, alors que l'archiduc se replie sur Barcelone. Le 8 décembre 1710, le duc de Vendôme investit la place de Brihuega, obligeant le général anglais Stanhope à se rendre. Le 10, il écrase Starhemberg à Villaviciosa : avec cette victoire éclatante commence la reconquête.

La « Savoyana »

Marie-Louise Gabrielle de Savoie, fille de Victor Amédée II, duc de Savoie, née à Turin en 1688, épouse en septembre 1701, grâce à l'entremise de Louis XIV, Philippe V. Ardente, vive, fière, débordante de passion comme de charme, elle est nommée régente du royaume en 1706, alors que son mari mène la guerre contre les Anglo-Impériaux. Elle déploie toute son énergie pour le soutenir, stimule l'ardeur des troupes et engage même ses propres diamants pour sauver la Couronne, ce qui vaut une immense popularité à celle que l'on surnomme la « Savoyana ». Elle meurt le 14 février 1714. Ses fils Louis et Ferdinand, règneront sur l'Espagne.

Le duc de Vendôme
(1654-1712)

Louis Joseph, duc de Vendôme, l'un des meilleurs généraux de Louis XIV, est l'arrière-petit-fils d'Henri IV et de Gabrielle d'Estrées. Son courage se révèle dès la guerre de Hollande. Gouverneur de Provence, général des galères, il prend Barcelone en août 1697. Pendant la guerre de Succession d'Espagne, il tient tête au prince Eugène en Italie du Nord. En 1708, sa dispute avec le duc de Bourgogne en Flandre lui vaut de perdre la bataille d'Audenarde. En revanche, il remporte en Espagne la victoire de Villaviciosa. Il meurt en juin 1712. Vendôme est généreux, aimé de ses troupes et ardent au combat, mais ses mœurs sodomites et sa saleté suscitent la réprobation.

UN NOUVEAU DAUPHIN

Le 14 avril 1711, le Grand Dauphin, fils unique du roi, meurt à Meudon de la petite vérole. Louis XIV en est terriblement affecté. « Je le regardais comme un ami à qui je pouvais ouvrir mon cœur et donner toute ma confiance », écrit-il à Philippe V, fils du défunt.

Le petit « troupeau des saints »

Il est bien difficile d'imaginer ce qu'aurait été le règne de Monseigneur s'il avait survécu à son père. Sa disparition, en tout cas, entraîne la chute de l'avide clan de Meudon, cohorte d'ambitieux qui attendaient un nouveau règne : la duchesse de Bourbon, le duc de Vendôme, Mlle de Choin, maîtresse du prince... Agé de vingt-huit ans, le fils de Monseigneur, Louis, duc de Bourgogne, lui succède et devient le nouvel héritier de la couronne de France.

Autour de lui s'était constitué un groupe de dévots, formé des ducs de Chârost, de Beauvillier et de Chevreuse ainsi que du duc de Saint-Simon. Ces vertueux seigneurs sont inquiets de la domestication de la haute noblesse, de la faveur accordée à la « vile bourgeoisie », bref de la dérive absolutiste de la monarchie française. Tout à la fois traditionalistes et ultracatholiques, ils condamnent la raison d'Etat au nom de la politique chrétienne et aspirent à la reconstitution de la société d'ordres, que l'Etat royal modernisateur et niveleur a peu à peu démantelée. Grâce à son entregent, le petit duc de Saint-Simon est devenu le conseiller occulte du jeune prince. Dans les différents mémoires qu'il prépare à son intention, on retrouve ses principales obsessions et critiques du régime louis-quatorzien. Il rêve de chasser du Conseil les gens de robe, de réduire les parlements à de simples cours de justice, de restaurer les rangs et les hiérarchies, d'accroître le prestige et l'éclat des ducs et pairs, qui seraient appelés, comme les barons d'autrefois, à partager l'autorité royale.

Les Tables de Chaulnes

Le personnage le plus influent de ce petit groupe, celui vers qui se tournent naturellement tous les regards, n'est autre que l'archevêque de Cambrai, Fénelon. Exilé par le roi depuis l'affaire du quiétisme, il a gardé avec son ancien élève des relations épistolaires. Peu de gens à la Cour doutent que, dans la perspective du nouveau règne qui s'annonce (Louis XIV a atteint l'âge vénérable de soixante-treize ans), il recevra la pourpre et se verra bientôt confier la tête du gouvernement, dans la tradition des cardinaux-ministres. L'intéressé lui-même en est à ce point persuadé qu'en novembre 1711 il rédige des *Plans de gouvernement pour être proposés au duc de Bourgogne,* encore appelés *Tables de Chaulnes,* du nom de ce château picard où cet ambitieux prélat s'est entretenu des affaires politiques avec le duc de Beauvillier et le fils du duc de Chevreuse. Cet ouvrage constitue un plan complet de réorganisation du royaume dans un sens tout à la fois aristocratique, hiérarchique et décentralisé. Il révèle une utopie rétrograde, dans laquelle l'économie serait essentiellement agricole – critique directe du système colbertien –, l'organisation de la société, figée, et toute ambition de la France en Europe, abandonnée. De même, Fénelon remet en cause les diverses institutions administratives créées ou développées depuis un siècle par les Bourbons : les intendants, les secrétaires d'Etat, les fermes, les gabelles, la capitation...

Louis XIV n'a aucune idée de cette menace. Il n'imagine pas que, si proches de lui, des « conspirateurs » travaillent dans l'ombre à sa succession. Il est enchanté de son petit-fils, qu'il trouve pieux, soumis, intelligent. Aussi est-ce sans arrière-pensée qu'il décide, afin de le préparer à sa fonction future, de l'associer aux affaires du royaume, de l'admettre au Conseil d'en haut et de le faire travailler avec les principaux ministres.

Les retournements

Le 17 avril 1711, l'empereur Joseph Ier meurt de la variole à l'âge de trente-trois ans. C'est son frère cadet, l'archiduc Charles, qui monte alors sur le trône, sous le nom de Charles VI. Celui-ci étant aussi reconnu roi d'Espagne par les Anglais et les Provinces-Unies, on risque de voir se recréer l'empire Habsbourg et se rompre l'équilibre européen, ce que les Anglais, sur qui repose l'essentiel des contributions militaires de la coalition, ne souhaitent pas. Ils ouvrent des tractations secrètes avec la France, alors que les combats se poursuivent. Villars, qui assure la défense de la frontière nord, ne peut empêcher la petite ville de Bouchain de se rendre au prince Eugène et à Marlborough, le 12 septembre. Mais pour les vainqueurs, c'est un maigre succès.

En revanche, six jours plus tard, Duguay-Trouin, un hardi Malouin, remporte la remarquable victoire de Rio de Janeiro sur les Portugais, qui avaient manifesté leur hostilité envers les Français. Rio était le point de départ des galions chargés de l'or et de l'argent du Brésil vers le Portugal, et les Français, ayant détruit les navires de guerre et soixante navires marchands, menacent de piller la ville. C'est un triomphe.

Les « préliminaires de Londres »

Le 8 octobre, un accord franco-anglais est signé : ce sont les « préliminaires de Londres ». Le roi de France s'engage à empêcher la réunion de sa couronne avec celle d'Espagne sur une même tête, reconnaît la légitimité de la succession protestante au Royaume-Uni, accepte de céder aux Anglais l'île de Saint-Christophe aux Antilles et d'accorder l'*asiento* (traite des Noirs) à une compagnie anglaise.

L'hécatombe à Versailles

Versailles connaît alors une série de tragédies. Le 5 février 1712, la jeune dauphine est prise d'une forte fièvre qui persiste les jours suivants. Des plaques suspectes apparaissent sur son corps, résistant aux abondantes saignées que lui prescrit le corps médical. Le 11, on administre à la malheureuse l'extrême-onction. Le 12, à huit heures du matin, elle meurt, à l'âge de vingt-six ans. La perte de cette gracieuse jeune femme qui enchantait ses jours bouleverse le vieux roi. Sa douleur est profonde, tout comme celle de son époux, fort amoureux d'elle. Le 14 février, ce dernier rejoint son grand-père à Marly. On est frappé par son teint blême. Son pouls est faible. Le 15, il assiste au Conseil et travaille avec Torcy, mais doit s'aliter. Son corps se couvre de taches violettes et de boutons rouges. Abandonnant tout espoir de guérison, il se prépare à la mort, reçoit avec piété les derniers sacrements et expire le 18 à huit heures et demie du matin. Il a vingt-neuf ans. On aurait pu attribuer ces décès à la rougeole ou à l'épidémie de scarlatine qui court l'Ile-de-France et a déjà emporté plusieurs centaines de personnes. On préfère accréditer la rumeur de l'empoisonnement.

La tragédie se poursuit

La série noire se poursuit. Le 8 mars, le duc de Bretagne, fils de Bourgogne, disparaît à son tour, tué par la maladie et par l'acharnement des médecins qui le saignent et lui donnent des rasades d'émétique. Au comble de l'angoisse, Mme de Ventadour, gouvernante des enfants de France, arrache le duc d'Anjou, âgé de deux ans, seul survivant, aux docteurs et sauve ainsi de la mort le futur Louis XV. La rumeur devient insistante et précise. A qui donc profitent ces « crimes », sinon au duc d'Orléans, ce libertin ambitieux, qui se livre dans son cabinet à de mystérieuses expériences chimiques ? Mme de Maintenon en est sûre. Le roi, plus sage, se refuse à le croire.

DENAIN

En janvier 1712, les accords des « préliminaires de Londres » incitent l'empereur et les Provinces-Unies à entamer à Utrecht des négociations avec la France. Mais les diplomates, incapables de s'entendre sur la procédure, ajournent les discussions au bout de quelques semaines. De son côté, le roi poursuit les pourparlers avec les Anglais : le 17 juillet, un armistice de quatre mois est conclu, et le roi accepte de remettre Dunkerque en gage à la flotte anglaise.

Le maréchal de Villars

Issu d'une petite noblesse du Lyonnais, fils d'un lieutenant général et ambassadeur, Louis Hector, marquis puis duc de Villars, voit sa carrière freinée par l'inimitié de Louvois, et ce malgré des actes de grande bravoure. Ambassadeur à Vienne en 1683, il est d'abord nommé maréchal de camp en 1690, puis lieutenant général en 1693. Il combat en Flandre au début de la guerre de la ligue d'Augsbourg et retourne à son ambassade viennoise après la paix de Ryswick. Reprenant du service pendant la guerre de Succession d'Espagne, il conquiert son bâton de maréchal de France sur le champ de bataille de Friedlingen (1702). Il se distingue à Höchstädt en 1703. En 1704, il vient à bout des camisards en semant la division parmi les chefs de l'insurrection. Devenu duc, il reprend le combat contre Marlborough, ravage le duché de Bade, le Wurtemberg et la Franconie. En 1708, il commande l'armée des Alpes puis revient sur le front nord. Grièvement blessé à Malplaquet, dont il dispute la victoire au prince Eugène, il est fait pair de France et gouverneur de Metz. Après la superbe manœuvre de Denain (1712), il obtiendra le gouvernement de la Provence et la Toison d'or.

Villars est certainement l'un des meilleurs généraux de la fin du règne de Louis XIV, réputé pour sa hardiesse et sa rapidité. Vantard et avide, on l'a accusé de trop bien faire ses affaires. « Oui, répondait Louis XIV, mais il fait aussi très bien les miennes et celles de l'Etat. »

La route de Paris

La défection britannique fait comprendre aux Hollandais et aux impériaux que l'heure de la paix va bientôt sonner. C'est le moment de porter un coup décisif à Louis XIV, de le mettre à genoux. Le prince Eugène, proclamé généralissime après la disgrâce de Marlborough accusé de malversations, ravage la Champagne et la région de Metz. Après la chute du Quesnoy (17 juillet), il assiège Landrecies. La reddition de cette nouvelle place, la dernière du système de défense de Vauban (la « frontière de fer »), ouvrira la route de Paris. Eugène dispose de 80 000 fantassins, de 120 canons, de 35 000 cavaliers et d'un vaste centre de ravitaillement près de Marchiennes, couvert par un camp retranché à Denain. L'instant est tragique. Sur Villars repose la défense du royaume : il ne dispose que de 70 000 hommes, mal équipés, mal nourris, sans artillerie. Certains pressent le roi de quitter Versailles. Celui-ci ne se fait pas d'illusion sur l'issue du combat ; il a l'intention de rassembler ses dernières troupes, de se rendre à Saint-Quentin ou à Péronne et de « périr ou sauver l'Etat », car, assure-t-il, « je ne consentirai jamais à laisser approcher l'ennemi de ma capitale ».

La manœuvre de Denain...

Villars a reçu carte blanche pour livrer bataille. Il hésite. Il se résout enfin à une manœuvre audacieuse. Il fait croire à une attaque vers Landrecies, toujours assiégé, en envoyant le comte de Coigny franchir la Sambre. Le prince Eugène donne dans le piège et fait venir la majeure partie de son infanterie près de cette place. Dans la nuit du 23 au 24 juillet, Villars et le gros de son armée lèvent le camp en grand secret, reviennent sur leurs pas et franchissent l'Escaut sur deux ponts que les armées impériales ont omis de protéger, tandis que, du nord-est, Tingry et la garnison de Valenciennes tentent une sortie en direction de Denain. Eugène comprend trop tard la manœuvre. Il a trop allongé ses lignes. Sur place, il n'a que dix-sept bataillons à opposer à Villars et Tingry qui enserrent le camp de Denain. Au dernier moment, Villars hésite, donne un contre-ordre, mais le maréchal de Montesquiou le pousse à lancer l'assaut général sur Denain.

... Et l'assaut

La charge est éprouvante pour les troupes françaises fatiguées de leur marche de nuit, mais elle est menée avec ardeur. Les retranchements ennemis sont pris à la baïonnette. Le camp de Marchiennes tombe. Le 2 août, le prince Eugène lève le siège de Landrecies, se replie vers Mons. Villars reprend alors Douai, Le Quesnoy et Bouchain. En réalité, la bataille de Denain n'a été qu'une grosse bousculade qui a prouvé la supériorité du mouvement sur le feu – les pertes ont été limitées (cinq cents morts du côté français, deux mille du côté des Hollando-impériaux) –, mais elle a marqué un coup d'arrêt décisif. L'idée de la manœuvre vient d'un conseiller au parlement de Tournai, Lefebvre d'Orval, qui l'a soumise au ministre Voysin. Villars n'en a été que le brillant exécutant.

LES TRAITÉS DE PAIX

Le 21 août 1712, l'armistice général est enfin signé avec l'Angleterre. Conformément aux engagements pris par Louis XIV, Philippe V, le 5 novembre 1712, renonce à ses droits à la couronne de France. Des engagements de même teneur sont pris sur la couronne d'Espagne par les ducs de Berry et d'Orléans et enregistrés au Parlement le 15 mars 1713.

Utrecht et Rastadt

Les négociations reprennent également à la maison de ville d'Utrecht... Un premier traité de paix est signé en avril 1713 entre la France, l'Angleterre, les Provinces-Unies, le Portugal, la Savoie et la Prusse. L'empereur, qui a refusé de s'associer aux discussions, s'obstine à poursuivre la guerre. Louis XIV est prêt à lui céder Strasbourg, mais ne peut aller au-delà. Il défend avec loyauté les intérêts de son allié, l'Electeur de Bavière. L'impétueux Villars prend Spire, Landau, Fribourg, et contraint l'empereur vaincu à signer le traité de Rastadt le 6 mars 1714. Le 7 septembre suivant, la paix est faite avec l'empire au traité de Bade. Des accords annexes sont signés par l'Espagne, la Savoie, le Portugal et les Provinces-Unies.

La nouvelle carte de l'Europe

De ce dispositif naît une nouvelle carte de l'Europe. Le roi de France, qui reconnaît la légitimité de la dynastie hanovrienne, s'engage à expulser le prétendant Stuart et accepte de raser le port et les écluses de Dunkerque. Il cède aussi aux Anglais l'île antillaise de Saint-Christophe, la baie d'Hudson, l'Acadie et Terre-Neuve (conservant un droit de pêche limité) et leur consent d'avantageux tarifs commerciaux. Les Provinces-Unies rendent à la France Lille, Aire, Béthune et Saint-Venant. L'empereur abandonne ses prétentions sur Strasbourg, l'Alsace et Landau, mais recouvre, sur la rive droite du Rhin, Fribourg, Kehl et Vieux-Brisach. Le duc de Savoie récupère la Savoie et le comté de Nice et acquiert, de l'Espagne, la Sicile, avec le titre de roi. L'Electeur de Brandebourg se fait reconnaître par tous le titre de roi de Prusse, sous le nom de Frédéric Ier.

Le bilan français

La France s'est tirée de cette guerre longue et meurtrière en conservant à peu près ses limites de 1700. Elle garde un important empire colonial (le Canada, la Louisiane, la partie ouest de Saint-Domingue, l'île Bourbon, les Antilles et la Guyane, le Sénégal, les comptoirs de l'Inde). A Utrecht, sa diplomatie s'est montrée particulièrement efficace, grâce à la vigilance de Louis XIV et de Torcy. La succession d'Espagne est reconnue par l'Europe : les Bourbons continueront de régner sur deux trônes. En revanche, l'influence de la France décroît sensiblement en Allemagne et en Europe centrale.

Colbert de Torcy
(1665-1746)

Fils aîné de Charles Colbert de Croissy, neveu du grand Colbert, Jean-Baptiste Colbert de Torcy est l'un des meilleurs ministres des Affaires étrangères de l'Ancien Régime. Après une éducation poussée, son père l'instruit de manière très complète dans l'art de la diplomatie, lui faisant même accomplir un tour des capitales européennes, avec la mission d'en rapporter des mémoires circonstanciés et fouillés. En 1689, il reçoit en survivance sa charge de secrétaire d'Etat, dont il hérite à sa mort en 1696. Il travaille alors sous la direction d'Arnauld de Pomponne, rentré en grâce et rappelé au Conseil d'en haut. Le roi le marie à la fille de celui-ci. Il se révèle homme d'Etat habile et persuasif et, à la disparition de son beau-père, accède au Conseil d'en haut. En mai 1709, il se rend à La Haye pour négocier avec les alliés, alors que la situation des armées françaises est dramatique, et participe activement aux négociations qui conduisent à la paix honorable d'Utrecht en 1713.

L'Angleterre, grand vainqueur

L'Angleterre, peuplée seulement de six millions d'habitants, est déjà la deuxième puissance commerciale et maritime du monde, juste derrière les Provinces-Unies. Les grands avantages commerciaux qu'elle a obtenus, sa mainmise, en Amérique, sur l'Acadie et Terre-Neuve, son installation en Méditerranée, à Gibraltar et à Port-Mahon (Minorque), vont lui permettre de devenir en quelques décennies la puissance économique dominante en Europe. L'Espagne lui a concédé de plus deux atouts majeurs, qu'elle saura exploiter : le « vaisseau de permission » pour transporter des marchandises aux foires de Carthagène et de Veracruz, et le monopole de l'*asiento*, jusque-là exploité par les compagnies de commerce françaises.

Hollandais et impériaux

Les Provinces-Unies ont la satisfaction de voir les Pays-Bas espagnols revenir à l'empereur. Le traité dit de la Barrière (novembre 1715) leur permet d'y installer des garnisons. Mais leur déclin économique ne va pas tarder.

L'empereur, qui a déjà augmenté ses territoires par l'ajout de la Transylvanie et de la Hongrie, reçoit de l'Espagne les Pays-Bas, le Milanais, les présides de Toscane, la Sardaigne et le royaume de Naples. Ses possessions personnelles forment d'autre part un ensemble disparate de peuples, de langues et de coutumes, tandis que l'empire germanique, dont il n'est que le souverain électif, reste morcelé, sans administration véritable ni armée permanente.

Madrid et Londres

L'Espagne, assurément, est la grande perdante des traités. Amer, Philippe V rêve de revanche. Il n'a renoncé au trône de France que du bout des lèvres. Raisonnant désormais en prince espagnol, il élimine peu à peu les Français des postes clés de son administration. Le mouvement s'accélère après la mort de la reine Marie-Louise et son remariage avec une princesse italienne, Elisabeth Farnèse. Mme des Ursins, qui a pourtant organisé cette union, est promptement congédiée par l'énergique Farnèse, jetée dans un carrosse sans vêtements ni argent. Un nouveau ministère dirigé par le cardinal del Giudice peut alors se mettre en place et rompre le cordon ombilical reliant la France et l'Espagne.

De grands changements interviennent aussi en Angleterre où, à la mort de la reine Anne en août 1714, l'Electeur de Hanovre, arrière-petit-fils de Jacques Ier d'Angleterre, monte sur le trône sous le nom de George Ier. Les *whigs* reviennent alors aux affaires, tout prêts à reprendre les armes contre la France.

La nouvelle politique royale

Louis XIV voit tout de suite le danger et repense de fond en comble sa politique européenne. En dépit de ces événements réellement déconcertants survenus à Madrid, il a à cœur de conserver l'alliance de son petit-fils. Mieux, il cherche à réconcilier l'Espagne et l'empereur, de façon à créer les bases d'une entente continentale capable de faire pièce à l'arrogante Albion. C'est un changement radical : il s'agit de mettre fin à l'affrontement séculaire qui l'oppose, sur le continent, à la maison d'Autriche. Du côté de ses alliés, la France n'a pu qu'observer le lent déclin de la Turquie, de la Suède et de la Pologne, malgré quelques efforts pour les soutenir. Malheureusement, le roi n'aura pas le temps d'appliquer les principes de sa nouvelle politique, qui anticipait le renversement des alliances de 1756. Du moins faut-il reconnaître à Louis XIV jusqu'à la fin sa clairvoyance en politique étrangère, comme sa capacité assez remarquable à saisir l'évolution de la situation internationale.

Chapitre XIV

LE COUCHER DU SOLEIL
1714-1715

LOUIS XIV PRÉPARE SA SUCCESSION

Le roi vieillit et se fatigue. « On ne tient plus de cour du tout », remarque Mme de Maintenon. Depuis que la gracieuse duchesse de Bourgogne a disparu, il n'y a plus de fêtes, de cérémonies, de spectacles. Même les réunions d'« Appartement », où le soir on pouvait jouer et converser, ont été supprimées. Chacun vit replié sur soi. Versailles ne respire plus que l'ennui.

Les héritiers du trône

Le 4 mai 1714, le duc de Berry, frère cadet de Philippe V, qui s'est blessé au cours d'une partie de chasse en heurtant avec violence le pommeau de sa selle, meurt, à vingt-huit ans, sans enfants. Philippe V ayant renoncé au trône de France, le roi n'a plus désormais qu'un seul descendant légitime susceptible de lui succéder, son arrière-petit-fils, le nouveau duc d'Anjou, âgé de quatre ans et de santé fragile. « Voici ce qui me reste de toute ma famille », dit le roi en pleurs. S'il disparaît à son tour, la couronne reviendra au fils de Monsieur, Philippe II d'Orléans, qui est d'ores et déjà appelé à exercer la régence pendant la minorité de l'enfant. Or, Louis XIV, influencé par Mme de Maintenon, se méfie plus ou moins de ce neveu, dont, malgré son rang de prince du sang, Fénelon dénonce la scéleratesse et que la rumeur qualifie d'empoisonneur avec insistance. Ne risque-t-il pas de faire assassiner le petit roi ?

Les édits de succession

Dans le souci de cette éventualité, Louis XIV confirme, le 21 mai suivant, le rang de ses deux bâtards, le duc du Maine et le comte de Toulouse, qui viennent dès lors tout de suite après les princes du sang, et étend ce privilège aux enfants du duc du Maine. Ce n'est pas assez. En juillet, par l'édit de Marly, il stipule qu'en cas d'extinction des princes légitimes, les princes légitimés seraient appelés à monter sur le trône. Cette disposition est une violation manifeste des lois fondamentales du royaume. Le souverain, affirme l'ensemble des jurisconsultes, ne « peut faire de prince du sang qu'avec la reine » ! Si la lignée royale s'éteint, c'est à la nation, réunie en corps, que revient le choix d'une nouvelle dynastie. La couronne n'appartient point en propre au roi, qui n'en est que l'usufruitier et qui, à ce titre, ne peut modifier l'ordre successoral. En privé, Saint-Simon et le clan des ducs et pairs sont indignés, mais en public personne n'ose exprimer sa désapprobation. Le parlement de Paris lui-même ne fait aucune difficulté à enregistrer l'édit. Louis XIV a mêlé ses bâtards et sa famille légitime avec tant d'habileté que même Madame Palatine, mère du futur Régent, a fini par s'incliner.

Le testament

Ces mesures, cependant, ne règlent pas la question de la régence. Le 2 août 1714, Louis XIV, sur les instances du duc du Maine et de Mme de Maintenon, signe un testament secret dans lequel il limite les pouvoirs de son neveu par la création d'un Conseil de régence comprenant le régent lui-même, le duc de Bourbon, le duc du Maine, le comte de Toulouse, le chancelier, le chef du Conseil des finances, les maréchaux de Villeroy, de Villars, d'Huxelles, de Tallard et d'Harcourt, les quatre secrétaires d'Etat et enfin le contrôleur général des

Finances. Toutes les décisions seront prises à la majorité. Le duc d'Orléans, qualifié de chef du Conseil, ne pourra rien décider seul. Le duc du Maine se voit confier la garde et la tutelle du futur Louis XV ainsi que l'autorité sur la maison militaire du roi.

Le 26 août, le roi remet ce testament au premier président du parlement de Paris, M. de Mesmes, ainsi qu'au procureur général d'Aguesseau, tout en témoignant son fort scepticisme quant à son application : « On l'a voulu, on m'a tourmenté, on ne m'a point laissé en repos, quoi que j'aie pu dire. Oh bien ! J'ai donc acheté mon repos... » Qu'il est loin le temps où le roi tout-puissant imposait ses volontés à tous ! « J'ai acheté mon repos ! » Vieillissant et affaibli, le voilà contraint de se soumettre aux pressions de son entourage.

Le maréchal de Villeroy
(1644-1730)

Fils de Nicolas de Neufville, duc de Villeroy, maréchal et gouverneur du roi, François de Neufville est le type même du courtisan qui s'est élevé dans la hiérarchie militaire grâce à son amitié avec le roi. Courageux à la guerre, il n'a que de médiocres qualités de stratège. En 1685, il reçoit les gouvernements du Lyonnais, du Forez et du Beaujolais. Maréchal de France en 1693, il devient deux ans plus tard capitaine de l'une des compagnies de gardes du corps et commande l'armée royale. Mais les désastres s'enchaînent. Il laisse prendre Namur, est vaincu à Chiari (1701) et battu à nouveau à Ramillies (1706). Le roi lui pardonne : en 1714, il le fait ministre d'Etat, chef du Conseil royal des finances et gouverneur du futur Louis XV.

L'enjeu des dispositions du roi

Le testament est déposé dans une niche creusée dans un des gros piliers du palais, niche obstruée ensuite par une porte de fer et une grille munie de trois serrures. Un peu plus tard, Louis XIV lui ajoutera deux codicilles, le premier désignant le maréchal de Villeroy comme gouverneur du futur roi, à ses sept ans, le second nommant Hercule Fleury, ancien évêque de Fréjus, précepteur du petit roi et le père Michel Le Tellier, son confesseur.

Ce testament est assurément une faute grave de Louis XIV qui, sous prétexte de soustraire la tutelle de son successeur à son neveu, fragilise un peu plus le pouvoir en période de régence. Certes, Philippe d'Orléans récupérera la plénitude de ses fonctions, dont le commandement des troupes, mais au prix de la restitution du droit de remontrance au Parlement.

LA QUERELLE JANSÉNISTE SE RALLUME

Une autre crise plus grave encore, qui couve depuis longtemps, menace les derniers temps du règne. Lentement, insidieusement, le jansénisme, dont on avait un peu trop vite annoncé la disparition, a continué de se propager dans le pays, accroissant son emprise sur les esprits, s'abritant derrière la méfiance de certains Français envers le pape. Ses partisans ont compris la nécessité d'un travail en profondeur, du côté des prêtres et des fidèles. Au lieu de se justifier par des ouvrages théologiques, ils se sont efforcés de favoriser la lecture des Saintes Ecritures par les fidèles. Des missels et des bréviaires traduits en français ont été distribués. Les autorités ecclésiastiques s'en inquiètent.

Les idées du père Quesnel

Le père Pasquier Quesnel, oratorien, passe pour le chef de file du « parti », quoiqu'il s'en défende. Il anime un courant visant à ramener l'Eglise à sa pureté originelle : on ôtera les reliques et les croix des autels, les statues des saints disparaîtront des églises, le culte de la Vierge Marie sera réduit à sa plus simple expression. Dans la célébration de la messe, le français remplacera le latin... Mettant l'accent sur la réforme des âmes et la nécessité d'atteindre la perfection morale, les partisans de cette profonde réforme condamnent le relâchement des mœurs, les bals, les pièces de théâtre, les spectacles profanes en général. Cependant, la majorité de l'Eglise de France ne se reconnaît pas dans ces thèses – pas davantage, d'ailleurs, que dans celles des Jésuites, qui, eux, font corps avec Rome –, mais plutôt dans les idées d'un augustinisme modéré, et se situe dans une sorte de courant central, que représentent trois fortes personnalités : le cardinal Louis Antoine de Noailles, archevêque de Paris, Charles Maurice Le Tellier, archevêque de Reims, et Jacques Bénigne Bossuet, évêque de Meaux.

Le père Pasquier Quesnel (1634-1719)

Le père Quesnel, un oratorien, se lie d'amitié avec Antoine Arnauld vers 1666. Il rédige des livres d'explication et de méditation sur l'Ecriture sainte et sur la piété personnelle, travaux de qualité marqués par la pensée du cardinal de Bérulle et de saint Thomas d'Aquin. De plus en plus favorable aux jansénistes, il doit se réfugier à Bruxelles, où il retrouve le Grand Arnauld, sur lequel il a une forte influence intellectuelle. En 1692, il publie en français ses *Réflexions morales* ; il s'y livre à des méditations sur chaque verset du Nouveau Testament. Soupçonné d'être un meneur du jansénisme, Quesnel est arrêté en mai 1703 sur ordre du roi d'Espagne, mais réussit à s'évader. En 1708, son ouvrage est condamné par le pape.

Le « cas de conscience »

Cette querelle se ranime à propos de la question du « cas de conscience » : un confesseur peut-il absoudre un pénitent qui, ayant des scrupules ou des « restrictions mentales » au sujet de la condamnation de l'œuvre de Jansénius, se contente d'un « silence respectueux », sans l'approuver ouvertement ? La question, discutée en Sorbonne et à l'archevêché de Paris, soulève de vives polémiques. Fénelon et les Jésuites s'en mêlent. Le pape lance une première condamnation en février 1703. La crise rebondit avec l'arrestation puis l'évasion à Bruxelles du père Quesnel. En examinant ses papiers, on s'aperçoit que la « secte » a créé des réseaux d'amitié dans les milieux ecclésiastiques. L'Eglise se sent menacée. A la demande du roi et de ses propres partisans, le pape Clément XI condamne fermement le « cas de conscience » par la bulle (lettre patente pontificale) *Vineam Domini Sabaoth,* en juillet 1705.

L'anéantissement de Port-Royal

Au couvent de Port-Royal-des-Champs ne vivent plus qu'une vingtaine de religieuses et de converses, qui n'ont plus le droit de recevoir de novices. Leur communauté va bientôt s'éteindre. Rigides et maladroites, mais préparées au martyre, les religieuses refusent de signer le formulaire par lequel elles approuveraient la bulle pontificale sans clause restrictive. Noailles, qui subit les pressions de la Cour et qui a besoin de se dédouaner de ses compromissions avec les augustiniens, prive les religieuses des sacrements. Le roi, lui, veut aller jusqu'à l'anéantissement du monastère, et il obtient, le 27 mars 1708, une nouvelle bulle pontificale à ce sujet. La résistance des rebelles se prolonge.

Enfin, le lieutenant général de police d'Argenson, entouré d'archers à cheval, arrive, le 29 octobre 1709, à l'abbaye muni de lettres de cachet. La mère de Sainte-Anastasie et ses sœurs sont emmenées de force et dispersées dans divers couvents. Un arrêt du Conseil, en date du 22 janvier 1710, donne l'ordre de détruire les bâtiments. Au mois de décembre 1711, les tombes des « solitaires » et des religieuses de Port-Royal sont ouvertes et leurs ossements, jetés dans la fosse commune. Même parmi les adversaires des jansénistes, nombreux sont ceux qui condamnent la barbarie de ce geste ô combien inutile.

La Cour divisée

Cependant, la bataille religieuse se poursuit, divisant plus que jamais la Cour en deux camps : les gallicans (qui désirent conserver une relative indépendance de l'Eglise de France vis-à-vis du pouvoir du pape ; parmi eux, le chancelier Pontchartrain, le procureur général d'Aguesseau, Desmarets et Torcy) et les ultramontains (tenants de la reconnaissance de l'autorité pontificale : les ducs de Beauvillier et de Chevreuse, secrètement guidés, de sa retraite cambrésienne, par Fénelon). Mme de Maintenon est devenue l'alliée de ces derniers sans, bien entendu, frayer avec le prélat exilé. Fénelon, aux yeux de qui l'archevêque de Paris est un ennemi à abattre, incite les évêques de La Rochelle et de Luçon, favorables aux Jésuites, à condamner officiellement les impiétés et les hérésies contenues dans les *Réflexions morales* du père Quesnel. Il s'agit d'atteindre Mgr de Noailles qui, en 1695, alors qu'il était évêque de Châlons, a eu l'imprudence d'approuver cet ouvrage. La condamnation des deux évêques fait l'objet d'une vaste publicité sur les murs de la capitale.

Le paroxysme de la querelle

Cette première attaque est suivie de diverses manœuvres tortueuses émanant du nouveau confesseur du roi, le père jésuite Le Tellier. Le cardinal-archevêque de Paris, excédé, réplique en interdisant aux Jésuites de confesser et de prêcher dans son diocèse. Le roi se tourne contre lui. Il requiert une condamnation en détail, et non plus un simple bref, du pape contre l'ouvrage de Quesnel. Les Jésuites et le roi bataillent deux ans avant d'arracher à Clément XI un nouvel écrit.

Le pape Clément XI
(1649-1721)

Né à Urbino en 1649, Giovanni Francesco Albani est élu pape le 23 novembre 1700, à la mort d'Innocent XII (1615-1700). L'essentiel de son pontificat se déroule durant la guerre de Succession d'Espagne, au cours de laquelle il prend parti pour la France. Poussé par Louis XIV et par les jésuites qui l'entourent, notamment par le cardinal Fabroni, il publie contre les jansénistes une condamnation du « cas de conscience » (1703), puis les bulles *Vineam Domini Sabaoth* (1705) et *Unigenitus Dei Filius* (1713).

La bulle Unigenitus

La bulle *Unigenitus Dei Filius,* enfin, est promulguée au mois de septembre 1713. En cent une propositions, elle condamne sans rémission les *Réflexions morales* du père Quesnel qu'avait approuvées Noailles. Le ton et la forme sont tout particulièrement durs. Des affirmations maladroites donnent à croire que les laïcs ne peuvent ni lire la Bible ni prendre part au déroulement de la messe. L'œuvre de la Contre-Réforme semble partiellement remise en cause. Cela heurte à bon droit les consciences catholiques, contraintes de s'y soumettre.

Louis XIV et le père Le Tellier, les véritables instigateurs de ce texte, exultent de joie, sans réaliser que celui-ci va secouer profondément l'Eglise de France et empoisonner tout le siècle suivant, faisant perdre à toute une fraction de l'opinion le respect de la papauté, soudant l'opposition populaire et parlementaire contre Rome, les Jésuites et leur allié, le roi de France, et conduisant au rejet de la hiérarchie religieuse et de l'ordre monarchique... Jamais écrit de circonstance n'aura eu de si graves et si durables conséquences.

Vers un schisme ?

La querelle éclate immédiatement. Si le haut clergé, dans sa grande majorité, soutient Rome et accepte la bulle, une bonne partie de l'Eglise de France se cabre et, au nom des libertés gallicanes, fait corps avec les jansénistes : la Sorbonne, le clergé de Paris, les Oratoriens, les Dominicains, les Carmes, les Augustins, les Récollets, les Minimes... Le cardinal de Noailles, d'abord disposé à se soumettre, est poussé dans ses retranchements par les intransigeants. Il rejette finalement le document romain et rallie autour de lui sept ou huit évêques, décidés à la résistance, prêts à aller jusqu'au schisme. Noailles est prié de ne plus paraître à la Cour. L'Eglise est coupée en deux, et le roi a rejoint le clan dur du parti romain, celui du père Le Tellier et des cardinaux de Bissy et de Rohan... Les magistrats, dont la sensibilité religieuse est assez proche du jansénisme, doivent s'incliner devant les menaces d'emprisonnement à la Bastille. Pour sa part, la Sorbonne plie, mais les esprits restent très agités. Face à cette situation, les jansénistes, très soutenus par le bas clergé et les fidèles, radicalisent leurs positions. Les volumineuses apologies du père Quesnel qu'ils répandent à cette époque prônent des idées voisines de la Réforme protestante : le libre examen, le droit pour les fidèles de juger des vérités dogmatiques. L'Eglise de France semble menacée par ce tourbillon protestataire.

Le concile avorté

On suggère au roi de rédiger une déclaration d'adhésion solennelle à la bulle *Unigenitus,* de la faire approuver par le Parlement, puis de réunir un concile national condamnant l'archevêque de Paris et ses partisans. Mais le pape, qui est fort peu désireux de conforter le gallicanisme en France, récuse cette solution. Qu'importe ! Louis XIV se décide à passer outre et à convoquer le concile pour le 1er septembre 1715. D'emblée, son plan se heurte à une vive résistance des parlementaires, bien décidés cette fois à ne pas se laisser faire. Ils sont conduits par le procureur général Henri François d'Aguesseau, haute figure de la noblesse de robe, personnage pénétré de son devoir de magistrat et qui se considère comme le dépositaire des lois sacrées de l'Etat. Le roi est violemment irrité, mais il n'aura pas le temps d'affronter cette épreuve. Une autre l'attend : la mort...

LE ROI SUR SON DÉCLIN

Le roi va maintenant sur ses soixante-dix-sept ans. Ses traits accusent son âge : le nez s'est allongé, la bouche est devenue amère et triste, comme le montre le célèbre masque de cire d'Antoine Benoist (qui date de 1710). La vie publique, ses contraintes, le lassent. Il a perdu son appétit légendaire. La fin s'annonce proche. Tout le monde le ressent.

La Cour s'ennuie

Même Mme de Maintenon ne parvient pas à « désennuyer » le roi. Elle préfère, du reste, s'éloigner quelque peu afin de trouver son propre équilibre en se consacrant à sa maison d'éducation de Saint-Cyr, qu'elle dirige en maîtresse femme. La jeunesse de la Cour a beaucoup de mal à supporter cette atmosphère étouffante. Elle cherche tous les prétextes pour aller s'amuser à Paris, au Cours-la-Reine ou dans les hôtels du Marais et des faubourgs Saint-Germain ou Saint-Honoré. Des bandes joyeuses suivent les cavalcades effrénées de Madame la Duchesse (la duchesse de Bourbon) et de son amant, M. de Lassay. La duchesse du Maine organise des fêtes et des divertissements littéraires dans son château de Sceaux. La princesse douairière de Conti reçoit à Champs, et le duc d'Antin, à Petit-Bourg. Dans l'attente de la régence, Philippe d'Orléans s'amuse et, avec sa troupe de « roués », débite des gaillardises derrière les portes closes du Palais-Royal.

La gangrène du roi

Dans la soirée du 10 août, le souverain éprouve de grandes difficultés à marcher. Son état s'aggrave le lendemain. Le 13, il lui faut se faire porter en chaise jusqu'à la chapelle pour assister à la messe. Le même jour, à la réception de Méhémet Reza Beg, envoyé du chah de Perse Hussein-Mirza, il a du mal à rester debout et sans appui dans la salle du trône. Dans l'après-midi, une vive douleur le saisit à la jambe gauche. Fagon, son médecin, diagnostique une sciatique. Il ne s'émeut pas les jours suivants quand il s'aperçoit que le roi faiblit, perd son appétit et cesse de sortir de son appartement. Il ne se trouble pas davantage quand Mareschal, le chirurgien, remarque une petite noirceur au pied. On bande la jambe du monarque, qu'il garde, lorsqu'il travaille, étendue sur un petit tabouret. Les douleurs persistant, l'inquiétude gagne enfin les médecins, sans qu'ils s'alarment vraiment, même après que leur royal patient s'est évanoui au cours du bain d'herbes qu'il prend au matin du 22. Les dix sommités médicales que Fagon a finalement fait venir de Paris se décident seulement à commencer un traitement au lait d'ânesse...

Les dernières intrigues

Louis n'est même plus capable de paraître au balcon pour la revue de la gendarmerie et envoie à sa place le duc du Maine. On y perçoit un acte de défiance envers le duc d'Orléans. Ce dernier, dissimulant son dépit, accompagne le dauphin qui assiste à la revue de son carrosse et lui nomme les unités qui passent et leurs officiers. Puis, à son tour, il défile à la tête des deux compagnies d'Orléans. Sa prestance en impose.

Dans cette atmosphère de fin de règne, le gouvernement, composé des principaux ministres, Torcy, Voysin, Villeroy, et des secrétaires d'Etat Pontchartrain et La Vrillière, a perdu toute crédibilité et se borne à gérer les affaires courantes. De nouvelles coteries déchirent la Cour. Celle du duc du Maine, réunie au château de Sceaux autour de son épouse, semble triomphante. Elle est sûre d'obtenir le pouvoir à la mort du vieux roi puisqu'elle dispose – atout majeur – du testament et de nombreux alliés au sein du Parlement, dont le premier président, M. de Mesmes. Le duc du Maine a en main les vingt-cinq régiments suisses du royaume, l'artillerie et d'autres corps de troupe, et détient deux gouvernements essentiels, la Guyenne et le Languedoc. Son frère, le comte de Toulouse, est gouverneur de Bretagne et a autorité sur la marine.

A l'hôtel du prince de Cellamare, ambassadeur d'Espagne, siège la deuxième coterie, celle du roi d'Espagne. Philippe V, qui se tient informé de la situation, estime pouvoir s'emparer de la régence au décès de son grand-père. La santé du dauphin paraissant fort fragile, il envisage de disputer le trône au duc d'Orléans, afin d'y placer un de ses fils.

Le parti du futur Régent

Philippe d'Orléans est à la tête de la troisième coterie, la plus puissante et la mieux organisée, qui attire à peu près tous les opposants au vieux roi : les gallicans, les jansénistes, ennemis de la bulle *Unigenitus,* le cardinal de Noailles et le duc son neveu, les meneurs de l'ancienne cabale des seigneurs – les maréchaux d'Huxelles et d'Harcourt, Saint-Simon et ses amis ducs et pairs, en guerre ouverte contre le premier président du Parlement à propos d'une ridicule affaire de préséance (la querelle du « bonnet »). Le futur Régent peut compter en outre sur l'appui de militaires haut placés, dont le maréchal de Villars, et sur un groupe de financiers avec Antoine Crozat.

LA MORT DE LOUIS LE GRAND

Cependant la gangrène poursuit inexorablement ses ravages. Le 24 août, la jambe est noire depuis le pied jusqu'à la cuisse. Les médecins sont bien obligés d'en convenir : les jours du roi sont comptés.

L'agonie

Le souverain ne se fait plus d'illusion. Le dimanche 25 août, jour de la Saint-Louis, il fait l'effort de prendre son repas en public. « J'ai vécu parmi les gens de la Cour, dit-il, je veux mourir parmi eux. Ils ont suivi tous le cours de ma vie ; il est juste qu'ils me voient finir. » Le soir, son état s'est tant dégradé que l'on va quérir en procession le saint sacrement. Après la communion, il adresse quelques mots au contrôleur général Desmarets, au maréchal de Villeroy, au chancelier Voysin et à son neveu Philippe d'Orléans. Avec ce dernier l'entretien paraît chaleureux : « Le roi est entièrement revenu de ses mauvaises préventions et il l'a prié d'oublier le passé », écrit l'abbé Mascara, agent de la cour de Madrid. Peut-être regrette-t-il ses dispositions testamentaires ? Il exhorte en outre les princes et les bâtards à vivre en bonne entente. Le lendemain 26, le chirurgien Mareschal constate que la gangrène a gagné l'os. Le roi fait revenir les siens. Au petit dauphin, que la duchesse de Ventadour tient par la main, il déclare : « Mon cher enfant, vous allez être le plus grand roi du monde, n'oubliez jamais les obligations que vous avez à Dieu. Ne m'imitez pas dans les guerres ; tâchez de maintenir toujours la paix avec vos voisins, de soulager votre peuple autant que vous le pourrez, ce que j'ai eu le malheur de ne pouvoir faire par les nécessités de l'Etat. Suivez toujours les bons conseils et songez bien que c'est à Dieu à qui vous devez ce que vous êtes... » Il demande pardon de son mauvais exemple et redit ses recommandations de vivre en harmonie.

La mort

L'état de sa jambe s'aggrave. Le 27, il brûle de nombreux papiers devant Mme de Maintenon et le chancelier. Le jour suivant, comme on le voit irrémédiablement perdu, on fait venir à son chevet un médecin inconnu qui essaie le remède de la dernière chance. Le soulagement est de courte durée. Le 30, Mme de Maintenon se retire à Saint-Cyr. Le lendemain, le roi, à demi conscient, récite la prière des agonisants avec les moines et les prêtres. On l'entend murmurer : « Ô mon Dieu, venez à mon aide ; hâtez-vous de me secourir. » Ce sont ses dernières paroles. Il s'éteint le 1er septembre 1715, à huit heures et quart du matin.

Un bilan contrasté

La mort du vieux roi, si longtemps encensé, est accueillie par l'opinion populaire avec indifférence, sinon soulagement. La misère, les difficultés financières, la lassitude devant un si long règne (soixante-douze ans et cent jours) y sont certainement pour quelque chose, la désacralisation du pouvoir aussi.

Avec le recul, cette condamnation paraît injuste. Le bilan mérite mieux. Les qualités personnelles du monarque sont incontestables : comment douter de son habileté politique et diplomatique, de son sens du devoir et de la grandeur de la France, et même de son inclination à la modération et à la justice, qualités longtemps oubliées des historiens, face à des souverains étrangers souvent plus brutaux et cyniques. Louis, on ne saurait le nier, a été un grand roi et un grand homme d'Etat, qui a travaillé au bien du pays, à qui il a donné quelques belles provinces et des frontières plus sûres. Grâce à Versailles, à l'œuvre architecturale du Grand Siècle, à l'épanouissement des arts et des lettres, à l'encouragement donné aux artistes, son règne a donné à la France un rayonnement inégalé. Ne tombons pas pour autant dans l'hagiographie. Louis XIV a commis des erreurs tragiques qu'il n'est pas question d'occulter : la guerre de Hollande, les dragonnades, la révocation de l'édit de Nantes, le sac du Palatinat ou la désastreuse bulle *Unigenitus*... Il n'a pas su soigner son image au-delà des frontières, dans une conjoncture européenne qui voyait la France remplacer l'Espagne à la place enviée de puissance continentale prépondérante. Son enfermement volontaire à Versailles ainsi que la suppression progressive de toute communication avec les organes représentatifs du royaume seront, à terme, très néfastes pour le régime.

La construction de l'Etat

Sur le plan de la construction d'un Etat moderne, son règne marque une mutation essentielle, même si la mise en place de la monarchie administrative a été plus longue qu'on ne l'a pensé. La centralisation et l'unification du royaume se sont faites avec empirisme, avec des compromis et des reculs, dans les limites structurelles archaïques de l'Ancien Régime, qui faisaient du pouvoir monarchique, prétendument absolu, un pouvoir faible. Pour des raisons fiscales, le roi, faute d'une armée de fonctionnaires dévoués, a dû s'appuyer sur les clans et les clientèles, les oligarchies, confirmer des privilèges, des libertés locales ou corporatives, traiter avec des institutions désuètes et parasitaires qu'il aurait bien aimé supprimer. Mais sa ligne directrice et modernisatrice a été constante. Face à une société foisonnante, au conservatisme et à la résistance des corps sociaux, aux rêveries féodales de l'aristocratie, le roi a su donner à son gouvernement suffisamment d'éclat, de magnificence et de majesté pour imposer à tous l'idée de l'Etat, incarnation vivante de l'intérêt général. Génial acteur politique, il a joué sur plusieurs registres à la fois en virtuose. « Je m'en vais, dit-il peu avant sa mort, mais l'Etat demeurera toujours. » Ce n'est pas la plus mince part de son héritage...

LA FAMILLE

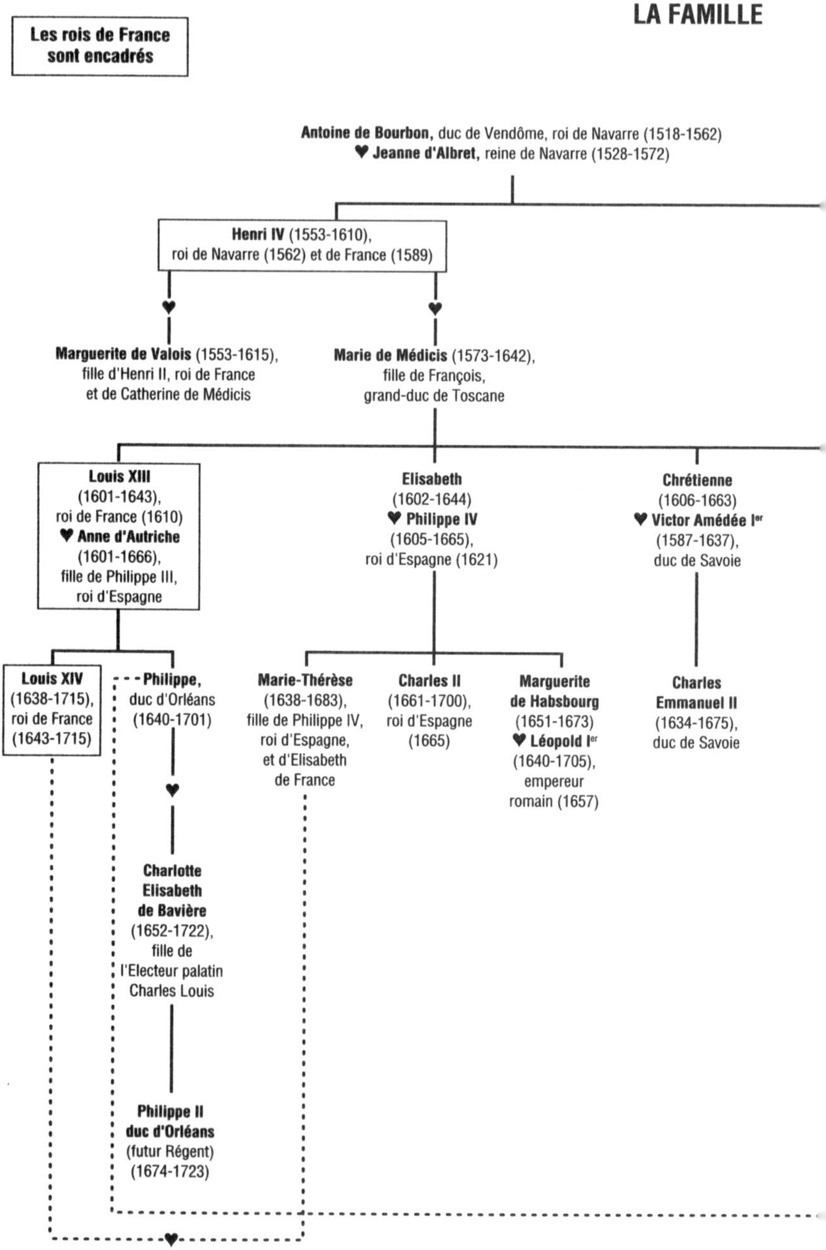
Les rois de France sont encadrés
Antoine de Bourbon, duc de Vendôme, roi de Navarre (1518-1562)
♥ Jeanne d'Albret, reine de Navarre (1528-1572)
Henri IV (1553-1610), roi de Navarre (1562) et de France (1589)
♥
Marguerite de Valois (1553-1615), fille d'Henri II, roi de France et de Catherine de Médicis
♥
Marie de Médicis (1573-1642), fille de François, grand-duc de Toscane
Louis XIII (1601-1643), roi de France (1610) ♥ Anne d'Autriche (1601-1666), fille de Philippe III, roi d'Espagne
Elisabeth (1602-1644) ♥ Philippe IV (1605-1665), roi d'Espagne (1621)
Chrétienne (1606-1663) ♥ Victor Amédée Ier (1587-1637), duc de Savoie
Louis XIV (1638-1715), roi de France (1643-1715)
Philippe, duc d'Orléans (1640-1701)
♥
Charlotte Elisabeth de Bavière (1652-1722), fille de l'Electeur palatin Charles Louis
Philippe II duc d'Orléans (futur Régent) (1674-1723)
Marie-Thérèse (1638-1683), fille de Philippe IV, roi d'Espagne, et d'Elisabeth de France
Charles II (1661-1700), roi d'Espagne (1665)
Marguerite de Habsbourg (1651-1673) ♥ Léopold Ier (1640-1705), empereur romain (1657)
Charles Emmanuel II (1634-1675), duc de Savoie
♥

DE LOUIS XIV

Catherine de Bourbon (1559-1604)
♥ **Henri,** duc de Lorraine (1563-1624)

Gaston-Jean-Baptiste, duc d'Orléans (1608-1660)

♥ **Marie de Montpensier** (1605-1627), fille d'Henri, duc de Bourbon-Montpensier

♥ **Marguerite** (1615-1672), fille de François II, duc de Lorraine

Henriette Marie (1609-1669)
♥ **Charles Ier Stuart** (1600-1649), roi d'Angleterre (1625)

Anne Marie Louise d'Orléans duchesse de Montpensier (1627-1693)

Marguerite Louise (1645-1721) ♥ **Cosme III,** grand-duc de Toscane

Elisabeth (1646-1696) ♥ **Louis Joseph de Lorraine,** duc de Guise

Françoise Madeleine (1648-1664) ♥ **Charles Emmanuel II,** duc de Savoie

Charles II (1630-1685), roi d'Angleterre (1660-1685) ♥ **Catherine de Bragance** (1638-1705), fille de Jean IV, roi de Portugal

Marie (1631-1660) ♥ **Guillaume II** (1626-1650), prince d'Orange

Jacques II (1633-1701), roi d'Angleterre (1685-1689)

Henriette (1644-1670)

♥

LES FAMILLES DE CONDÉ, CONTI ET SOISSONS

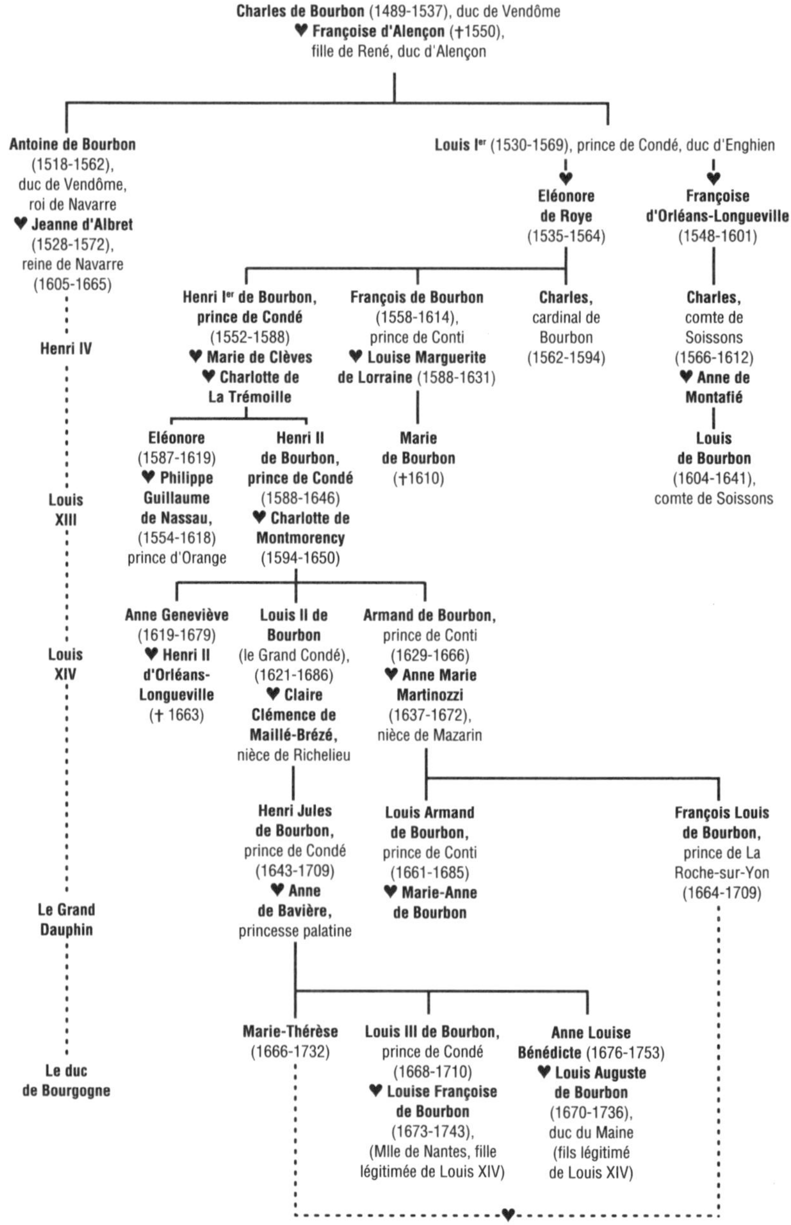

DESCENDANCE LÉGITIME DE LOUIS XIV

Louis XIV (1638-1715), roi de France
♥ **Marie-Thérèse d'Autriche**
(1638-1683),
infante d'Espagne

- **Louis de France, Dauphin** (1661-1711), (le Grand Dauphin) ♥ **Marie-Anne de Wittelsbach** (1660-1690), fille de Ferdinand, Electeur de Bavière
  - **ouis** (1682-1712), duc de Bourgogne (second Dauphin), ♥ **Marie-Adélaïde de Savoie** (1685-1712)
    - **Louis XV** (1709-1774), roi de France ♥ **Marie Leszczynska** (1703-1768), fille de Stanislas Leszczynski, roi de Pologne
  - **Philippe V** (1683-1746), duc d'Anjou, roi d'Espagne (1700-1746), ♥ **Marie-Louise de Savoie** (1688-1714) ♥ **Elisabeth Farnèse** (1692-1766), fille du duc de Parme
  - **Charles** (1686-1714), duc de Berry ♥ **Marie Louise Elisabeth**

Philippe (1640-1701), duc d'Orléans
♥ **Henriette d'Angleterre** (1644-1670)
♥ **Charlotte Elisabeth de Bavière** (1652-1722),
princesse Palatine

- **Philippe II** (1674-1723), duc d'Orléans (le Régent, 1715-1723) ♥ **Françoise Marie de Bourbon** (1677-1749), (Mlle de Blois, fille légitimée de Louis XIV)
  - **Marie Louise Elisabeth** (1695-1719) ♥ **Charles**
  - **Charlotte** (1700-1761) ♥ **François III d'Este** (1698-1780), duc de Modène
  - **Louis** (1703-1752), duc d'Orléans ♥ **Augusta** (1704-1726), fille du margrave de Baden-Baden
  - **Louise Diane** (1716-1726) ♥ **Louis François Ier** (1717-1776), prince de Conti
- **Elisabeth Charlotte** (1676-1774) ♥ **Léopold** (1679-1729), duc de Lorraine

DESCENDANCE NATURELLE DE LOUIS XIV

AVEC MADAME DE MONTESPAN

- **ouis Auguste de Bourbon** (1670-1736), duc du Maine ♥**Anne Louise Bénédicte de ourbon-Condé,** lle d'Henri Jules de Bourbon, rince de Condé
- **Louis César de Bourbon** (1672-1683), comte de Vexin, abbé de Saint-Germain-des-Prés
- **Louise Françoise de Bourbon** (1673-1743), (Mlle de Nantes) ♥ **Louis III de Bourbon,** duc de Condé
  - **Louis Henri de Bourbon** (M. le Duc) (1692-1740), Premier ministre de Louis XV ♥ **Marie-Anne de Bourbon** (Mlle de Conti) ♥ **Charlotte de Hesse-Rheinfels-Rotembourg**
- **Louise Marie Antoinette de Bourbon** (1674-1681), (Mlle de Tours)
- **Françoise Marie de Bourbon** (1677-1749), (seconde Mlle de Blois) ♥ **Philippe d'Orléans,** (futur Régent)
- **Louis Alexandre de Bourbon** (1678-1737), comte de Toulouse ♥ **Marie-Sophie Victoire de Noailles**

AVEC MADEMOISELLE DE LA VALLIÈRE

- **Marie-Anne de Bourbon** (première Mlle de Blois) (1666-1739) ♥ **Louis Armand Ier** (1661-1685), prince de Conti
- **Louis de Bourbon,** comte de Vermandois (1667-1683)

CHRONOLOGIE

POLITIQUE, SOCIÉTÉ, RELIGION	GUERRES ET DIPLOMATIE	LETTRES ET ARTS	AU MÊME MOMENT
1638			
• Arrestation de l'abbé de Saint-Cyran • Vœu de Louis XIII • Naissance de Louis XIV	• Nouveau traité d'alliance entre la France et la Suède • Déroute française à Fontarabie • Prise de Brisach par Bernard de Saxe-Weimar	• Parution des *Economies royales* de Sully	• Première guerre épiscopale en Ecosse
1639			
• Révolte des Nu-Pieds en Normandie		• Naissance de Jean Racine	• La Valteline revient dans la dépendance du canton helvétique des Grisons
1640			
• Refonte des monnaies, création du louis d'or		• Fondation au Louvre de l'Imprimerie royale	• Au Portugal, fin de la révolution et accession au trône de Jean IV, duc de Bragance
• Publication de l'*Augustinus* de Jansénius à Louvain		• Corneille : *Horace*	• Frédéric-Guillaume de Hohenzollern devient prince électeur du Brandebourg

Politique, société, religion	Guerres et diplomatie	Lettres et arts	Au même moment
		• Georges de La Tour : *Le Nouveau-Né*	
1641			
• Conspiration du comte de Soissons	• Révolte de la Catalogne : Louis XIII devient comte de Barcelone	• Descartes : *Méditations métaphysiques*	• Début de la puissance hollandaise en Insulinde et en Malaisie
• Victoire royale à La Marfée		• Vélèz de Guevara : *Le Diable boiteux* • Corneille : *Cinna*	
1642			
• Conspiration de Cinq-Mars		• Corneille : *Polyeucte*	• Guerre civile en Grande-Bretagne. Formation des colonies britanniques du Nord en Amérique
• Mort du cardinal de Richelieu		• Les frères Le Nain : *La Famille de paysans*	• Fondation de Ville-Marie (futur Montréal) par des colons charentais et dieppois
• Entrée de Mazarin au Conseil			
1643			
• Mort de Louis XIII et avènement de Louis XIV	• Victoire du duc d'Enghien à Rocroi contre l'Espagne	• Corneille : *La Mort de Pompée*	• Invention du baromètre par Torricelli

Politique, société, religion	Guerres et diplomatie	Lettres et arts	Au même moment
• Régence d'Anne d'Autriche		• Mézeray : Premier volume de l'*Histoire de France*	• Démission du comte de Olivares
• Installation de la Cour au Palais-Royal et cabale des Importants		• Molière : fondation de l'Illustre-Théâtre	• Guerre entre la Suède et le Danemark
• Publication de *De la fréquente communion* d'Antoine Arnauld		• Le Nain : *La Tabagie*	
• Soulèvement des croquants du Rouergue			
1644 Edit du toisé. Taxe des aisés. Incidents et émotions populaires en différentes provinces de France.	• Congrès de Münster et d'Osnabrück	• Le Lorrain : *Port au soleil couchant*	• Mort du pape Urbain VIII et élection d'Innocent X
	• Victoire de Turenne et d'Enghien à Fribourg		• Prise de Pékin par les Mandchous
	• Prise de Philippsbourg par Turenne		
1645	• Victoire de Turenne et d'Enghien à Nördlingen	• La Tour : *Saint Pierre repentant*	• Paix de Bromsebro entre le Danemark et la Suède
		• Le Sueur : *Vie de saint Bruno*	• Anéantissement du royaume du Mali par les Bambaras

POLITIQUE, SOCIÉTÉ, RELIGION	GUERRES ET DIPLOMATIE	LETTRES ET ARTS	AU MÊME MOMENT
		• Début de la construction du Val-de-Grâce	• Alexis Ier Romanov, tsar
1646 • Mazarin, surintendant de l'éducation du roi • Déclaration contre les duels	• Prise de Furnes, de Dunkerque et de Courtrai par le duc d'Enghien • Succès français à Piombino	• Rembrandt : *Adoration des bergers* • Début de la construction de la chapelle de Port-Royal	
1647	• Armistice d'Ulm (France-Bavière-Hollande)		• Guillaume II d'Orange devient stathouder de Hollande • A Naples, révolte de Masaniello contre la fiscalité imposée par le vice-roi espagnol
1648 • Abolition des intendants (sauf dans les provinces frontières) • Fronde parlementaire • Proposition de la Chambre Saint-Louis • Journées des Barricades	• Victoire de Condé à Lens • Traité de Wesphalie : fin de la guerre de Trente Ans	• Création d'une Académie de peinture et de sculpture • Rembrandt : *Les Pèlerins d'Emmaüs*	• Londres : épuration du Parlement par Cromwell • Frédéric III roi de Danemark et de Norvège • Mahomet IV, sultan ottoman • Révolte des Cosaques en Ukraine contre la domination polonaise

Politique, société, religion	Guerres et diplomatie	Lettres et arts	Au même moment
1649			
• La Cour quitte Paris pour Saint-Germain • Blocus de Paris par le prince de Condé • Paix de Rueil, retour du roi à Paris • Mauvaises récoltes et disette		• Descartes : *Traité des passions de l'âme*	• Exécution de Charles Ier d'Angleterre • Dictature d'Oliver Cromwell • Jean II Casimir, roi de Pologne
1650			
• Arrestation de Condé	• Turenne siège devant Guise	• Corneille : *Andromède*	• Mort de Guillaume II d'Orange
• Début de la « Fronde des princes »		• Date probable des *Vues de la Villa Médicis* par Vélasquez • Mort de Descartes	• Fondation de Tananarive à Madagascar
1651			
• Opposition de Condé et du Parlement • Majorité de Louis XIV		• Corneille : *Nicomède* • Hobbes : *Le Léviathan*	• Le Bernin aménage la place Navone, à Rome
1652			
• Troubles à Bordeaux, à Paris • Journée dite « du feu de l'Hôtel de Ville » • Condé et Conti coupables de lèse-majesté • Arrestation de Retz	• Dunkerque repris par les Espagnols	• Mort de Georges de La Tour	• Première guerre entre l'Angleterre et les Provinces-Unies • Création de l'établissement du Cap par le Hollandais Van Riebeck

POLITIQUE, SOCIÉTÉ, RELIGION	GUERRES ET DIPLOMATIE	LETTRES ET ARTS	AU MÊME MOMENT
1653			
• Retour de Mazarin	• Prise de Rethel par Turenne	• Condamnation par le Parlement du *Recueil de maximes* de Claude Joly	• Premiers contacts entre la Corée et l'Occident
• Fouquet surintendant des Finances	• Prise de Rocroi par les Espagnols commandés par Condé	• Mort de Théophraste Renaudot	• Cromwell devient lord-protecteur du Commonwealth et crée un parlement unique pour l'Angleterre, l'Ecosse et l'Irlande
• Amnistie à Bordeaux	• Siège de Landrecies	• Le *Ballet de la nuit*	
• Condamnation par le pape de l'*Augustinus*		• La Hyre : *Paysage aux baigneuses*	
		• Début du salon de Mlle de Scudéry	
1654			
• Lit de justice condamnant Condé à mort	• Libération d'Arras par Turenne	• Mort de Guez de Balzac	• Traité de Westminster entre l'Angleterre et les Provinces-Unies
• Sacre de Louis XIV à Reims	• Prise de Stenay	• Début de la construction de l'hôtel de Beauvais	• Début de la guerre entre la Pologne et la Russie
• Embarquement de Retz pour l'Espagne		• Madeleine de Scudéry : *Clélie*	• Charles X Gustave, roi de Suède
			• Les Anglais occupent l'Acadie

Politique, société, religion	Guerres et diplomatie	Lettres et arts	Au même moment
1655			
• Crise avec le parlement de Paris	• Prise de Landrecies		• Alexandre VII succède à Innocent X
	• Traité de Pignerol		• Première « guerre du Nord » de Charles X de Suède contre Jean II Casimir de Pologne
	• Traité de Westminster (alliance franco-anglaise)		
1656			
• La faculté de théologie dégrade Arnauld	• Turenne vaincu par Condé à Valenciennes	• Fouquet fait construire son château de Vaux-le-Vicomte	• Guerre civile en Suisse
• Parution de la première *Provinciale* de Pascal	• Prise de La Capelle par Turenne		• Christine de Suède arrive à Paris
• Création de l'hôpital général à Paris			• Ahmed Köprülü Pacha devient grand vizir
• Déclaration contre les usurpateurs de noblesse			
1657			
• « Mise à l'Index » des *Provinciales*	• Echec du siège de Cambrai	• Tallemant des Réaux débute la rédaction des *Historiettes*	• Mort de l'empereur Ferdinand III
	• Turenne prend Mardick aux Espagnols		• Frédéric III de Danemark déclare la guerre à la Suède

Politique, société, religion	Guerres et diplomatie	Lettres et arts	Au même moment
			• La flotte vénitienne est vaincue par la flotte ottomane
1658			
• Maladie du roi à Calais	• Bataille des Dunes : victoire de Turenne, prise de Dunkerque		• Fondation par les Français de Saint-Louis du Sénégal
• Rencontre de Louis XIV et de Marguerite de Savoie en vue d'un possible mariage ; l'ambassadeur d'Espagne vient offrir la main de l'infante	• Ligue du Rhin		• Mort d'Oliver Cromwell
	• Discussion entre la France et l'Espagne en vue de la paix		• Léopold Ier de Habsbourg empereur • Aurangzeb, empereur moghol
1659			
• Emeutes à Aix-en-Provence • Voyage de la Cour dans le Midi	• Traité des Pyrénées	• Molière : *Les Précieuses ridicules* • Le Nôtre aménage le jardin des Tuileries	
1660			
• Mort de Gaston d'Orléans		• Mort de Vélasquez et de Scarron	• Restauration des Stuarts : Charles II, roi d'Angleterre

Politique, société, religion	Guerres et diplomatie	Lettres et arts	Au même moment
• Voyage du roi en Provence, punition de Marseille		• Antoine Arnauld : *Grammaire générale et raisonnée*	• Charles XI roi de Suède
• Privilège accordé à la manufacture des Gobelins		• Mignard : *Portrait de Louis XIV*	
• Mariage de Louis XIV avec Marie-Thérèse d'Autriche		• Boileau : *Satires*	
• Entrée du roi et de la reine à Paris			
1661			
• Colbert intendant des Finances	• Londres : querelle entre les suites de l'ambassadeur de France et de l'ambassadeur d'Espagne	• Début des travaux à Versailles	• Couronnement de Charles II d'Angleterre à Westminster
• Mort de Mazarin		• Création d'une Académie royale de danse	
• Mariage de Monsieur et d'Henriette d'Angleterre		• Molière : *L'Ecole des maris, Les Fâcheux*	
• Début de la liaison du roi et de Louise de La Vallière		• Hardouin de Péréfixe : *Histoire du Roy Henri le Grand*	
• Affaire du formulaire contre les jansénistes			
• Arrestation et procès de Fouquet			
• Naissance du Dauphin			

POLITIQUE, SOCIÉTÉ, RELIGION	GUERRES ET DIPLOMATIE	LETTRES ET ARTS	AU MÊME MOMENT
1662			
• Crise de subsistance dans de nombreuses provinces	• Traité franco-lorrain de Montmartre	• Molière : *L'Ecole des femmes*	• Kangxi, empereur mandchou en Chine
• Guérison miraculeuse à Port-Royal de la fille de Philippe de Champaigne	• Incident entre la suite de l'ambassadeur de France et la garde corse du pape	• Philippe de Champaigne : *Ex-voto*	• Reconnaissance officielle de la Royal Society
• Révolte des Lustucru dans le Boulonnais	• Dunkerque est acheté par la France à l'Angleterre	• Bossuet : *Sermon sur les devoirs des rois*	
• Grand carrousel des Tuileries			
1663			
• Première fête importante à Versailles	• Création au Canada d'une province française : la Nouvelle-France	• Charles Le Brun décore la galerie d'Apollon au Louvre	• Vote du « Stapple Act » : exclusivité du commerce entre Londres et les colonies
	• Renouvellement de l'alliance suisse	• Mignard décore la coupole du Val-de-Grâce	• Avancée des Turcs en Haute-Hongrie
1664			
• Colbert surintendant des Bâtiments du roi	• Intervention de la France dans la répression de la révolte d'Erfurt	• Racine : *La Thébaïde*	• Bataille du Saint-Gotthard, en Hongrie : victoire des impériaux sur les Turcs
• Fête des Plaisirs de l'Isle enchantée à Versailles			

Politique, société, religion	Guerres et diplomatie	Lettres et arts	Au même moment
• Le clergé est contraint de signer le formulaire antijanséniste • Création des Compagnies des Indes occidentales et orientales • Création de la manufacture de Beauvais (tapis et tapisserie)			
1665			
• Colbert surintendant général du Commerce, grand trésorier des Ordres et contrôleur général des Finances		• Séjour du Bernin à Paris	• Deuxième guerre entre l'Angleterre et la Hollande
• Fondation de plusieurs manufactures		• Bussy-Rabutin : *Histoire amoureuse des Gaules*	• Mort de Philippe IV d'Espagne, avènement de Charles II
• Les Grands Jours d'Auvergne		• Molière : *Dom Juan ou le Festin de Pierre* • La Rochefoucauld : *Réflexions ou Sentences et maximes morales*	• Epidémie de peste à Londres
1666			
• Mort d'Anne d'Autriche		• Académie de France à Rome	• Grand incendie de Londres

POLITIQUE, SOCIÉTÉ, RELIGION	GUERRES ET DIPLOMATIE	LETTRES ET ARTS	AU MÊME MOMENT
• Règlement sur l'exercice de la religion prétendue réformée		• Jean Nocret : *La Famille de Louis XIV*	
• Fondation des ports de Sète et de Lorient		• Académie royale des sciences • Furetières : *Le Roman bourgeois* Molière : *Le Misanthrope*	
1667			
• Création de la lieutenance générale de police à Paris, confiée à Nicolas de La Reynie	• Alliance entre la France et le Portugal	• Début de la réalisation du Grand Canal à Versailles	• Paix de Bréda entre l'Angleterre et la Hollande
• Renforcement du tarif douanier	• Echec de l'attaque franco-hollandaise contre les Antilles anglaises	• Construction de l'Observatoire et de la colonnade du Louvre	• En Russie, excommunication des *Raskolniki*
• « Code Louis » : ordonnance sur la procédure civile	• Début de la guerre de Dévolution	• Racine : *Andromaque* • Molière : *Tartuffe*	
1668			
• Grand divertissement royal à Versailles	• Conquête éclair de la Franche-Comté	• La Fontaine : premier recueil des *Fables*	• Triple Alliance de La Haye contre la France, regroupant l'Angleterre, la Hollande et la Suède
• Recherche des usurpateurs de noblesse	• Paix d'Aix-la-Chapelle avec l'Espagne, fin de la guerre de Dévolution	• Molière : *Amphitryon*, *L'Avare*	• Traité de Lisbonne : reconnaissance par l'Espagne de l'indépendance du Portugal

POLITIQUE, SOCIÉTÉ, RELIGION	GUERRES ET DIPLOMATIE	LETTRES ET ARTS	AU MÊME MOMENT
• Paix clémentine : apaisement de la querelle janséniste	• Traité secret entre Louis XIV et l'empereur	• Racine : *Les Plaideurs*	
1669			
• Suppression des chambres de l'édit de Nantes à Paris et à Rouen		• *Ballet de Flore,* au Louvre	• Prise de Candie par les Turcs
• Restrictions à l'édit de Nantes		• Fondation de l'Académie royale de Musique	• Michel Korybut Wiesnowiecki, roi de Pologne
• Règlement pour les eaux et forêts		• Pascal : *Pensées*	
• Réorganisation de l'Amirauté		• Racine : *Britannicus*	
• Mme Scarron gouvernante des enfants du roi et de Mme de Montespan		• Roberval présente sa balance	
• Sermons du père Bourdaloue			
1670			
• Ordonnance de création des Invalides	• Traité de Douvres entre la France et l'Angleterre	• Molière : *Le Bourgeois gentilhomme*	• Traité d'alliance entre l'Espagne et la Hollande
• Révolte populaire en Vivarais	• Occupation de la Lorraine par les troupes royales	• Racine : *Bérénice*	
• Mort d'Henriette d'Angleterre, épouse de Monsieur		• Corneille : *Tite et Bérénice*	
• Démolition des fortifications de Paris		• Construction du Trianon de porcelaine à Versailles	
		• Spinoza : *Traité théologico-politique*	

POLITIQUE, SOCIÉTÉ, RELIGION	GUERRES ET DIPLOMATIE	LETTRES ET ARTS	AU MÊME MOMENT
1671			
• Louis XIV est reçu à Chantilly par le prince de Condé ; mort de Vatel	• Préparation de la guerre contre les Provinces-Unies	• Louis XIV rédige des *Mémoires* ou *Instructions pour le Dauphin*	• Les deys, élus par la milice turque, sont au pouvoir en Algérie
• Fondation officielle de la ville de Versailles		• Académie d'architecture	
• Mariage de Monsieur avec Charlotte Elisabeth de Bavière, princesse Palatine		• Arnauld d'Andilly : *Instructions chrétiennes* • Molière : *Les Fourberies de Scapin*	
1672			
• Entrée de Louvois au Conseil d'en haut	• Déclaration de guerre de la France à la Hollande	• Privilège du roi accordé à Lully pour tenir l'Académie de musique	• Assassinat de Jean de Witt, grand pensionnaire de Hollande
	• Traité de Stockholm entre la France et la Suède	• Construction de la porte Saint-Denis à Paris	
	• Passage du Rhin ; ouverture des digues et inondation de la Hollande pour protéger Amsterdam. Saccage de la Hollande	• Lully : *Fêtes de l'Amour et de Bacchus* • Racine : *Bajazet* • Quesnel : *Réflexions morales sur le Nouveau Testament*	

POLITIQUE, SOCIÉTÉ, RELIGION	GUERRES ET DIPLOMATIE	LETTRES ET ARTS	AU MÊME MOMENT
1673			
• Lettre de Vauban au roi sur le pré carré	• Turenne occupe la Westphalie	• Molière meurt après une représentation du *Malade imaginaire*	• Découverte du Mississippi
• Extension du droit de régale par Louis XIV à tous les évêchés du royaume	• Siège et prise de Maëstricht	• Charpentier : *Les Arts florissants*	• Guerre de la colonie française du Canada contre les Iroquois
• Le roi oblige les parlements à enregistrer les édits royaux avant remontrance	• Echec des négociations de Cologne en vue de la paix	• Racine : *Mithridate*	• Moulay Ismaïl, sultan alaouite du Maroc
• Imposition du papier timbré pour tous les actes civils et judiciaires	• Traité de Vossem entre l'Electeur de Brandebourg et Louis XIV		
• Grande ordonnance du commerce	• Combat naval du Texel contre la Hollande		
• Règlement sur les constructions navales	• Prise de Colmar		
1674			
• Complot visant à donner le Roussillon aux Espagnols	• Prise de Besançon et de Dôle	• Lully : *Alceste*	• paix de Westminster
• Décapitation du chevalier de Rohan	• Sac du Palatinat	• Racine : *Iphigénie*	• Jean III Sobieski, roi de Pologne
• Règlement sur l'organisation de la marine	• Victoire de Condé à Séneffe	• Moreri : *Grand dictionnaire historique*	• Fondation de Pondichéry par François Martin
	• Campagne de Turenne sur le Rhin	• Malebranche : *De la recherche de la vérité*	

POLITIQUE, SOCIÉTÉ, RELIGION	GUERRES ET DIPLOMATIE	LETTRES ET ARTS	AU MÊME MOMENT
1675			
• Mort de Turenne	• Campagne de Turenne dans les Vosges	• Lully et Quinault : *Thésée*	• Victor Amédée II, duc de Savoie
• Violents mouvements d'opposition fiscale en Guyenne, dans l'Agenais et en Bretagne	• Victoire navale française aux îles Lipari contre l'Espagne		• Fondation à Londres de l'observatoire de Greenwich
• L'ordre du tableau réorganise les carrières dans l'armée	• Campagne au pays de Bade		
	• Victoire d'Altenheim • Victoire du Brandebourg contre les Suédois • Ouverture d'un congrès à Nimègue		
1676			
• Exécution de la marquise de Brinvilliers	• Succès de Duquesne en Méditerranée contre l'amiral hollandais Ruyter	• L'astronome Römer détermine la vitesse de la lumière	• Victoire du roi de Suède sur le roi de Danemark : les Danois quittent la Suède
• Création de la Caisse des conversions par Pellisson	• Alliance de la France avec les Malcontents de Hongrie		
1677	• Guerre navale contre la Hollande et bataille de Tobago	• Boileau et Racine deviennent historiographes du roi	• Mariage de Guillaume d'Orange et de Mary fille aînée du duc d'York (futur Jacques II)

POLITIQUE, SOCIÉTÉ, RELIGION	GUERRES ET DIPLOMATIE	LETTRES ET ARTS	AU MÊME MOMENT
	• Prise de Valenciennes	• Racine : *Phèdre*	
	• Siège et prise de Cambrai	• Spinoza : *Ethique*	
	• Victoire Cassel		
1678			
• Vauban, commissaire aux fortifications	• Prise de Saint-Omer	• Nouveaux projets de Le Brun pour la décoration de la galerie des Glaces de Versailles	• Alliance défensive entre l'Angleterre et la Hollande
	• Prise de Fribourg	• Mme de La Fayette : *La Princesse de Clèves*	
	• Louis XIV ordonne d'évacuer Messine	• La Fontaine : deuxième recueil des *Fables*	
	• Siège et prise de Gand et d'Ypres		
	• Août-septembre : traités de Nimègue avec la Hollande et l'Espagne, fin de la guerre		
1679			
• Premiers édits contre les protestants	• Début du système de fortification des frontières par Vauban	• Mort du cardinal de Retz	• Proclamation de l'*Habeas Corpus* en Angleterre
• « Chambre ardente » pour juger l'affaire des Poisons	• Paix de Nimègue entre la France et le Saint Empire	• Mansart commence la construction de Marly	• Traité de Saint-Germain entre la France, la Suède et le Brandebourg

Politique, société, religion	Guerres et diplomatie	Lettres et arts	Au même moment
• Dispersion définitive des solitaires de Port-Royal • Disgrâce d'Arnauld de Pomponne, la direction des Affaires étrangères est confiée à Colbert de Croissy		• Denis Papin invente la machine à vapeur	• Traité de paix de Nimègue entre la Suède et les Provinces-Unies
1680			
• Mariage du Grand Dauphin et de Marie-Anne, duchesse de Bavière	• Plusieurs « réunions » (Alsace) sont prononcées	• Mort de La Rochefoucauld	
• Edit interdisant les mariages entre catholiques et protestants	• Bref du pape Innocent XI contre l'extension de la Régale	• Fondation de la Comédie-Française • Hardouin-Mansart : l'église des Invalides	
1681			
• Dragonnades dans le Poitou	• Traité secret entre Louis XIV et Frédéric Guillaume Ier de Brandebourg	• Bossuet : *Discours sur l'histoire universelle*	• Traité d'alliance de La Haye entre la Suède et les Provinces-Unies
• Bossuet, évêque de Meaux • Mort de Mlle de Fontanges • Réunion de l'assemblée du clergé	• Strasbourg est rattaché au royaume		

Politique, société, religion	Guerres et diplomatie	Lettres et arts	Au même moment
1682			
• Nouvel édit sur la Régale	• Traité entre la France et la Savoie	• Bayle, *Pensées sur la comète*	• Adhésion de l'empereur au traité de La Haye
• Déclaration des Quatre Articles		• Puget, *Milon de Crotone*	• Cavelier de La Salle prend possession de la « Louisiane »
• Conflit entre le roi et le pape au sujet de la Régale		• Observation de Halley sur la comète	• Pierre Ier, tsar de Russie
• Fin des procès de sorcellerie			• Adhésion de l'Espagne au traité de La Haye
• Naissance du duc de Bourgogne			• Bombardement d'Alger par Duquesne
			• Traité d'alliance entre l'empereur et la Suède
1683			
• Dragonnades en Vivarais	• Déclaration de guerre de l'Espagne à la France	• Boileau, *Epître*, *Le Lutrin*	• Convention de La Haye entre Provinces-Unies, Suède et Espagne
• Mort de la reine Marie-Thérèse	• Prise de Courtrai par les Français	• Guy Patin, *Lettres*	• Les Turcs devant Vienne
• Mort de Colbert. Louvois, surintendant des Bâtiments, Arts et Manufactures		• Construction de la machine de Marly par R. de Cotte	• Bombardement d'Alger et massacre de Français
• Mariage secret de Louis XIV et de Mme de Maintenon			• Défaite des Turcs à Kahlenberg

Politique, société, religion	Guerres et diplomatie	Lettres et arts	Au même moment
• Naissance du duc d'Anjou			• Défaite des Turcs devant les Autrichiens à Szécsen • Fondation de Pondichéry
1684			
• Réception des ambassadeurs d'Alger à la Cour (juillet)	• Prise de Luxembourg	• Mort de Corneille	• Expédition de Tourville contre Alger (avril)
	• Convention de La Haye • Trêve de Ratisbonne		
1685			
• Dragonnades en Béarn	• Paix entre la France et Gênes	• Mignard, plafonds de la Petite Galerie à Versailles	• Mort de Charles II d'Angleterre, avènement de son frère Jacques II
• Promulgation du « code noir »	• Traité de paix et de commerce entre la France et Alger	• Lully, *Armide*	• Ambassade française reçue au Siam, traité de commerce franco-siamois
• Dragonnades en Guyenne, Aunis et Saintonge, puis à Nîmes • Edit de Fontainebleau, révoquant l'édit de Nantes • Mort de Le Tellier			• Edit de Potsdam concernant l'accueil des réfugiés protestants français

POLITIQUE, SOCIÉTÉ, RELIGION	GUERRES ET DIPLOMATIE	LETTRES ET ARTS	AU MÊME MOMENT
1686			
• Edit organisant le rapt des enfants protestants		• Fontenelle, *Entretiens sur la pluralité des mondes*	• Renouvellement du traité de La Haye entre la Suède et les Provinces-Unies
• Audience solennelle de l'ambassadeur du Siam		• Lully, *Renaud*	• Traité de Berlin entre la Suède et le Brandebourg
• Mort du Grand Condé		• Le Grand Trianon par Hardouin-Mansart	• Formation de la ligue d'Augsbourg
1687			
		• Querelle des Anciens et des Modernes	• Les révoltés hongrois sont réprimés par les Autrichiens
		• Mort de Lully	• Déclaration d'Indulgence de Jacques II d'Angleterre
		• Fénelon, *Traité de l'éducation des filles*	• Siège d'Athènes par les Vénitiens
		• La Bruyère, *Les Caractères*	
1688			
• Mort de Duquesne	• Avignon et le Comtat sont réunis à la France	• Mort de Furetière	• Mort de Frédéric Guillaume Ier
• Institution de la milice	• Occupation du Palatinat par les troupes françaises	• Charles Perrault, *Parallèle des Anciens et des Modernes*	• Querelle de succession à l'évêché et à l'électorat de Cologne

POLITIQUE, SOCIÉTÉ, RELIGION	GUERRES ET DIPLOMATIE	LETTRES ET ARTS	AU MÊME MOMENT
		• Malebranche, *Entretiens sur la métaphysique et sur la religion*	• Naissance de Jacques Edouard, fils de Jacques II
	• Louis XIV déclare la guerre aux Provinces-Unies		• « Glorious Revolution » en Angleterre
1689			
• Ordonnance pour les armées navales	• Sac du Palatinat	• Racine, *Esther*	• Traité de Whitehall entre l'Angleterre et les Provinces-Unies
• Fénelon devient précepteur du duc de Bourgogne	• Déclaration de guerre de Louis XIV à l'Espagne	• Rigaud, *Portrait de Philippe d'Orléans*	• Prise du pouvoir par Pierre Ier à Moscou
• Seignelay, fils de Colbert, entre au Conseil d'en haut	• Guillaume III déclare la guerre à la France	• R. de Cotte construit la chapelle de Versailles	• Mort d'Innocent XI, élection d'Alexandre VIII
	• Destruction de Spire et Worms par les troupes françaises	• Coysevox, tombeau de Mazarin	• Frontenac défend le Canada contre le gouverneur du Massachusetts
		• Purcell, *Didon et Enée*	
1690			
• Mort de la Dauphine	• Bataille de Fleurus	• Mort de Le Brun	• Prise de Port-Royal en Acadie par les Anglais
• Mort de Seignelay	• Victoire navale de Béveziers par Tourville	• Furetière, édition posthume du *Dictionnaire universel*	• Capitulation des insurgés irlandais à Limerick
	• Bataille de Staffarde		• Prise de Belgrade par les Turcs

POLITIQUE, SOCIÉTÉ, RELIGION	GUERRES ET DIPLOMATIE	LETTRES ET ARTS	AU MÊME MOMENT
	• Prise de Suse par Catinat		
1691			
• Hausse du prix du blé	• Prise de Nice et de Mons par les Français	• Racine, *Athalie* Fontenelle élu à l'Académie française La Fontaine, *Astrée* Mort de Benserade	• Mort d'Alexandre VIII, élection d'Innocent XII
• Entrée du Dauphin au Conseil d'en haut • Mort de Louvois	• Victoire de Leuze remportée par Luxembourg		• Mustapha Köprülü tué près de Belgrade
1692			
• Mariage de Philippe d'Orléans et de Mlle de Blois	• Capitulation de Namur devant les troupes françaises	• Boileau, *Satires X*	
• Crise frumentaire	• Tourville vainqueur à Barville, mais vaincu à La Hougue	• L'Académie de peinture s'installe au Louvre	
	• Victoire de Luxembourg à Steinkerque	• Mort de Tallemant des Réaux • Fénelon, *Dialogue des morts*	
1693			
• Cherté des vivres et grande mortalité	• Victoire de Neerwinden	• Mort de Mme de La Fayette	• Capitulation de François Martin à Pondichéry
• Fin du conflit entre le roi et le pape au sujet de la Régale	• Victoire de Catinat à La Marsaille	• M. A. Charpentier, *Médée*	

POLITIQUE, SOCIÉTÉ, RELIGION	GUERRES ET DIPLOMATIE	LETTRES ET ARTS	AU MÊME MOMENT
• Création de l'ordre de Saint-Louis	• Prise de Charleroi par Luxembourg	• Pasquier Quesnel, *Nouveau Testament en français avec des réflexions morales sur chaque verset* • Purcell, *The Fairy Queen*	
1694			
• Difficultés frumentaires, prix élevé des grains	• Succès de Noailles en Catalogne	• La Fontaine, *Fables* (XIIe livre)	• Ouverture de la Banque d'Angleterre
• Rang exceptionnel accordé aux princes légitimés	• Victoire de Jean Bart près du Texel	• Début de la querelle du quiétisme	• Mort de la reine Marie d'Angleterre
	• Bombardement du Havre et de Dieppe par la flotte anglaise		
1695			
• Mort du maréchal de Luxembourg	• Casal assiégé par les alliés	• Mort de Mignard, de La Fontaine et de Pierre Nicole	
• Etablissement de la capitation	• Guillaume III prend Namur	• Boisguilbert, *Détail de la France*	
• Réglementation de la juridiction ecclésiastique	• Attaques des côtes par les Anglais		
• Fénelon, archevêque de Cambrai	• Bombardement de Bruxelles par Villeroy		
• Le cardinal de Noailles, archevêque de Paris			
1696			
• Déclaration sur l'exercice de la médecine	• Prise d'Ath par Catinat	• Mort de Mme de Sévigné et de La Bruyère	• Etablissement de la Compagnie du Sénégal

Politique, société, religion	Guerres et diplomatie	Lettres et arts	Au même moment
• Mort de Colbert de Croissy	• Victoire de Jean Bart au Dogger Bank	• Racine, *Abrégé de l'histoire de Port-Royal*	• Mort du roi Jean III de Pologne
	• Traité de paix de Turin entre la France et la Savoie		• Avènement d'Auguste II
			• Traité de Vigevano entre la Savoie et les alliés
1697			
• Mémoires des intendants de province à l'intention de l'éducation du duc de Bourgogne	• Le duc de Vendôme prend Barcelone	• Perrault, *Contes de ma mère l'Oye*	• Charles XII, roi de Suède
• Edit pour l'éclairage des principales villes du royaume	• Signature des traités de Ryswick	• Campra, *L'Europe galante*	• Victoire du prince Eugène sur les Turcs à Zenta
• Mariage du duc de Bourgogne avec Marie-Adélaïde de Savoie		• Fénelon, *Explication des maximes des saints*	
1698			
• Règlement pour le commerce des colonies françaises d'Amérique		• Boileau, *Epîtres X-XII*	• Etablissement de la Compagnie de Saint-Domingue

POLITIQUE, SOCIÉTÉ, RELIGION	GUERRES ET DIPLOMATIE	LETTRES ET ARTS	AU MÊME MOMENT
• Règlement pour l'instruction des nouveaux convertis et de leurs enfants		• Hardouin-Mansart donne les plans de la future place Vendôme	• Répression de l'insurrection des *Streltsi* en Russie • Traité de La Haye pour le partage de la succession d'Espagne ; testament de Charles II en faveur du prince électeur de Bavière
1699			
• Nouveau tarif douanier français		• Mort de Racine	• Traité de Karlowitz, recul des Turcs en Europe
• Soumission de Fénelon		• Règlement pour l'Académie royale des Sciences	• Condamnation par le pape de 23 articles de l'*Explication des maximes des saints*
• Pontchartrain, chancelier de France		• Fénelon, *Les Aventures de Télémaque*	
• Chamillart, contrôleur général des Finances			
1700			
• Etablissement d'un conseil général de commerce	• Traité de partage de la succession d'Espagne entre la France, l'Angleterre et les Provinces-Unies	• Mort de Le Nôtre	• Guerre du Nord contre Charles XII de Suède
• Lettres patentes conservant à Philippe V ses droits à la couronne de France	• Testament de Charles II en faveur du duc d'Anjou	• Mort de Rancé, réformateur de la Trappe	• Mort d'Innocent XII, élection de Clément XI

Politique, société, religion	Guerres et diplomatie	Lettres et arts	Au même moment
	• Mort de Charles II d'Espagne, Philippe d'Anjou monte sur le trône		• Victoire de Charles XII à Narva sur les Russes
1701			
• Chamillart, secrétaire d'Etat à la Guerre	• Les Français chassent les garnisons hollandaises des Pays-Bas espagnols	• Mort de Madeleine de Scudéry	• L'électeur de Brandebourg devient Frédéric Ier, roi « en Prusse »
• Rétablissement de la capitation	• Alliance franco-bavaroise	• Règlement pour l'Académie des Inscriptions	• Philippe V accorde le privilège de l'*asiento* à la Compagnie française de Gouin
• Edit autorisant les gentilshommes à faire du commerce en gros sans déroger	• Début des hostilités des Autrichiens contre la France	• Rigaud, *Louis XIV en habit de sacre*	• Acte d'Etablissement réglant la succession au trône d'Angleterre
	• Traité de La Haye (la Grande Alliance) contre la France	• Débuts du *Journal de Trévoux*	• Victoire de Charles XII à Riga sur les Russes et les Saxons
1702			
• Paris et ses faubourgs divisés en vingt quartiers	• La principauté d'Orange est annexée à la France	• Rigaud, *Portrait de Bossuet, Portrait du Marquis de Dangeau*	• Mort de Guillaume III d'Angleterre, avènement de la reine Anne
• Mort de Jean Bart	• Déclaration de guerre de l'empereur, de l'Angleterre et des Provinces-Unies à la France		

Politique, société, religion	Guerres et diplomatie	Lettres et arts	Au même moment
• Meurtre de l'abbé du Chayla, début du soulèvement camisard	• Succès des alliés aux Pays-Bas • Victoire de Villars à Friedlingen • Défaite sur mer des Espagnols et des Français à Vigo • Occupation de la Lorraine par les Français		
1703			
• Victoire des camisards sur les troupes royales	• Prise de Kehl par Villars	• Mort de Charles Perrault et de Samuel Pepys	• Traité de Methuen entre le Portugal et la Grande-Bretagne
	• Victoire de Villars à Schweningen		• Fondation de Saint-Petersbourg par Pierre Ier
1704			
• Fin de la guerre des camisards	• Débarquement à Lisbonne de l'archiduc Charles, qui s'affirme roi d'Espagne	• Mort de Charpentier, de Bossuet et de Bourdaloue	• Stanislas Leszczynski, roi de Pologne
• Instauration du dépôt légal des livres et estampes à la Bibliothèque du Roi	• Victoire du prince Eugène et de Malborough à Blenheim	• Vauban, *Projet d'une dîme royale*	• Prise de Gibraltar par les Anglo-Hollandais
		• *Dictionnaire de Trévoux*	
1705			• Mort de Léopold Ier, avènement de Joseph Ier
• La bulle *Vineam Domini* enregistrée au Parlement	• Combats pour Liège		

POLITIQUE, SOCIÉTÉ, RELIGION	GUERRES ET DIPLOMATIE	LETTRES ET ARTS	AU MÊME MOMENT
• Création d'agents de banque, de change, de commerce et de finance	• Victoire de Vendôme à Cassano		
	• Prise de Barcelone par les Anglais		
1706			
• Edit conférant la noblesse aux échevins de Paris	• Victoire de Malborough à Ramillies	• Marin Marais, *Alcyone*	
	• Proclamation de « Charles III » roi d'Espagne par les Portugais	• Rameau, *Premier Livre de pièces pour clavecin*	
	• Le duc d'Orléans battu à Turin		
1707			
• Mort de Vauban	• Capitulation de Milan	• Malebranche, *Traité de l'amour de Dieu*	• Union de l'Angleterre et de l'Ecosse en un seul royaume
	• Victoire de Berwick à Almanza	• Traduction par Lesage du *Diable boiteux de* Velez de Guevara	• Proclamation de l'indépendance de la Hongrie
			• Conquête du royaume de Naples par les Autrichiens
1708			
• Création d'un service de santé pour l'armée	• Défaite de Vendôme à Audenarde	• Mort de Jules Hardouin-Mansart	• Echec du débarquement en Ecosse du prétendant anglais « Jacques III »

POLITIQUE, SOCIÉTÉ, RELIGION	GUERRES ET DIPLOMATIE	LETTRES ET ARTS	AU MÊME MOMENT
• Desmarets, contrôleur général des Finances	• Conquête de Minorque par les Anglais • Capitulation de Lille et de Gand	• Regnard, *Le Légataire universel*	
1709			• Rupture des relations diplomatiques entre Philippe V et le pape • Charles XII vaincu par Pierre Ier à Poltava
Terrible hiver de 1709, hausse du prix du blé	• Négociations de La Haye		
• Mort du père de La Chaise, confesseur du roi, remplacé par le père Le Tellier	• Louis XIV refuse l'ultimatum des alliés		
• Anoblissement de Duguay-Trouin	• Bataille de Malplaquet, livrée par Villars contre Marlborough et le prince Eugène		
• Dispersion des religieuses de Port-Royal-des-Champs	• Premier traité de la Barrière • Acceptation des préliminaires de La Haye, à l'exception de 2 articles		
1710			
• Le Conseil ordonne la destruction de Port-Royal-des-Champs	• Conférences à Gertruydenberg	• Coysevox, *La Duchesse de Bourgogne en Diane*	
• Naissance de Louis, duc d'Anjou (futur Louis XV)	• Rupture des négociations devant les exigences excessives des Hollandais		

POLITIQUE, SOCIÉTÉ, RELIGION	GUERRES ET DIPLOMATIE	LETTRES ET ARTS	AU MÊME MOMENT
• Impôt du dixième	• Succès allié en Flandre et en Espagne • Victoire de Vendôme à Villaviciosa		
1711			
• Rédaction par Fénelon et le duc de Chevreuse des *Tables de Chaulnes* ou *Plans de gouvernement*	• Charles III perd la Catalogne et l'Aragon	• Mort de Boileau	• Mort de l'empereur Joseph Ier, avènement de Charles VI
	• Prise de Bouchain par Marlborough • Préliminaires de paix franco-britanniques	• Largillière, *Autoportrait*	• Prise de Rio par Duguay-Trouin
1712			
• Mort de la duchesse de Bourgogne, du duc de Bourgogne et de leur fils le duc de Bretagne	• Ouverture du congrès d'Utrecht	• Abbé de Saint-Pierre, *Mémoire pour rendre la paix perpétuelle en Europe*	
• Mort du duc de Vendôme	• Suspension d'armes franco-anglaise	• Coustou, *La Seine* et *La Marne*	
• Privilège pour le commerce de la Louisiane accordé à Crozat	• Victoire de Villars à Denain • Armistice général • Philippe V renonce à la couronne de France • Armistice franco-portugais		

POLITIQUE, SOCIÉTÉ, RELIGION	GUERRES ET DIPLOMATIE	LETTRES ET ARTS	AU MÊME MOMENT
1713			
• Lettres patentes consacrant la renonciation de Philippe V à la couronne de France	• Second traité de la Barrière	• Fénelon, *Démonstration de l'existence de Dieu*	• Charles XII assiégé par les Turcs à Bender
	• Traités d'Utrecht	• Haendel, *Te Deum* pour la paix d'Utrecht	• Mort de Frédéric Ier, avènement de Frédéric Guillaume Ier
	• Prise de Landau par Villars • Ouverture des négociations de Rastadt		
1714			
• Enregistrement de la bulle *Unigenitus*	• Traité de Rastadt entre la France et l'empereur	• Fénelon, *Lettre à l'Académie*	• Mort de la reine Anne, avènement de George Ier de Hanovre
• Mort du duc de Berry	• Traité de Baden entre la France et le Saint Empire	• Marivaux, *Le Télémaque travesti*	
• Edit de Marly sur la succession au trône des princes légitimes	• Mariage de Philippe V et d'Elisabeth Farnèse	• Vivaldi, *Orlando finto pazzo*	
• Voysin nommé chancelier	• Annexion à la France de la vallée de Barcelonnette		
• Testament de Louis XIV			

POLITIQUE, SOCIÉTÉ, RELIGION	GUERRES ET DIPLOMATIE	LETTRES ET ARTS	AU MÊME MOMENT
1715			
• Louis XIV reçoit l'ambassadeur de Perse	• Dernier traité d'Utrecht	• Mort de Fénelon et de Malebranche	
• Déclaration de Marly donnant au duc du Maine le titre de prince du sang	• Traité d'alliance franco-suédoise	• Lesage, *Histoire de Gil Blas de Santillane*	
• Mort de Louis XIV (1er septembre)			

Cet ouvrage a été composé
par IGS-CP à L'Isle-d'Espagnac (16)

Dépôt légal : juin 2006
N° d'édition : 3118
ISBN : 978-2-286-02614-1
N° d'impression : 111750
Imprimé en France
par Corlet Imprimeur